《幽默逻辑揭秘》

福建人民出版社　1998

《漫话幽默谈吐》

首都经济贸易大学出版社　2008

孙绍振文集

论幽默心理与幽默逻辑

海峡出版发行集团 | 海峡文艺出版社

图书在版编目(CIP)数据

论幽默心理与幽默逻辑/孙绍振著. 一福州:海峡文艺出版社,2025.6
(孙绍振文集)
ISBN 978-7-5550-3001-0

Ⅰ. B83

中国国家版本馆 CIP 数据核字第 2025S4B734 号

论幽默心理与幽默逻辑

孙绍振　著

出 版 人　林　滨
丛书统筹　林可莘
责任编辑　林可莘
出版发行　海峡文艺出版社
经　　销　福建新华发行(集团)有限责任公司
社　　址　福州市东水路 76 号 14 层
发 行 部　0591—87536797
印　　刷　上海盛通时代印刷有限公司
厂　　址　上海市金山工业区广业路 568 号
开　　本　787 毫米×1092 毫米　1/16
字　　数　370 千字
印　　张　18.25　　**插页**　1
版　　次　2025 年 6 月第 1 版
印　　次　2025 年 6 月第 1 次印刷
书　　号　ISBN 978-7-5550-3001-0
定　　价　88.00 元

出版说明

孙绍振先生是我国著名的文艺理论家、文学评论家、语文教育理论家、作家，是“闽派批评”的旗帜性人物。

他学贯中西、思通古今，全面梳理中国传统文艺理论中的重要命题，对当代西方文论进行了系统的分析和批判。他的文学研究贯穿着“实践真理论”的世界观和辩证方法论。他以一个“文学教练”的矫健身手，在“文学创作论”和“文学文本解读学”的坚实理论基础上，进行海量的经典文本分析，洞察小说、诗歌、散文等文类的艺术奥秘。由此，他建构了富有原创性的中国特色文学理论话语体系，在理论和实践结合方面发出中国声音。

他以先锋姿态投入“朦胧诗”大论战，业已留下重要的历史文献；以创新思维和精准表达，体现文学批评的力量与高度。

在语文教育改革中，他以犀利的思想拨乱反正，为语文教育的学科建设做出独特的贡献。其成就不仅深刻影响祖国大陆语文教育学界，还辐射至宝岛台湾，有力助推两岸学术、文化与教育交流。

作为一个作家，他钟情于诗歌、散文创作，产出丰硕的成果。其演讲体散文，卓尔成家。

为了全面展示孙绍振先生的研究成果和学术成就，我社组织出版“孙绍振文集”（20 册），汇编其迄今为止的全部代表性学术著述和文学作品，涵盖文学理论建构、文艺评论、演讲、语文教育、文学创作等诸方面内容。希望这套文集能全面展示孙绍振先生的理论成就、评论成果和文学创作的整体风貌，呈现中国学派崛起的绰约风姿及其在世界学术话语体系中日渐突出的自主地位。

海峡文艺出版社

二〇二五年六月

目　录

第一章

交流之难源于人性本身
——幽默是治疗情绪膨胀最好的药方

一、无效交流和有效交流

幽默在社会生活中属于人际交流范畴。人需要交流，是人的本性所决定的。

关于人，自古以来有许多定义。古希腊的哲人把人定义为“无毛的两足动物”。马克思把人定义为能够制造工具，有目的的劳动者。而当代西方文化哲学家卡西尔在《人论》中认为，能够使用象征符号是人的最大特点。其实，他对人的定义，与古希腊哲人的定义和马克思的定义并无矛盾。无毛的两足动物，指出了人的生物形态的特征；制造工具，则是这种生物赖以发展的条件；而使用象征符号或者语言，则是在制造工具的过程中所必需的。人类制造工具，并不是孤立的个人行为，而是社会行为。工具是生产力，生产力是在一定的生产关系中发展的，所以，无毛的两足动物如果不用语言符号交流思想，生产就不能进行，更谈不上社会文明的发展。

语词作为象征性质的声音符号，不是客观必然的，而是主观的、约定俗成的，是社会认同的结果。照理说，有了社会认同的声音符号，人与人之间交流思想和情感应该是很顺利、很充分的。但事实上，人与人的交流经常是困难重重的。这是因为，语言不仅仅是交流的工具，而且是文化的载体。而这种意义，不仅仅来自传统，而且来自个人的经验。不同的人对于同一个现象有不同的看法，这不是由于一时的原因，而是长期的实践和文化经验熏陶的结果。一个人的思想，不但是在其多年的人生经历中形成的，而且受世代文化传统积淀的影响。就是同样的话语，在不同语境中，也会产生不同的意义。比如，我们口头上常用的“同志”这个词，意思就很多。最初是国民党把党内的仁人志士叫作同志（在党外叫作先生），后来共产党把这个词扩大到一般的群众，表示在政治立场上认同。而在英语中，翻译为“同志”的 comrade 却有同性恋的意思。所以，相同的语词，往往蕴含着不同意义。

正统的阶级斗争学说，认为人与人交流不通，是因为属于不同阶级。什么藤结什么瓜，什么阶级说什么话，不同阶级没有共同语言。阶级立场，实际上是一种群体的利益立场，出于不同利益，就有不同的语言。举一个例子：我国代表和美国人进行商务谈判，美国代表揪着中国的“盗版”不放，想给我国代表来个下马威，其开场白便显现出敌意：

我们是在和小偷谈判。

这是很粗野的，我国代表毫不留情地顶了回去：

我们是在和强盗谈判，请看你们博物馆里的展品，有多少是从中国抢来的。

美国代表口中的“小偷”，概念是扩大化的，实际上是把所有的中国人，包括中国政府的代表都包含在内。而我国代表则针锋相对，把“强盗”的概念扩大化，把美国代表说成是强盗。

用阶级和群体利益来解释人们缺乏共同语言，这种说法固然不能说是错，但是不够严密。因为，明摆着就是同一个阶级，甚至同一个家庭，也往往因为难以沟通而激烈冲突，吵得一塌糊涂。于是，又有一种学说进一步解释说，人与人之间不能顺利交流，是因为其不同的文化价值观念所致。巴勒斯坦和以色列为什么要吵、要打，炸弹飞来飞去，就是因为这一伙人和另外一伙人之间没有办法沟通，口头、书面都不能沟通，就只能靠“拳头”了。不仅在国际上，在国内也一样，就是具有同样文化背景的人们，如巴基斯坦人自己也经常闹得血肉横飞。

人与人之间的沟通困难，不能简单地归结为集体的因素，无可回避的还有个体因素。人与人之间交流的困难，是和人的本性有关的。钱钢在《唐山大地震》一书中写道：“在灾难中，那些失去自己亲人和财产的人们，互相帮助，互相体贴，无私地共享有限的生活资料，一旦情况好转，有了私有的可能，就打起来了，亲密关系就崩溃了。”

人们常常无视这种有关人类交流沟通的基本的规律，常用一些非常肤浅的观念把它抹杀。什么“摆事实，讲道理”“事实胜于雄辩”“有理走遍天下，无理寸步难行”，这些观念用交流的实践来检验，是很脆弱的。现实中根本就不存在离开个体的、显在和潜在的观念、经验、趣味等等绝对客观、中立的事实。因为人和人是不一样的，同样的事情，不同的人看起来是不一样的。摆事实，你就摆吧，我说的事实和你说的事实就是不一样，我说你踩我一脚，而你说我先踩你一脚，怎么交流？没法交流。口头没法交流，还有别的办法，比如拳头。用了拳头以后，那就不叫交流了，那是斗争。拳头阻断了交流，到公安局去交流。公安局裁决事实如何如何，是不是双方都服气呢？不一定，还不能做最后的定案，还得拿到法院，法院可能认为事实不清，发还重来。折腾了几趟，到了法院，事实认定清楚了没有？一个法官认定了，行吗？不行，还有好几个法官，合议庭的几个法官还得表决，4比3，4票赞成，3票反对。枪毙，就枪毙了吗？不行。因为枪毙这个事情，把人脑袋上打个洞，这个玩意儿不那么有诗意。当然，伤口不大，不是有个说法吗？杀头也只有碗大一个疤。但是，头砍下来，比较可怕，砍错了，不可能再安回去。不仅仅是杀头，就是判刑，脑袋上没有疤，也不好。把人家关上好多年，平反了，可是头发白了，青春像小鸟一样一去不回了。青春的感觉，人这辈子只有一回，无法补偿。所以，对法院的判决不服，还可以上诉，上诉到高一级的法院。高一级的法院认定，行了吧？不行，还得拿到最高人民法院审核。就是明摆着的事实，也得折腾这么多层次，而且还免不了有冤假错案。为什么呢？因为人是有缺点的，缺点在哪里呢？就是看同样一个事实，由于感情、立场、文化背景、经验、兴趣、价值观念等的原因，明明摆在眼前的事实看不见，看见的又不一定都是事实。人虽然号称万物之灵，但是这个缺点却使人不太“灵”。由于这个不灵的缺点，人类才发明了公安局、检察院、法院，乃至陆、海、空军之类。

人的心理缺陷，注定了人与人交流的麻烦。这是我们立论的出发点。为了把这个基点说清楚，我们不得不举些例子。

知不知道福建漳州有个南山寺？南山寺里有一尊菩萨塑像，是很有名的古迹，据说当年塑造这尊菩萨的时候，请了一个非常牛气的雕塑家。此人非常傲慢，他说：“我雕塑的菩萨，完美无缺，雕成以后，任何人挑出任何毛病，我将分文不取。”雕像完成以后，漳州的官员觉得能够省一笔钱并不是坏事，就发动漳州百姓，甚至是乡下的老太婆来看，但愿能看出一点名堂来。结果男女老少去了一大堆，居然谁也找不到毛病！其中有个妇女抱着孩子去看热闹，这妇女也看不出问题来，可她怀里的孩子大叫一声：“妈，我看到毛病了！”周围人都在笑，小孩子能发现什么毛病？但他的母亲挺民主，说：“那你说说看，究竟什么毛病。”孩子说：“这个菩萨的手指太粗太圆！”（我到漳州南山寺考察过，那尊菩萨的手指真的太粗太圆，像香肠一样）小孩的母亲说：“何以见得是个毛病呢？你怎么不让人家菩萨的手指头长得比较肥一点呢？”但孩子说：“不，这个菩萨鼻孔太小，如果他要挖鼻孔，根本伸不进去。”我也去看过这个菩萨，果然是鼻孔太小。不过，我还有一个发现，就是，那菩萨的鼻孔不但太小，而且太浅，根本就没有深度。

为什么这么简单的事实，许多大人看不到，小孩儿却看到了呢？因为人在观察对象的时候，脑袋不是照相机，对外界的信息不是来者不拒，而是有选择的：与自己的经验、兴趣、情感、爱好、价值观念一样的，就看得见，否则就视而不见。大人对挖鼻孔没什么兴趣和近期的经验，所以视而不见；小孩儿对此的兴趣却非常强烈，而且有种种的技巧，故一望而知。

与自己的意向无关的，就视而不见，这不是偶然的现象，而是人性的一种缺陷，而且这还只是人性缺陷的一个方面。另一个方面是，明明不存在的事情，却又看到了。

中学课本上，有一篇《疑人偷斧》的课文，说是一个人把斧子丢了，就怀疑是邻居偷的，于是留心观察邻居，结果越看越像小偷。后来呢？斧头找到了，证明人家不是小偷，便又留心观察这家邻居，结果是越看越不像小偷。这说明人性的缺点是多么严重，明明存在的，他却视而不见，明明没有的事，他又看见了，且又不是幻觉。在日常生活中，这种事情比比皆是。谈恋爱的人，往往生活在错觉之中，明明是一个长相普普通通的女孩子，偏偏觉得她美如西施。

以往，美国的行为主义心理学告诉我们，外部有了刺激，人的心理就有了反应，其公式是 S—R。后来，心理学发展了。皮亚杰的发生认识论心理学告诉我们，人的心理过程并不是这样的，并不是绝对被动地对外部刺激产生反应。人并不是被动的照相机，人对外部信息，只接受那些与自己原本心理状态相一致的，接受了，就有反应，否则就没有反应。皮亚杰把这种原初状态的心理状态叫作 scheme，有人把它翻译成“格局”，有人把它翻译成“图式”。外部信息只有和这个图式相通才有反应。这种反应皮亚杰把它叫作 assimilation，我们把它翻译成“同化”。有了同化作用，人才对外来的刺激有反应。我在 20 世纪 60 年代到福建，福建各地区的方言多种多样，没有一个人敢于吹牛说，他能听懂所有的福建方言，我当然也是。但我听闽东人、闽南人、闽西人讲普通话，明明带着不同口音，可我听起来都是一样的。福建这个地方，四季常青，鸟语花香，福建方言在我听来如同“鸟语”，都差不多。其实，福建方言是很复杂的，有些地方离几十里地就互相听不懂了。哪怕是讲普通话，福州、莆田、泉州人腔调各异，但是我对这些区别就听而不闻。原因是不能同化。这样，从理论上来说不是很悲观了吗？一旦不能同化，就永远没有希望听懂了。但是，经过 40 多年的生活，我现在上课，我的学生只要一开口讲普通话，我就可以从他的口音确定他家乡何处，连哪个县、哪个区，有时都能猜个八九不离十。不是不能同化吗？为什么又把那么微妙的语音差异同化了？因为，在我的“图式”以外的那些信息对我长时间、反复刺激，我的“图式”，尤其是那些比较边缘的部位，就开始调整了，就逐渐有反应了。慢慢地我的“图式”就逐渐扩大了。这个心理作用，皮亚杰把它叫作“调节”，英语叫作 accommodation，就是容纳、留宿、适应，或者用中国话来说就是通融。在通融的过程中，人的图式就显现出了灵活的生命。

人与人之间，就这样又有了交流的可能。但是，调节是不容易的，要有一个过程。像我这样并不是太笨的人，辨别福建各地普通话的腔调，还花了好几十年的工夫，这是因为人的心理图式有一定的开放性，相对就会有一定的封闭性。这就决定了在一个短时期内，难以调节，难以同化。正是因为难以调节，全世界各国才都设有警察局，都设有法院，而且都设有国防部。花那么多钱养军队干吗？就是因为，各自的图式难以调节。因而，交流包括口头的，甚至是书面的，字斟句酌，也还常常是聋子的对话，最后，就是拳头和拳头、枪杆子和枪杆子、导弹和导弹交流。

有人说，敌对国家之间当然难以交流，如果不是敌对，而是关系密切，情投意合的呢？比如，谈恋爱的人，是不是就比较好交流了。英国一所大学专门研究这个问题的学者有一种说法：向恋人学习交流，让交流像谈恋爱一样。这可真是太浪漫了。但有时相爱的人反倒不能交流。林黛玉最爱贾宝玉，相爱至深，可是一见面就吵、就哭。越是相爱就越容易吵架。女孩子最喜欢对爱人生气。我有一个女学生，有一次她给我看一篇散文，说只给我一个人看。原来，她是写这几天，她突然感到专门喜欢对一个男孩子生气。她在散文中说，“我怎么变得这么爱生气了啊”。后来，她来问我这个问题，我告诉她：“你在恋爱了。”她先是大吃一惊，后是恍然大悟。她问我怎么看出来的。我说，你对他不讲理了，你对他任性了，就说明你对他有特殊的感情了。

一个人对另外一个人的感情如果很一般，这个人对另外那个人就会很客气、很有礼貌，很尊重人家与自己不同的东西，表现出一种求同存异的倾向；而其感情越良好，对于对方越关心，求同的倾向越强，会达到一个峰值，也就是最高点，对于对方的要求就会接近全面求同。如果这个人明知对方对自己也有感情，而且感情强烈，却就是不讲理、苛刻，就有点专制了。我对那个女学生说：我从你的文章里看出来，你对他专制了，喜欢看到他听话，看到他的服从，像狗一样服从，这就说明你对他有特殊的感情了。

这种情况，也存在于母亲与孩子之间。照理说，母亲最爱孩子了。可是你去问问那些中学生，和母亲沟通得怎么样？你最可能得到的回答是：过去都是严父慈母，可现在是慈父严母了。母亲最爱孩子，但是其与孩子最难沟通。举例说，在分数问题上，分分计较，不近情理。孩子只有一个，太爱了，就爱得专制了，尤其关心孩子考试成绩是第几名啊，和上次比如何啊。

感情太好，反而不讲理了。爱情就是强烈的感情。情和理，是矛盾的，强烈的感情，就是强烈的不讲理。这也是人性的一个缺陷，当然也是人性的一个优点。动物就没有这样的水平，不是吗？

人是理性的动物，是讲理的；人又是不讲理的动物，因为人是有感情的。人性的美好，就在这种矛盾之中。

不但中国这样，美国也是这样。美国女孩子是最坦率的了。有一个说法，如果你和一个美国女孩子相识还不到一天，你向她提出，是不是可以来个一夜情，她可以同意也可以不同意，并不觉得你这个人有什么神经病。可如果你才认识她一天，就提出要和她结婚，那她肯定认为你是个神经病。在美国大学里时常有些煞风景的事。有一种就被叫作约会强奸（date rape）。弄到听证会上，女方控诉男方："我说了，No！可是他偏偏强迫我。"男方说："我听不懂你的话，你就是同意也是一样讲 No！ No！"

这里涉及另一个学科——语义学（semantics）的问题。每一个词语的意义并不是固定的。实际上，词语在不同语境下的意味是不一样的。同样一个词语，有时是这样的意思，有时又是相反的意思。如果你对于变化万千的内涵没有体悟，就不能有效地交流。

我有一个叫程少堂的朋友，在深圳做中学教育工作。他告诉我，他小时候比较调皮，经常在外面玩得不想回家。他妈妈做好饭就很亲切地喊："少堂，吃饭喽。"他不予理睬。喊了几声他妈妈就有一点火了："程少堂，吃饭！"这就比较正规、比较严肃了。但他还是不理。这样子还交流不通，成何体统，他妈妈就发威了："程少堂，狗日的，吃饭！"儿子马上就规规矩矩地坐到桌子边上了。

无效的交流很快地变成了有效的交流。

这是很严厉的话语，是对儿子的警告。用的是什么话？骂人的话，骂得很凶。从词语的本初意义上来推敲，这不是骂儿子的，而是骂自己的。可是这种骂自己的话，对儿子很有威慑力。但是，这样的威慑性话语的使用有两个条件：第一，只能是她独家用的，任何其他人使用一下，她就要不客气了；第二，只能是对他儿子使用，如果是对别人的儿子就可能无效，而且还可能引起"武装斗争"。

鲁迅在《论"他妈的！"》中讲道，旧中国骂人的话"他妈的"使用率很高，是很不文明的"国骂"，但有时会变成类似"我亲爱的"这样的词语：

> 我曾在家乡看见乡农父子一同午饭，儿子指着一碗菜向他父亲说："这不坏，妈的你尝尝看！"那父亲回答道："我不要吃。妈的你吃去罢！"则简直已经醇化为现在时行的"我的亲爱的"的意思了。[①]

这个例子和前面的一个例子一样，是非常极端的，但也非常能够说明问题。就是从词典语义来看是侮辱人的话，在特殊的语境中，却可能成为极为亲切的语言。交流是要用语言的，但同样的语言，能否成为有效交流的手段，是要看对象和语境的。

---

① 鲁迅：《鲁迅全集》（第 1 卷），人民文学出版社 2005 年版，第 248 页。

美国有一本谈交流的书，第一章就开宗明义地讲，你必须确立一个观念：交流对象，无论是你的同学、同事、父母、师长，或者是谈判对手，你都必须明确的是，他和你是不一样的人。他的内心图式和你不一样，在同样的词语面前，他的感觉、知觉、想象，和你不一样，他才是他自己。他的思维逻辑也和你不一样。所以，在同样的情景面前，你看到的，他看不到；他看到的，你又看不到。但不管他和你多么不同，你还是要尊重他。因为只有尊重这种差别，日后在漫长的对话中，在生活实践中，你们的图式才能相互开放、调节。因而我们要学会和现代人交流，学会尊重人，首先就是要学会尊重和你的想法不一样的逻辑，不一样的感觉，就像贾宝玉尊重林黛玉，不和她吵嘴顶牛一样。

举一个比较复杂的例子，在钱锺书的《围城》中，方鸿渐和孙柔嘉订婚以后，喜欢发怪论：

> 他对自己解释，热烈的爱情到订婚早已是顶点，婚一结，一切了结。现在订了婚，彼此间还留着情感发展的余地，这是桩好事。他想起在伦敦上道德哲学一课，那位山羊胡子哲学家讲的话："天下只有两种人。譬如一串葡萄到手，一种人挑最好的先吃，另一种人把最好的留存最后吃。照例，第一种人应该乐观，因为他每吃一颗，都是吃剩的葡萄里最好的。第二种人应该悲观，因为他每吃一颗都是吃剩的葡萄里最坏的。不过事实上适得其反，缘故是第二种人还有希望，第一种人只有回忆。"从恋爱到白头偕老，好比一串葡萄，总有最好的一颗，留着做希望，多么好？
>
> 他嘴快把这些话告诉她，她不作声。他和她讲话，她回答的都是些"唔"，"哦"。他问她为什么不高兴，她说并未不高兴。他说："你瞒不住我。"她说："你知道就好了。我要回宿舍了。"鸿渐道："不成，你非讲明白了不许走。"她说："我偏要走。"鸿渐一路上哄她，求她，她才说："你希望的好葡萄在后面呢，我们是坏葡萄，别倒了你的胃口。"

不可否认，人性是共通的。但是，这种共通是基本心理素质的共通，尤其是在理性方面，人与人之间是比较容易调整其关系的，而感情方面则比较复杂。一般情况下，关系越是亲密，越是情投意合，人与人之间就越容易求同存异，容易调整其间的差异。但是，一旦人与人之间的情感达到一个峰值，进入一定境界，就产生一种全面求同的倾向，不容忍任何相异，这在恋人们之间为常见。其结果就是对人苛刻地挑剔，甚至有意扭曲。在上述例子中，就是因为关系过于亲密，孙柔嘉不能容忍方鸿渐有任何感情错位，采取有意歪曲的办法，不是调节，而是反调节。她任性地扩大差异，把方鸿渐本来是泛指的事、哲学性的调侃，引向特指，转化为针对自己的贬抑，有意把矛盾激化，把恶意强加给方鸿渐，并且加以极端化，硬说方拿自己比作坏葡萄。这是明显的歪曲，又是故意错位的逻辑，表现的恰恰是恋人之间的挑剔、赌气，压倒对方的意气用事。如果互相没有感情，是没有必要全面求同的，也就不用赌气了，不用歪曲了。

连感情很好的人之间都不讲理，都会有交流的障碍，可见交流是多么不简单的事了。

如果不明白上面我们所说的道理，不管你是有理还是无理，都寸步难行。“事实”并不是中性的，经过你的叙述以后就带上了你的感情与价值观念和你的偏见。每个人都有偏见，包括我讲偏见的时候我就有偏见——这正是交流的障碍。所以，西方最新的交流理论讲：不是事实胜于雄辩，首先是事实如何被叙述，而要把事实叙述得使对方能够同化，那就要把对方的感觉、经验、趣味、观念、价值都考虑进去。因而在西方雄辩术里，“事实有待于雄辩的叙述”是“事实胜于雄辩”的前提。①

皮亚杰说信息只有被主体的格局同化了才能被感知，更为极端的德里达认为：正是因为人的话语都要被听者同化，经过听者同化的经验、想象、感觉、话语就带上了另一种价值取向。这就是说，误读是不可避免的，所以他感到很悲观。人与人之间不但不能心心相印，而且从根本上就是互相不能理解的。当然，这有些片面。学者伽达默尔对此就持反对意见：反向同化、误读，并不是绝对的，毕竟人类的文化、思维总有相通的一面，交流双方总会至少有一个“共同视域”吧？

其实，人并不仅仅只能看到符合自己经验和价值取向的东西，也能看到与自己经验和价值取向相反的信息，只是比较困难而已。因此，人与人之间的和谐交流是比较困难的。正是因为困难，才产生了交流这门学问，才有讲究幽默的必要。

二、情绪膨胀导致理性失落

正是由于缺乏口语交流的自觉，社会生活中才充满了多余的冲突。

在我们的大街上，发生了那么多激烈的、凶恶的谩骂；在商店里，有那么多意气用事的争执；在公共汽车上，又有那么丑恶的推搡；而在家庭中，夫妻吵架乃至动武更是屡见不鲜。如果是为了什么原则性的大事倒也罢了，但这种争端往往起因于鸡毛蒜皮的小事。所谓星星之火，可以燎原，一点小小的摩擦，可能会引发一场仇恨的大风波。最极端的，往往还会导致不可挽回的损失，甚至是当事人的死亡。

遗憾的是这样的事天天都在发生。

宝贵的精力浪费了，人格降低了，社会空气被污染了，感情伤害了，难不成还需要有

① 刘亚猛：《追求象征的力量》，生活·读书·新知三联书店2005年版，第57—102页。

一本“吵架心理学”来研究这个课题？吵架及其后果并不是不可避免的，如果在矛盾激化前的一刹那，双方之中有一个人有足够的幽默感的话。

吵架始于争执，一般有一个敌对情绪积累的过程，而且这个过程是双方互动的。

争执不同于讨论，其开端往往并不是双方全面的对抗，而是局部的对立，但是这种局部的对立常伴随着情绪的对立，往往还在对抗中渗入了敌意。吵架的爆发不取决于事情的大小和后果的严重与否，而是取决于双方敌意情绪膨胀的程度。如果一方有足够的心理控制力，则敌意便有可能得到缓解，对抗递降。

控制什么呢？控制刺激性，首先是语言的刺激性，其次是表情的、躯体语言（动作）的刺激性。同时还要掌握时机，对抗处于逐步递进状态之时，比较容易控制，只要是尚未达到全面敌意的临界点，控制还是可能的。但是，一旦情绪对抗超过了临界点，双方都陷入失控状态，局部的敌意会变成全面的、恶性的敌意，控制就非常困难了。此时如果没有外力的干预，甚至是行政、司法的强制力，恐怕控制和缓解是不可能的。

敌意和对抗是互动的，控制也是互相的。如果一方在控制，使情绪得以缓和，但另一方不能控制，则递降的情绪又可能变成递增。此时只有超强的控制力，才能有效地缓解对抗。

举一个我在演讲比赛中听到的例子，一位很有名的干警，他有许多优秀事迹。但是演讲者只选取了一个场面：在他值勤的时候，一个小痞子，骑着摩托车违规了。这位干警向他敬了一个礼，说明情况，开了罚单。那小痞子不分青红皂白，一拳头就打到他脸上，警帽都被打落到了地上。这位干警不慌不忙地把警帽拾起来，又敬了一个礼，平静地说明开罚单的理由。这下子把小痞子镇住了：“我服了，我再也不好意思在你面前违规了。”

情绪的爆发，往往是一方坚定地认为自己受到了侮辱、伤害。在这种情况下，情绪最容易失控并迅速产生敌意。像这位干警那样，在受到侮辱和伤害的情况下，还能够控制情绪，是意志力非常坚定的人，是非常崇高的人。这是一般人难以达到的境界。

对情绪不加控制，会造成“敌意情绪互动性膨胀”，使争执变成吵架。吵架的形式是语言、行为的全方位敌对。由局部的对抗，变成全面的对抗；由观念的对抗，变为人格的敌对。最严重的敌意会膨胀为仇恨，对人的仇恨会导致对人身的攻击，由语言的攻击变为对躯体的攻击。这样的悲剧，往往在最为亲密的人之间也是很难避免的。

2007 年 3 月 29 日，《东南早报》登载了这样一则社会新闻：一对结婚 3 年的小夫妻，同在泉州一家工厂打工。近来双方陷入“冷战”，原因是男方怀疑女方的行为不轨。女方无论去什么地方，男方都要寻根问底；女方只要和别的男性说话，男方就看着不顺眼。但是，双方只是处在情绪对立阶段，还没有发生实质性的对抗。很明显，男方之所以如此，是出于一种狭隘的“爱”，但这种“爱”带着某种专制性。女方为了反抗这种专制，采取的是“冷战”的策略，这便使双方情绪的对立激化了。这一天，双方又因琐事吵架，在情绪上顶牛，在语言上互不相让。这表明，情绪对立变成了情绪对抗。后来，男方拿出刀威胁女方。这就是说，情绪已经接近失控，情绪的对立变成了身体上的对抗。这时，语言的宣泄，已不足以缓解双方的敌对情绪，可以说已经达到了临界点。这种临界状态持续时间是十分短暂的。此时，事情的发展瞬息万变。如果女方适时控制敌意，哪怕是短暂的沉默，也可能使男方从临界点上撤退回来。不幸的是女方不但没有意识到男方情绪已达临界点，而且使用了刺激性的语言：“你有本事就砍啊！”其结果是悲剧发生了。女方被砍得血肉模糊，头部 10 刀，面部 3 刀，躯体 10 刀。

这样的事情并不少见。其深层的原因，当然在于人类心理上理性与情感之间的矛盾。情感由于其敏感性和膨胀性，从产生敌意到最终爆发，往往是瞬时的。尤其是在特殊语境中和特殊对象面前，人会展现其野性的一面。理性是可以预测的，而野性是不可预知的。理性的决策是预计后果的，而野性的冲动是来不及考虑后果的。

要防止吵架就要防止情绪失控，而防止情绪失控则应当从防止情绪膨胀开始。防止情绪膨胀自然有许多方法，如礼貌等等，但最好的方法还是幽默。对立的情绪尚未越过临界点之时，缓解是可能的，一旦越过了临界点，要想缓解则相当困难。要幽默得起来，幽默得有效，就必须赶在情绪爆发的临界点之前。

20 世纪八九十年代，煤气还没有普及，许多人家还在烧煤炉子。一对夫妻下了班，回到家发现煤火灭了，要把煤炉重新点燃，让它旺起来，是很费时间的。这时丈夫肚子饿了。人一饿，就特别容易发火，这叫“饥火攻心”，此时最容易情绪膨胀了。于是丈夫的嘴巴就开始闲不住了，说话也没有了好声气，找不到理由发脾气，话里就开始带刺。如果是单方面的，那还比较好办；如果对方也同样情绪膨胀，针锋相对，野性就会以几何级数加速膨胀，用不了几句话，就能达到饱和，干起仗来，演出“全武行”。试想，如果此时妻子用“你发的火再大，也点不着煤炉子呀”这样一句双关语，把丈夫稳住，给他提个醒，那结果将大不相同。这句话的特点是没有进攻性和刺激性，而且提示了情绪膨胀的无效性。从幽默心理学的角度来说，她的话起到了缓解情绪，防止情绪被激化到临界点，并将对方的思路引导到现实中来的作用。她用了一个“火”字把情绪之火与煤炉之火联系到一起，后面我们会讲到，这在幽默逻辑学上叫作语义的“逻辑错位”，提示了情绪之火对于煤炉之火毫无实用价值。幽默之所以能成为精神消毒剂，就是因为它有一种功能，即情绪转移、缓解功能。

真正有水平的人，在对方已经上火、超越了临界点时，还能够控制其发展，把一场风暴转化为和风细雨。传说古希腊大思想家苏格拉底的妻子是一个出了名的悍妇，动辄便对丈夫破口大骂。一次她对苏格拉底大发雷霆之后，又泼了他一盆冷水。面对这种情况，一般是要发生身体对抗的，而苏格拉底却处之泰然。他这样说：

雷鸣之后，免不了一场大雨。

一场凶险的冲突就这样化为一场欢笑。

当别人问他为什么要娶这样暴烈的女人时，他说：

擅长马术的人，总要挑选烈马，骑惯了烈马，驾驭其他的马，就不在话下了。

人要应对困境，已经是很艰难的了，要在艰难中幽默起来，则更加困难。原因在于：第一，在瞬息之间就要从迫在眉睫的外部侵犯和本能的自卫冲动中解脱出来；第二，对眼前消极的事情，要做出积极的评价；第三，如果这种积极的评价与眼前发生的事实完全不相关，则不能称其为幽默。要幽默得起来，还得使这种评价在形式上与事物本身有某种天衣无缝的巧合。

苏格拉底的高明之处，首先在于不把其夫人的凶悍视作为人妻者所不当有之品性；其次，他把这种凶悍视作是人主观意志所不可控制的自然现象；最后，他把破口大骂喻之为雷雨，把一盆冷水淡化为大自然中常见的现象——大雨，两个比喻的连贯性，包含着逻辑上的因果关系，把大骂后的冷水视作自然现象的必然，而非其妻性情之凶悍。

在日常生活中，人与人之间发生摩擦是免不了的，如果不是什么大不了的事，一般不会产生什么太严重的后果。事情真的严重得不得了，比如说，房子倒下来砸死了人，或是汽车司机弄出了车祸，人们反而能够比较冷静地处理，这说明严重的后果会产生抑制情绪的作用。很少有人会因为邻居家失火连带烧了自己的房子而一味争吵不休，却不通过理性地协商去解决问题。后果的严重和情绪的膨胀是此消彼长的，经常看到不严重的后果，成为情绪膨胀的导火线。吵架的特点是：人的情绪在对抗中迅速膨胀、饱和、爆发，从对立到敌对；在语言上，从刺激到挑衅，从谩骂到侮辱；在行为上，从摆出进攻的姿态到肢体的打斗。

小事常常能引起无休无止的争吵，而大事却推动人们去谈判、去诉讼。

这个心理学原理，叫作小事情绪化，大事理性化。情绪在后果严重时，处于被控制状态；而在后果不严重时，反而会处于膨胀状态。

再小的事，一旦被当成情绪发泄的手段，都可能超越临界点，进而发生可怕的事。在公交车上，有人不小心踩了你的脚，也许并不疼，甚至没有弄脏你的鞋。如果你用眼神或者鼻子里的声音表示不满，对方可能不但不买账，反而会不以为然地说：“公共汽车上碰碰撞撞有的是，又没有弄脏你的鞋。要当娇小姐，坐出租车去！”这时，你可能就会火起来，进入情绪膨胀阶段，甚至因为自己虽有理但遇到歪理无法讲清而转化为剧烈的野性爆发，说出平时绝对不好意思说的话，做出事后绝对后悔的事。

这叫作丧失理性。在正常情况下，理性强大到足够控制情绪，但在情绪膨胀时，理性就变得很脆弱，容易被野性压倒了。

三、礼貌控制情绪，幽默宣泄情绪

如果情绪正在恶化时，你发现踩你脚的是一位美艳动人的女郎，而且又十分有礼貌地连说对不起，还问踩痛了没有。这时，你的情绪可能因她的礼貌而停止了膨胀，而且还会诱发你的礼貌，你可能会说："没关系，没有踩痛，没有踩痛。"

西方有这样一则幽默故事，一位女郎不小心踩了一位男士的脚，立即表示了歉意。男士为了缓解她的不安，连忙说："没关系，谢谢你提醒我皮鞋该擦了。"这位女士自然报之以嫣然一笑。在这个故事中，男士的幽默比女士的礼貌更为高超。

礼貌是一种规范性的语言和行为，它有自己的通行模式。礼貌有很强的礼仪性，也就是外部的模式化，并不需要个性化的独创，也不一定要求与内在素质和修养同步发展。因而，礼貌是可以用意志和理性来获得的，即使一个粗野的、文化水平不高的流氓，或者道德堕落的色狼，在特殊情况下，其行为举止也可以温文尔雅。正因为这样，礼貌仅仅是一种及格线上的文明，其协调社会心理的功能比较有限。

上面那位男士的应对并不仅仅是礼貌，因为礼貌是程式化的，而这位男士的应对还有随机应变的成分，其中的机智是显而易见的，而且多少还有那么一点幽默的意味。因为他的应答不单单纯粹停留在礼貌上，满足于宽宏大度的礼让，而是在本该对方道歉的时刻，却向对方表示感谢。这种错位逻辑虽然是虚拟的（提醒他皮鞋该擦了），却更显示了他与人沟通的艺术与智慧。双方从对抗到沟通是需要一点超脱的。

不过这样的机智并不十分精彩，精彩的机智应该更谐趣一些。1957 年 3 月，中央统战部在怀仁堂召开民主党派领导人座谈会。会上有人发言稍显过激。会后的宴会上，那位说话有点过头的老先生，带着几分酒意，把手搭在毛泽东的臂膀上问："您说，我刚才的话，对不对？"毛泽东眼中带着笑意说：

除了不对的，都是对的。

这话显然更机智。第一，回避了对老先生的直接否定，用肯定的句式表达了否定的含意；第二，对方用"对"或"不对"的选择疑问句提问，回答时把"对"放在最为突出的地方，但其前提是有些“不对”，用半隐半显的逻辑来掩饰对立，缓解情绪紧张。幽默和礼貌的不同之处在于，它不是一种外部的规范模式，而是一种随机应变的智慧的独创，它不但能遏制情绪的急剧膨胀，而且能将情绪膨胀所聚集起来的危险能量向非对抗性方向转移，并通过微笑得以宣泄，使双方能够进一步沟通。

美国第七任总统安德鲁·杰克逊（1767—1845）曾在与本顿的决斗中被一枪击中了手臂。子弹在那里待了近 20 年。到 1832 年医生把子弹取出的时候，本顿已经成为杰克逊忠诚的支持者。杰克逊建议将子弹归还本顿，但被本顿谢绝了，说是因为近 20 年的保管期，已经使产权发生了转移，子弹的所有权，应该属于杰克逊了。杰克逊说：“从上次决斗到现在只有 19 年，产权关系还没有最后转移。”本顿说：“鉴于你保管特别费心，一直随身携带，我放弃这一年。”

这种错位性思维，表面上看是一种技巧，而事实上是一种境界。双方之所以能够用如此轻松的心情来面对此事，主要原因是已把事情的性质从对抗（冒生命危险的决斗）转化为友好（产权的代管）。能够从造成严重后果的对抗中抽身出来，置身事外，这不但需要意志力，而且需要一点“超凡脱俗”的胸怀。

为了充分说明这一点，我们再举一个比较有趣的例子。

一个顾客来到咖啡馆，点了一杯啤酒。服务员端上来的酒杯中，落进一只苍蝇。故事说，如果这个顾客是一个讲究绅士风度的英国人，他就不会责备服务员什么，而只是耸耸肩膀而已。如果这是一个严谨而又讲究礼貌的德国人，他就会这样想：既然啤酒已经被污染了，应该避免让别人受害，他便会一声不吭地把酒倒在水槽里。如果这个顾客是一个讲究管理效益的日本人，他会要求见一下经理，建议他检查管理中的漏洞。上述顾客都很有修养、很讲礼貌。他们遭遇事故后并没有发火，也没有责备提供服务的方面，而是克制着自己的不快，用最平静的心情，减少对服务方的精神压力。

故事接着说，如果这个顾客是一个很讲究实际的俄国人，他会这样想：苍蝇固然是可能传染细菌的，但是，啤酒里的酒精已经把它杀灭了。于是，他就会把这杯啤酒一饮而尽。这其中当然有嘲笑俄国人的意思，民族偏见显而易见，我们暂且不去管它。

故事最后说，如果这个顾客是一个最讲究幽默的美国人，他会对服务员说：“小姐，我能不能提一个建议？”服务员小姐当然欢迎。美国人就说了：“下一次，如果再给我端啤酒，是不是可以把苍蝇和啤酒分开放在不同的杯子里？”小姐立即就笑了，非常开心地向这位美国客人道歉。

这就是幽默和礼貌的不同。礼貌不管多么温文尔雅，也只能减少对方的压力而已。幽默却不但能够把对方从失落中解脱出来，而且还能和对方共享其智慧和幽默。

这个故事可能是美国人编的，美国人以幽默而自豪。

其实，中国人展现出来的幽默并不一定比西方人差。前几年，《羊城晚报》上有一则报道说，葛优在广州和“粉丝”见面，有一个人风风火火地从后面挤到前面来，满头大汗地说：“冯巩，冯巩，我终于找到你了，请签个名吧。”

面对这样的误会，一般的人可能会有点发火，如果此人很有修养，就会以礼貌待之，告诉他：“对不起，我不是冯巩，我是葛优。”这样做，可以显示自己的文明修养。可是葛优没有这样做，而是平平静静地在这个人的本子上签上了两个大字：冯巩。这就是葛优式的幽默，他并没有当场纠正人家的错误，也没有对此人的马大哈表示愤慨，而是很平静地跟他一起犯错误。幽默和礼貌的不同之处，在于对犯错误的人不仅要尊重，而且要抱着一种悲天悯人的态度。对这样的人要同情，甚至还应带一点欣赏的态度去看待他：人世间居然有这样的马大哈，多好玩，多可爱啊！

无独有偶，福建省著名书法家陈奋武有过一次类似的遭遇。那还是在20世纪90年代初，当时，福州用煤气的居民还不算多。陈奋武扛着煤气罐，带着煤气证，到一个站点去换煤气。那个工作人员一看煤气证，是大书法家的名字，就把陈奋武打量了一下，说道：“你这副样子，也敢冒充陈奋武！”陈奋武是有点幽默感的。他赔着笑脸，做出一副犯了错误的样子，说：“对不起，我碰巧也叫陈奋武。”对着那人一脸将信将疑的样子，他做出一副讨好的神色，从容不迫地微笑，等着那人把手续办完。

幽默感来自博大的胸怀，博大到面对别人的冒犯情绪也不会膨胀，不但自己能从冒犯中解脱，而且也把对方从可能的尴尬中解放出来。

四、防止情绪膨胀的基本法门：从现实中超越

并不是有了宽广的胸怀，就能拥有超越对抗和敌意的幽默。许多胸怀堪称宽广的人士之所以幽默不起来，并不是他们不想抑制情绪的恶性膨胀，而是因为他们缺乏具体的操作方法。无论愿望有多强烈，没有方法，也是白搭。

幽默比礼貌难做到。礼貌有一套长期以来积累下来的现成的规范，有一系列比较固定的程序和办法。但是，它的功能仅限于抑制情绪、意气的膨胀，并不一定能使气氛和谐。幽默没有固定的程序，也没有现成的模式，它所要求的是某种即兴、瞬时、敏捷的反应。它的特点是创造性的、不落俗套的和不可重复的。一旦重复了，就会令人讨厌。

礼貌和幽默还有一个区别，那就是礼貌是以理性地面对现实为特点，而幽默感却是以

超越现实为特点。

情绪膨胀产生于人际摩擦，强化于对琐事的过分执着，爆发于对抗的升级。情绪的爆发必然伴随理智的萎缩，因而在超过临界点的关头，不但任何刺激都是火上浇油，而且就是礼貌地忍让或是理性地辩解也可能无济于事，因为情绪的爆发是无视理性的。任何理性的语言都可能被恶意的情绪所曲解。

打破僵局的唯一方法就是超越（或者叫解脱）。所谓超越也可以说是迂回，既回避和对方的正面对抗，又避免用自己的理性迫使对方就范。

这时，最重要的是把自己和对方从紧张的氛围中解放出来。不要那么较真儿、那么死心眼，说话避实就虚，带一点超越现实的味道。一旦对方注意力被转移了，其情绪的膨胀也就会中止了。

在上面那个关于啤酒的故事中，那个美国顾客的话可以充分说明超越现实的重要。他所提出的建议明明是不现实的，既然发现了苍蝇，就不可能再端给顾客了。但是，这样的假定却能使对方心领神会。

一位作家出国访问，住在一家旅馆里。正巧他有一个朋友也住在这个城市里，于是这个朋友带着夫人和孩子来拜访。久别重逢，双方谈得很投机。但不久这位作家发现朋友的孩子正穿着鞋子在雪白的床单上跳舞。在这个当口，怎么办呢？用礼貌的语言劝阻？“对不起，你们的孩子穿着鞋子上床了，旅馆方面会有麻烦的，我们还是想办法把孩子哄下来吧。”这显然不行，因为任何对孩子的不满都无异于是针对孩子的父母，只能让他们感到难为情，必然会破坏他乡遇故知的热烈气氛。这就不是解脱，而是制造紧张气氛了。这位作家很聪明，他用了超脱法来回避自己和对方可能引起的情绪膨胀。他突然停止了和朋友夫妇的谈话，说：“对不起，等一等，一个重大的历史使命在等待着我，那就是把你们的小天使从床上搬到地球上来。”朋友夫妇很自然地笑了——也就是解脱了。

在这里，他用了一个“大词小用”的技巧来解脱自己和对方。他所用的词是“地球”而不是“地板”，如果他是做语文作业，那可以肯定必错无疑，但是在这里，他恰恰因为故意错用了词语而显得富有幽默感。“地球”这个词和“地板”虽仅一字之差，但意义相去甚远。地球的大小远非地板可比，这种对比越强烈，语言的现实感也就越弱。把一个小孩子从床上抱下来放在地球上，在空间的联想上就大大超越出旅馆的房间，在那么大的空间中，床单上的一两个脚印立即就显得微不足道了。而把做这样一件小事说成是“重大的历史使命”，也显得不伦不类，这恰恰使焦虑的情绪缓解，双方也就从尴尬的气氛中被解脱出来了。

许多国人自怨自艾，总觉得自己缺乏“幽默细胞”，他们也许没有意识到，正是认死理的好胜心在阻碍着自己幽默细胞的发达。

许多年前，我的女儿还在念小学，她妈妈对她分数的要求简直可以用苛刻来形容。即使女儿考了 99 分，她还是会用责备的口吻厉声说道："我就不明白，你为什么就拿不下这一分！"我真是无言以对。不好意思与太太争辩的我只好顺着她说："对对对，我们要好好研究一下孩子学习不好的原因。孩子学不好，有两种可能的原因，一是老师教得不好。"太太说："那也不能这么说，别人家的孩子也有得 100 分的呀！"我说："那就是孩子的脑袋笨。"还没等她反应过来，我又说："那也有两个可能的原因。第一个是阁下的遗传基因不太好。"太太反驳："那怎么会呢！我当年是很聪明的！""对，当年就是因为你聪明，我才看上你的。那么第二个原因，那就是鄙人比较笨。"太太说："那还差不多。"我又说了："孩子考不好是由于爸爸笨，那你还怪孩子干什么？孩子是没有办法来选择爸爸的，孩子的爸爸是某人替她选的。想当年，你如花似玉，后面跟着一个连队，鄙人很不幸地跟在最后面。你满园里捡瓜，捡得眼花，捡了半天，捡了个傻瓜。你不怪自己，还要怪她？"终于，太太笑了。承认自己笨有什么好处呢？我的话让她回想起当年自己是如何被我迷住的，让一个 40 多岁的女人回忆 20 多岁的时候的恋爱，滋味多么甜蜜啊！不跟她来点甜言蜜语，她就不能从一分两分的计较中解放出来。

幽默是情绪的解毒剂。怎么解毒？把对方从认死理的好胜心中解脱出来，引导到一种和谐的抒情状态中去。

幽默并不完全是某种技巧，幽默是以人的宽广胸怀为前提的，而且它需要一种能把痛苦转化为欢乐的能力。

文艺作品是对精神生活的提炼，其中的幽默则更能显示出对于世俗的超脱。还记得侯宝林大师那段经典的相声吗？医生因为粗心一次又一次地把各种各样的手术器具留在了病人的肚子里，最后，忍无可忍的病人对大夫说："干脆别缝了，安条拉链得了，要是再落下什么，不用开刀，拉开拉链就直接找了。"

这是对医生的批评，但是，没有直接对抗性的指责，相反，倒是一种友好的建议。但是，这种建议（在肚子上安拉链）是不可行的，是超越现实的，是可笑的。这种幽默是比较高雅的。一般地说，人在受到侵犯、伤害之时，最容易情绪失控，对施害者最容易产生敌意。但这里的病人，居然一面把自己从敌意中解脱出来，一面又把对方从自责的尴尬中解脱出来。这种超越生理病痛的姿态，表现出其心灵的自由度是相当高的。

网上有一则笑话，对我们可能有更高的启示：

有三个人到纽约度假。他们在一座高层宾馆的第 45 层订了一个套房。

一天晚上，大楼电梯出现故障，服务员安排他们在大厅过夜。

他们商量后，决定徒步走回房间，并约定轮流说笑话、唱歌和讲故事，以减轻登楼的劳累。

笑话讲了，歌也唱了，好不容易爬到第44层，还差一层，大家都感觉精疲力竭。

“好吧，彼德，轮到你来讲个幽默故事了。”

彼德说：“故事不长，却令人伤心至极，我把房间的钥匙忘在大厅了。”

看这个故事的人，肯定会笑起来，当然，这个故事的主角也会悲极而生乐。这个故事的最后有一个“顿悟”：“我们痛苦，所以幽默；我们幽默，所以快乐。”幽默最根本的功能，就是让我们超越痛苦。

但是，这种超越痛苦还不能算是最高的，充其量就是生理上的，而最高的则是心理上的。有这样一个故事：一位老教授娶了一位年轻而风骚的太太。当他外出之时，那年轻的太太就把情夫引进家门。一日，教授偶然发现忘记携带东西，半道归来，发现了床前男人的鞋子，衣柜内显然有人在颤抖。老教授从容不迫地拿上东西，安然离去，给情夫充分时间退出。这当然是很高的修养，但这样做，充其量只能说是很文明，或者很礼貌，但是，并不幽默。西方类似题材的幽默故事则是这样说的：当一位男士回家以后，发现自己的太太正和神父在做爱，他并没有发作，而是跑到房间的窗口边，对着天空祷告起来。神父惊惶不迭地问他怎么回事，他说：“既然你代替了我的职位，我也只好代替你的职位了。”这当然是笑话，是艺术的想象，不是现实。但它告诉我们，幽默需要超越现实。与现实拉开的距离越大，幽默感也就越强烈。但是，这样的超越，并不是绝对的，必要的原则还是要坚持的。

美国第一任总统华盛顿，有一天早晨起来有急事，而年轻的秘书却迟到了。秘书内疚地解释，迟到的原因是表出了问题。华盛顿平静地说：“看来你得换一个表了，否则我就该换一个秘书了。”

这里的幽默，虽然缓解了对抗，但并没有像那个看到神父和自己妻子做爱的人那样反讽，而是把换秘书与换表作了一个简单的类比，看似轻描淡写却又十分严厉地批评了秘书。

五、从现实中解脱的方法：反说歪理

从操作性来说，幽默不起来的最基本的原因，就在于面临情绪膨胀时缺乏解脱的意识和有效的方法。人皆有好胜之心。好胜心的特点是在对峙性情境中企图压倒对方而不被对方压倒。当好胜心受到对方坚决的顽强的抵抗时，情绪就紧张，敌意就膨胀起来，这是人性共同的弱点。富有幽默感的人，不是没有好胜心。不过其好胜心不是采取直接冲突的雄辩模式，也不是采取抑制外部行为的礼貌模式，而是采取从直接对峙中转移的解脱模式。在熟练地驾驭这样的模式时，显示自己在智能上的优越感。幽默家的好胜心表现在通常人不能解脱的，他能解脱。当然，常人即使能解脱，也不免在情绪上带着勉强色彩；幽默家的解脱，在正面看是消极的，但从侧面看则是积极的、进取的。

有些教授很讨厌学生在课堂上打瞌睡，每逢有人打瞌睡，都要有所发作。在我看来，他们并没有因此获得心理平衡，相反，倒是常常在事后为自己的失控而感到后悔不安。他们并不是没有解脱的意向，而是没有瞬时解脱的能力。我想，他们在事情过后，脱离具体现场的刺激性场景时，就能解脱了。解脱不难，只是在现场刺激性中采取瞬时的解脱难，因为那是不容犹豫的，需要果断的现场摆脱。如果真明白了这个道理，反复钻研情绪的解脱方法，并不是没有希望提高解脱能力。有一种解脱方法，可能有普遍的适应性，那就是从反面着眼，用“反说歪理”的方法解脱自己和对方。我自己也碰到过学生在课堂上打瞌睡的情况，起初，我是有一点不快的，但是，我克制着情绪膨胀，用一种超脱现场的想象来言说。面对着个别学生的放肆，我说：“上课打瞌睡——这是对老师最大的信任和爱护。”一下子学生哄堂大笑，连那打瞌睡的人也被笑声吵醒了。这自然是从反面去找理由的解脱法——把许多人认为是有损尊严的事，说成是很有面子的事。但如果仅仅是这么说，就可能是哗众取宠，歪理要歪得有理，这是需要细致地发挥的。我接着说：“第一，上课公然打瞌睡，不怕老师怀恨在心，在考卷上扣分，这是对老师人格的最大信任。第二，上课打瞌睡，说明老师讲课不吸引人，有如催眠曲。把这个意见大声讲出来，对老师尊严不利；用无声的身体语言向老师提示，这是对老师自尊心的保护……”

我还没有讲完，学生们又笑了。我接着说：“在这个课堂里，只有我一个人，领悟了他的身体语言。”

这种方法的特点第一是“反说”，也就是从反面去找理由；第二，所找出来的理由不能是正理，正理不幽默。我找出来的道理很歪，把歪理讲得像正理一样丝丝入扣，层层推演，振振有词，就幽默了。

中国相声艺人有句名言，叫作：理儿不歪，笑不来。

歪理有幽默的效应，但也不能瞎歪，要歪得有理。歪得没有一点理由，就成了疯子的胡话了，最多也不过是耍贫嘴，滑稽而已。上面我所说的那一套，自然幽默，可是并不深刻，只使学生兴奋起来，降低对抗情绪。学生不守课堂纪律，无论采取什么方式的幽默，批评诱导是不可回避的。

但是，如果把批评直接表达出来：“你这样上课睡觉不太好，下次不可。”这就煞风景了。我没有这样说，而是换了一种说法：

> 上课睡觉，这很难避免，我当大学生的时候就睡过。这是生理反应，不可抗拒。与其整整一堂课装作洗耳恭听的样子，其实听不进去，折磨自己又欺骗老师，不如小睡片刻再认真听讲。孔夫子有个学生，叫作宰予。他白天睡大觉，孔夫子对他的批评很严厉，说是“朽木不可雕也”。我不大同意孔夫子这样的粗暴批评，因为他没有仔细调查研究过。学生上课打瞌睡，原因五花八门，可能是昨天他开夜车学习雷锋，帮助一个第一次见面的老乡走后门去了。这应该一分为二，帮老乡，尤其是帮第一次见面的老乡，热爱乡土的精神亦应予嘉奖；但是走后门，就该做科学分析。如果说不是助人为乐，而是去干别的事——如打扑克啦，和女孩子谈心啦，那就应该另当别论了。

我这么一说，全体学生一下子又哄堂大笑起来，而恰恰在这时我的歪理转向了正理。因为我和学生都明白，所谓帮老乡，都是虚言，都不是事实；而深夜打扑克、谈恋爱却更接近于事实。明明该更严肃地对待的现象却用了更为轻描淡写的语言，这在逻辑上造成了一种反差，正是这种反差提示学生去领悟我隐含的相当严肃的态度。

说反话是从反面寻找歪理的一种方法，立志于幽默谈吐者，当努力在这方面不倦地进行自我训练。

最简单的方法就是说些违反事实的话，把一些没有直接联系的事，用因果关系联系起来。

在驾驭这样的方法的时候，要注意最重要的不仅仅是歪理，而且是歪得有理，才能引发会心的微笑和欢乐的互动。为了把欢乐的情绪推向高潮，我又接着讲了一个故事：

> 在解放战争期间，中共中央开军事会议。毛泽东正在讲话，将军们洗耳恭听。但是连日作战，许多将军都疲劳了。其中有一个居然呼呼大睡，还发出了鼾声。大家都为这位将军的无礼紧张得面面相觑。但是毛泽东却不动声色。等他讲完了以后，另外一位首长讲话了。毛泽东却站起来，对着他轻轻地说：“嘘……轻一点儿，那边有人睡着了。”

我一说完，全班同学都鼓起掌来，而那位刚才打瞌睡的同学也醒了。

在欢乐的氛围中，他有点不好意思。我说：“我们的将军已经醒了，让我们为他的醒来，再鼓一次掌。”

这种方法的要义是，话语越是显而易见的悖理，越能引起心领神会的欢乐的互动。

附：

漫画分析

图 1-1　菲路德教授（一）

图 1-2 菲路德教授（二）

幽默的要义是把可能引起对抗的矛盾化解为会心的微笑。上面这两组连环漫画的核心是化解矛盾，但用的方法并不是现实的方法，而是虚化、玄化的方法。

图 1-1，浇花把水淋到路人头上，自然可以说声“对不起”。这样的礼貌语言也可以化解矛盾，避免情绪恶化，但这样没有什么趣味，不能引起对方的微笑。丢一把伞下去怎么样呢？对方就会笑了。这是因为，这个方法很笨，而且不实际。与其这样，还不如浇水时小心一点。方法虽笨，但能引得对方一笑，矛盾就缓解了。

图 1-2，演讲者的唾沫飞溅到听者的脸上，如果直接对其提出批评就没有幽默感了，若是打起一把伞来呢？好像大炮打蚊子，这不是最实用的，但却是很好笑的，一笑就和解了。

第二章

幽默、诡辩和雄辩
——幽默就是讲歪理

一、正理也有讲不通的时候

许多人幽默不起来，并不是没有幽默天赋，而是因为有心理障碍，其中最主要的是不敢讲歪理。

中国有句古话，叫作“有理走遍天下，无理寸步难行”。这话自然有其道理，但并不绝对，得看情况、看对象。还有句俗话叫作：“公说公有理，婆说婆有理。”有理不一定在任何情况下都能通行无阻。有理讲不清的情况，我们在前面一章已经说得很多了，这里不再赘述。因而，人们不能对辩论寄予太高的期望。但是，有一条必须明确，从更长远的历史角度来说，真理终究会被实践证明。可是，实践是一个历史过程，要证明真理，需要一段漫长的时间，甚至有时一个人生命的长度都是不够的。如果光是消极等待，人岂不就白活了，在真理未被证明之前，人与人还是要交流，在真理已经被证明以后，人与人更要交流，因为总有人感觉不到真理已经被证明了。交流要讲效果，无效的交流不但没有正面的作用，而且还可能起到相反的效果。所以，同样一个道理还有个如何讲述的问题。

这就要看“语境”。

通俗地讲，“语境”包含两个方面的意思：第一是对象，包括对象的修养和当时的心情等；第二是具体环境，主要是现场的情形。有许多真理是不适合在公开场合下讲出来的，在某些情况下，莽撞地把事实真相讲出来，只能坏事，所以，有“善意的谎言”之说。而外交官常常为了国家的利益而说谎，如果他处处讲真话，可能就要犯叛国罪了。对于错话的纠正也一样，并不是任何时候都可以直接批驳，只有在很特别的情况下，当场指出别人的错误是合适的；对于错误的话语，用雄辩的正理纠缠到底，不弄个水落石出绝不罢休的，在绝大多数情况下是好心办坏事。

认真观察研究一下就不难发现，人们每天所讲的话绝大多数并不是一本正经的正理，除了课堂上、会议上和所谓正式的场合以外，在日常交往中人们需要时常讲点“歪理”来轻松一下。有时正常的逻辑推断，不但不能使人高兴，反而使人生厌。俄国作家契诃夫在一篇叫作《文学教师》的小说中，写一个语言无味的地理教师，他总是说一些过于浅白的正常道理，弄得人哭笑不得。比如主人公尼基京结婚了，他说：“你以前没结婚，所以过单身生活，现在你结婚了，就要两个人一起生活了。”这不但没有味道，而且暴露了他思想很贫乏。每个人都希望自己说话显得很聪明，因而总是说一些有理的话，但要有幽默感，就得敢于说不合理的话，就得学会编织一些善良的谎言，学会讲歪理。

如果你的朋友脸色近来变得越来越红润了，你说这是由于他身体健康，营养丰富；过了几天，他又变黑了，你说他是由于到海滨度假，多晒了太阳。这合乎正理，很科学，无可辩驳。但这样的因果推断如果有上千条好处的话，至少也有一条不足之处，那就是它不幽默，听起来没有什么趣味。如果你不这样说，而是说他脸红是因为多吃了红烧牛肉，脸黑又是因为多吃了乌贼鱼，心都吃黑了，所以连带脸也变黑了。这种因果推断，明明不正确、不科学，但是如果它有上千条坏处，至少也有一条好处，那就是很有趣，有点幽默的味道。多少人想幽默而不能成功，原因是他们对讲一点歪理还有不由自主的心理障碍。

二、不敢讲歪理的心理障碍之一：正理使人肃然起敬

不要去埋怨自己缺乏幽默细胞，而应该切切实实地去排除有碍幽默的心理障碍。

最常见的有碍幽默的心理障碍就是不管什么时候说话都一本正经，力图让自己说的每一句话都符合正理。有些人思想僵化、古板，自然幽默不起来，即使那些头脑很灵、平日里很雄辩（甚至很诡辩）的人都不一定幽默得起来。雄辩的逻辑推理是很严密、很正规的，但是却没有幽默和使人轻松愉快的效果。

雄辩在古希腊、罗马非常受人重视，那时出现了很多著名的演说家、雄辩家。在公元1世纪，古罗马的著名教育家昆体良甚至开设了雄辩学校。我国先秦也有游说之士，进行过许多雄辩的实践。

总体来说，雄辩的特点和一般的论述不太相同，一般的论述，都以自圆其说为要务。但是，不管从纯理论还是从实际的交流来说，自圆其说，并不一定可靠。

一般的自圆其说，就是通常所说的论证。根据自己的论点，选择和论点相一致的材料，进行论证。这里有个极大的漏洞，那就是“选择”，既然是选择，就意味着排除，把和自己观念一致的留下，把和自己观念不一致的排除。这很明显是片面的。在这方面，现代科学哲学家波普尔有一个著名的理论，指出这样的证明并不可靠。有一个著名的命题：一切天鹅都是白的。如果你要论证它，就得列举一切可能的证据。例如，古人看到的天鹅是白的，今人看到的天鹅是白的，中国人看到的天鹅是白的，外国人看到的天鹅是白的。能不能证明一切天鹅都是白的呢？不能。因为人的经验是有限的，而一切天鹅都是白的，所指却是无限的。有限加有限加有限，加到 n 次还是有限，不可能变成无限。相反，在有限的经验中，随时随地都可能出现例外，只要出现一只天鹅是黑的，那“一切天鹅都是白的”这个命题就被推翻了。这时，轻而易举地得出的一个结论——“并非一切天鹅都是白的”，却绝对是没有错的。

所以波普尔认为，举例证明，往往是无效的，相反，发现反例，对命题加以“证伪”，却是推动科学进步的阶梯。科学的发展，就是不断“证伪”、不断“试错”的过程。

通俗地说，寻找白天鹅并不重要，寻找黑天鹅，才是论证要义。

波普尔的这个学术理论[①]也可能有些绝对化。但是，对于人际交流却具有深刻的启发性。

对于任何一个论点，光是达到自圆其说，很难说服对方，要证伪对方的论点，才可能进行真正有效的交流。这样的交流，就达到了雄辩的境界。雄辩着重于反驳，也就是破解对方的自圆其说。但是，光是破解还不足以使自己的观念立于不败之地。西方有一种理论说，当你和对方进行辩论时，双方的论点不啻南辕北辙。你要说服对方，就很可能陷入聋子的对话的绝境。要使说服成功，你就得从双方认同的前提或者材料出发。如果你能从对方的前提或者证据演绎出对方的错误，那就超越了一般的论证，达到雄辩的水准了。

最近，西方的雄辩理论又有了发展，就是“以你的道理来论证我的立场”，用英语来说就是“Justify my position in your terms”。其实，用中国古典雄辩术的语言来说就是“以子之矛，攻子之盾”。

最佳的雄辩，是用对方的事实、逻辑为自己的立论服务。这就是在破解对方自圆其说中实现自身的自圆其说，或者说得通俗一点，就叫作“他圆其说”。我们引一段《庄子》上的经典段落来阐释一下：

> 庄子与惠子游于濠梁之上。
>
> 庄子曰：“儵鱼出游从容，是鱼之乐也。”

---

① 参阅卡尔·波普尔著，傅季重等译：《猜想与反驳》，上海译文出版社 1986 年版，第 404 页。

惠子曰："子非鱼，安知鱼之乐？"

庄子曰："子非我，安知我不知鱼之乐？"

惠子曰："我非子，固不知子矣；子固非鱼也，子之不知鱼之乐，全矣。"

一个说：鱼游得很开心。另一个说：你不是鱼，怎么能知道鱼是否开心？对于这样的抬杠，本来庄子要反驳，有多种选择。可以反驳他的大前提：照你这么说，除了生物的主体，对自己的内在感知有直接的经验、心中有数以外，其他生命没有直接经验，对之就一无所知了？那间接的经验、普遍的规律、演绎推理就完全没有作用了？但是这样反驳比较费事。因为对这个原理没有显而易见的共识。根据辩论术，反驳对方要以双方的共识作为论证的前提，才可能雄辩，否则就是公说公有理、婆说婆有理了。庄子的聪明在于不但不反驳对方的大前提，而且直接从对方的大前提出发演绎出反驳对方的道理：既然你说，我不是鱼就不可能知道鱼快乐不快乐，那么，你不是我，你怎么能知道我不知道鱼是否快乐呢？如果你的前提是对的，那么你的结论就是错的。这种在逻辑上的反驳叫作导致荒谬。由于对方的前提所导出的结论明显荒谬，故前提肯定是错误的。当然，惠子也不是省油的灯，他也是死死抓住这个对方认同的大前提演绎下去，向自己有利的方向推演：我不是你，就不知你如何；但如果你承认了这一点，也就承认了生命的内在体验，只有个体本身才能知晓，这就说明，你不是鱼，肯定不知道鱼是否快乐。但是，庄子并没有妥协：

庄子曰："请循其本。子曰，女（按，同汝）安知鱼乐云者，既已知吾知之而问我。我知之濠上也。"（《庄子·秋水第十七》）

庄子说，请回到原本的论题上来，你原来说，我不是鱼，怎么知道鱼快乐不快乐。这里的"安知"，有两个意思：一是，你从哪里知道；二是，你怎么可能知道。也就是说你的话里有一个"吾知"为前提。如果你认为我根本不知道，你也就无从问起了。庄子这样的反驳是否严谨，还有待商榷，但庄子死死抓住双方认同的前提是很机智的。郭象的《庄子注》对庄子的这个说法做了补充：

寻惠子之本言云，非鱼则无缘相知耳。今子非我也，而（庄子）云：女安知鱼乐者，是知我之非鱼也，苟知我之非鱼，则凡相知者，果可以此知彼，不待是鱼，然后知鱼也。故循"子安知之"云，已知吾之所知矣。而方复问我，我正知之于濠上耳，岂待入水哉！（《南华真经义海纂微》）

郭象可能觉得庄子的说法不够完满。庄子说："女安知鱼乐云者，既已知吾知之而问我。"其中的"已知吾知之"说得比较武断。人家是怀疑你"知之"才反问的呀。郭象则把重点放在另一个关键点上，当你问我你怎么知道鱼快乐不快乐的时候，你已经知道我不是鱼了（"是知我之非鱼也"），而你又不是我，怎么可能知道我不是鱼呢？很符合庄子的思想。两位大师在口才上孰高孰低，是很难说的，但两人论辩的特点却是一致的。第一，都是从对方认同的前提出发。这既是辩论的基础，又是雄辩的前提。第二，双方所依据的大前提显然是不可靠的，甚至有一点歪——除了自己直接体验到的以外，间接地根据外部表现做出的推断均不可靠。但其他演绎过程都比较正经，符合形式逻辑的规范，以对方大前提加以推演，得出与对方论断相反的结论。从形式逻辑结构来说没有问题了，但是从内容上来说，大前提不可靠，因此有了一点诡辩的色彩。这里主要表现的是惠子和庄子的机智，而不是他们的幽默。和上面故事异曲同工的还有一个西方的经典笑话：

一天，古罗马的奥古斯都大帝在城外打猎，他突然发现田间有一个小伙子，容貌和自己长得非常像。于是，他策马来到这个年轻人的跟前，问道："小伙子，20年前，你母亲是否在我家工作过？"这个年轻人当即回答说："没有，陛下。不过，我父亲曾经在你府上工作过。"

本来，奥古斯都是想暗示，这个小伙子是他父亲的私生子，这显然是对小伙子母亲的侮辱。但是，小伙子显然没有被皇帝的权威和进攻所压倒，瞬间便进行了机智的反击，言外之意是，如果我长得像你，那就说明皇帝的母亲和自己打工的父亲有染。其所运用的思维模式恰恰是皇帝提供的，以面孔相像来暗示其上辈有不正当的奸情。从这个意义上来说，这是很雄辩的，而语言又是惊人的简洁。

所以说，雄辩高于诡辩。

雄辩作为口头交锋的手段属于上乘，它与诡辩不同。诡辩的特点首先在于根据一个不可靠、不确切、不稳定的大前提毫无保留地做长驱直入式的演绎，在逻辑推理上好像没有漏洞，但漏洞却在于它的出发点。如阿Q摸了小尼姑的头，小尼姑抗议，阿Q说："和尚动得，我动不得？"这里的大前提"和尚动得"，是毫无根据的，至于"我动不得"在推理上也很难成立。即使小尼姑同意让和尚动手动脚，也不意味同样允许阿Q动。正因为这样，在今天的读者看来，阿Q的逻辑不是诡辩而是无赖，没有道理还振振有词。而惠子和阿Q不同，他根据一个不可靠的大前提来推理，且推理好像很严密。前提的不可靠和推理形式的可靠，是诡辩的特点之一。一切诡辩在形式上都有雄辩的色彩。

因而，诡辩还有一个特点，那就是一味地追求在概念和逻辑形式上的相符，即使内容越来越离谱也在所不顾。我国古代公孙龙的"白马非马""飞鸟不动"之类的例子就是诡辩到死钻牛角尖的表现。这和西方经院哲学力图求证一个针头上能站几个天使一样，属于烦琐哲学范畴，和日常口头交往的关系不大，在这里暂且从略。

雄辩之所以高于诡辩，就在于它不但在内容上特别强调符合事实，而且在推理形式上特别强调周密。其最突出的表现形式为"正反合证"，就是不管从辩论的正方还是辩论的反方，不管是从有利于己的思路，还是从不利于己的思路来看，都立于不败之地。任何单方面的论证都是一面之词，都不是雄辩。穷尽一切可能性，严密到一滴水也不漏给对方，把对方一切思路堵死，这才是雄辩的法则。这个法则有一点像美国社会通行的“墨菲定律”：“如果可能出错，那就一定出错；即使不会出错，也可能出错。”二者异曲同工。

自然，穷尽一切可能性并不是一定可行，由于人类语言和推理形式的局限，推理是不可能绝对严密的，但至少在大体上要涉及一切可以想象的方面，切不可把任何想象空间留给对方。一旦被对方抓住，就很难应答，只好放弃正反合证的雄辩高度，退回到单方面论证的水平上去。许多大学生辩论会缺少反驳，只能在平面上滑行，原因就在这里。要提高水平，就得从思维方法上加以改进。在这方面，爱因斯坦的“两面神”思维模式和黑格尔的“正反合”思维模式很值得参考。

穷尽一切可能性，是真理全面性原则的体现。所谓全面，本来是包括事物的一切方面。但是事物的方面是无限的，“无限全面”作为方法是不可能的。方面越多，可操作性也就越差。故在口头交往乃至学术研究中，用得最多的是从正反两方面，把事物放在两个极端上去思考。这样当然不全面，但比较接近全面，同时又比较容易操作。这种方法虽然还不能穷尽一切可能性，但至少可以穷尽最突出的两种极端的情况。

但是，通常在我们的口头交往中连这样简单的雄辩都很少见。

人常常有一种思维的依附性，依附于权威，依附于时髦的观点。观点除了反映客观和主体特征以外，还要符合概念自身的结构和衍生的原则。不能驾驭这种结构和原则的人便干瞪着眼，一辈子说不出一句别人没有说过的话来。他们只好运用现成的与现实不完全相符的跛足观念，盲目地在原地旋转。

如果有人说，“近朱者赤，近墨者黑”，并且举出许多例子来证明环境对于人和生物有何等巨大的影响，但是不管他举出多少聪明而有趣的例子来，也达不到雄辩的水平。思维模式的单向性决定了他不但没有产生新观点的能力，而且连质疑现成观点的想法都没有。很少有人在说到“近墨者黑”的时候会立即联想到“出淤泥而不染”，就是单向性论证习惯，或者说思维的定式所造成的后果。

一个雄辩的演说家，起码要具有爱因斯坦所说的“两面神”思维，就如同美国基辛格博士那样，当美国西海岸出了事情，许多人都在想西海岸的事情时。他却想到了东海岸。同样，不要因为大家都说失败乃成功之母，就认为不可能说失败非成功之母，或者成功乃失败之母。雄辩家即使凭直觉都能判别，“失败乃成功之母”说的是主观的不怕失败的毅力。但是光凭毅力这一个条件，反复地拼搏，只能是蛮干。如果没有其他条件的配合，如客观上的社会需要，方法上的科学性，以及某种外力的支持和机遇，就不可能使失败转化为成功。在许多条件中只要有一个环节失误就只能使失败仍然是失败。成功需要一系列条件的协同；而失败只要有一个条件的缺失，甚至一个条件中一个环节的不配合就会出现。

雄辩不但是一种水平，而且是一种境界。在这种境界中，人的思想比之平常要自由得多。

说近墨者黑是对的，说近墨者不黑、出淤泥而不染也是对的，近墨者变不变黑，两种可能性同样存在，主要取决于主体是同化对方还是顺应对方。依此类推，知足者常乐，不知足者常乐，哪一个更有道理呢？这就得看对“足”和“乐”的理解如何了。雄辩者不但善于分析事实，而且善于分析概念。知“足”，是物质享受的充足，还是主观能动性的充足，对二者的内涵不分析出来就不可能雄辩。

慢工出细活和慢工不出细活，天才就是勤奋和勤奋不一定是天才，熟能生巧和太熟练了变成机械性反而不能生巧，人定胜天和人在根本上不能胜天，愚公移山和用愚公的方法根本不可能移山，公道自在人心和世界上最不公平的就是人心，有钱能使鬼推磨和有钱不能使鬼推磨，团结就是力量和光凭团结也还是没有足够的力量，时间就是金钱和光有时间并不能产生财富等等，这些都有道理。情人眼里出西施、月是故乡明、冰冻三尺非一日之寒等等，在雄辩者看来，都是在一定条件下问题的一个极端。只要把条件一变，事情就可能走向反面。即使在情人眼中，对象也不是在任何年龄、任何心情下都像西施那样美艳绝伦。同样，故乡的月亮难免有时比别处更暗。冰冻三尺，在特别条件下并不需要数日之寒。

所有这一切都说明，雄辩的要义在于正面或反面在一定条件下转化，只要条件变动，就可能有相反的结果。这在辩证法中叫作具体分析。

要有雄辩的口才，最起码要善于做具体条件的分析，在正反面两个极点中自由地思考，不为任何权威的观点、流行的说法所拘束，一往无前地分析任何一个观点的正反两方面和它们的互相转化。

分析要包括对事实、论据、材料信息的正反两方面的解读。比如武松打虎，一方面说明他英勇、果敢，有超人的力量；同时也说明他不相信群众，不听店家劝告，而且还死要面子，明明见了阳谷县的布告确知山上有虎，仍然怕“吃店家耻笑”而冒险上山。武松打死老虎，固然勇力绝伦，但活老虎打得死，死老虎却拖不动，说明他力气有限。武松下山时遇到两个猎户扮的假老虎，又绝望起来，说明他勇气也有限。可见，一方面，武松在毫无退路时是超人的英雄；而另一方面，在通常情况下，他恰恰是和你我差不多的凡夫俗子。

有了这两极分析的利器，就不愁应付对方提出的任何观点和材料了。自然，雄辩不仅仅要分析两极的问题，还要有情感的投入。一般论辩应该是冷静的、客观的，而雄辩则应该带一点情绪。这种情绪有时是一种激情。林肯在许多场合，包括法庭辩论时的演说都激情洋溢，卡斯特罗的自我辩护词“历史将宣判我无罪”也充满了感情。在辩论会上，一位大学生在论证了教师的职业值得献身以后，说：“教师是太阳底下最光辉的职业。”这种语言严格说来，不是理性语言，而是诗化语言。诗化可以不全面、很片面，它与理性不同，难道工程师、医生、革命家、科学家的职业就不及教师光辉？但是抒情的特点就是片面，只要不是思路的片面，而仅限于语言的强化效果，则可增加雄辩家的风采。这一点，在下面的相关章节将要细说。

说到雄辩语言的问题，除了抒情色彩以外，还有一个方面是许多讲口才的书籍忽略了的，那就是口语和书面语言的关系问题。

许多演讲、辩论达不到预期的效果，除了思路简单粗疏、逻辑不够严密以外，还有一个原因，那就是过多地运用了书面语言。

书面语言具有严密精练的特点，逻辑性很强，但是往往不够亲切，缺乏感情色彩，阅读起来问题不大，因为阅读者是单独的个人，可以反复钻研，甚至颠倒顺序阅读。然而作为口头表达，演讲者和听众之间不是单方面的文字交流，而是全身心的互动。演讲者发出的信息还包括肢体动作、表情，甚至服装这样的无声语言。听众也不是单独的个人，而是许多人，人们的情绪可以相互影响。而且口头表达是一次性的，听众一时来不及听清的，没有倒转复听的可能，因而演讲者要抓住95%以上的听众，不让不理解的听众动摇会场氛围，就需要营造一种热烈的气氛，达到演讲者和听众之间的全方位沟通。不仅演讲者的思想观点要得以传达，而且演讲者的情绪也要被听者感知。这时就不能光靠理性的客观的逻辑，还要有一点感情色彩较浓的口语。

富有感情色彩的语言，也可以是很文雅的书面语言，比如我们在抒情散文或诗歌中常见的文字，但那样的语言在大厅中、在广场上、在对抗性很强的法庭辩论中，不但显得装腔作势，而且还可能阻断讲演者与听者之间的感情交流。这时的最佳选择就是用比较口语化的词语来传达兴奋的情感，引起听者的共鸣，形成热烈的交流氛围。

口语自然不如书面语言严密准确，但是它往往富有明快的感觉，具有书面语言所不及的感情分量。许多大学教师讲课效果不好，就是因为缺乏把课本、论文中的语言转化为口语的能力。雄辩家应该比一般理论家多一套语言，除了书面语言以外还得有口语，而且能随时轻松地将二者自由转换。

光有一套书面语言，虽然也是辩才，但是不能俘虏对方，因而不能被称为雄辩之才。

有了两套语言，才有可能把雄辩性和鼓动性结合起来。不但调动起听众的理性，而且煽动起听众的感情，使现场达到沸点，把热烈的气氛化为一种情理交融的大熔炉，此乃口头表达的最佳效果。如果没有情感调动，光凭理性的逻辑，是很难在一朝一夕之间完全统一听众的立场和观念的。正因为口语有这样一种重要的作用，我们不满足于捎带着使用它，既然理性也有那么明显的局限性，为什么不把情感交流的作用更彻底地发挥呢？

雄辩虽然有如此这般的优越性，但也有其局限，这就是在对抗中，征服甚至压服对方，都可能增加对方的抵触情绪。为了达到交流的目的，最好的方法并不是压服，而是瓦解对方的抵触情绪，把对抗化为互相的理解、沟通，不用你强加于他，他自己就已恍然大悟了。这就是幽默的伟大功能。

幽默的方法和雄辩不同，雄辩主要是重理不重情，幽默主要是融情而不重讲理。幽默固然要坚持自己的立场，但是不在压倒对方，甚至不在说服对方，重要的是把对方的感情争取过来。

幽默的原则是情感的沟通和共享，所以幽默的笑是会心的笑。

讲理的规律从墨子、亚里士多德到今天已经是人所共知了，而人们对幽默却还有点朦胧含混。正因为这样，才值得我们花那么多篇幅去探索。

三、不敢讲歪理的心理障碍之二：混淆机智与幽默

混淆机智与幽默，其结果是把人往讲正经道理上引，可是越是讲正经道理就越是幽默不起来。这种混淆，不仅在中国很普遍，而且是个世界性的现象。陈瘦竹先生说：“幽默中有机智，但机智并不是幽默。在欧洲文艺复兴时，机智原针对‘天才’而言，和‘学问’相对称。到 17 世纪以后，幽默才成为文艺理论的一个术语，表示才智机敏，迅速发现矛盾，言语巧妙，立刻压倒对方。机智来自理性和想象，几乎不假思索，就能逸趣横生……机智的人，善于同中见异，异中见同，旁敲侧击，出奇制胜。机智的语言，文雅细致，明快尖锐，而幽默的语言则朴素浑厚，意味深长。机智有人工气息，幽默则较自然。机智表现人的聪明，幽默显示人的性格，两者虽然都能引人发笑，但在喜剧中幽默却高于机智。”①

显然，陈教授是从机智与幽默的区别着眼的，而相声大师侯宝林，却从幽默与机智的统一方面来论述：“机智与幽默是不可分割的。我们从生活中、作品里和舞台上接触的大量事实说明，智趣中含有幽默，幽默中含有机智。如果二者‘老死不相往来’，那简直太没有味道了。”② 光一个机智与幽默的关系问题，就众说纷纭，给幽默下定义，不知要复杂多少倍。这是一个目前人们尚不能圆满解决的老大难问题。有人甚至认为，给幽默下理性的定义本身就是很幽默的事。古今中外，不同国家、不同学派给幽默做出的界定五花八门、歧

① 陈瘦竹、沈蔚德：《论悲剧与喜剧》，上海文艺出版社 1983 年版，第 88—89 页。

② 侯宝林：《机智与幽默》。见贯斌主编：《机智与幽默》，吉林教育出版社 1987 年版，第 1 页。

义甚多。但这些幽默定义都大体涉及了一个现象，那就是不和谐、不统一、不协调、不合常理、乖谬等等以及由此而引起的微笑。

幽默的界定之所以众说纷纭，是因为一些人往往将之当成一种人生态度，而另外一些人又从艺术的角度界定，把能够引起轻喜剧性的笑的创作，以及领悟这种笑的能力都叫作幽默，或幽默感。

这样的界定比较着重心理调节功能。事实上，近代西方一些很有影响的幽默理论，都是建立在心理学基础之上的，其代表就是弗洛伊德。他认为，幽默产生于人的欲望长期被压抑，人要得到超越现实的宣泄，才诉诸幽默。

最先把幽默作为一种喜剧创作范畴并且引入生理学阐述的，是英国作家本·琼生。他认为，所谓幽默的人物，其性格的乖张是由于其体液不同寻常所造成的。这种学说，在西方流行了很长时间。所谓“体液”，在拉丁语里，和今天英语里的“幽默”是同一个词源。据考证，古希腊医学之父希波克拉底认为人体有四种不同的体液：血液、黏液、胆汁和忧郁液。不同的体液决定了人不同的气质：兴奋、暴躁、冷漠和抑郁。文艺复兴以后，西欧哲人也把幽默这个本来表示生理性质的概念转化为心理特点的描述。但是，从纯粹生理角度来描述笑的理论，还是有很大的势力。笛卡儿就曾这样说：“笑是这样产生的，血液从右心室经动脉血管流出，造成肺部突然膨胀，反复多次地迫使血液中的空气猛烈地从肺部呼出，由此产生一种响亮而含糊不清的嗓音；同时，膨胀的肺部一边排出空气，一边运动了横膈膜、胸部和喉部的全体肌肉，并由此再使之与相连的脸部肌肉发生运动。就是这种脸部动作，再加上前述的响亮与含混的嗓音，便构成了人们所谓的笑。”①很显然，这样阐述不得要领，给人以越说越糊涂之感。而向心理学的倾斜，更有利于对文学做出理论的阐释，这样，和不协调、不和谐联系在一起的滑稽和笑，也就很自然地成为幽默研究的一个基础。本·琼生对喜剧性的幽默做出如下的说明：“当某种特殊的性质就像这样支配着一个人，而将他的爱好、精神和力量全部汇合起来奔向一条道路，这便是所谓幽默。”②这个界定实际上已经走出了幽默的生理和心理的范畴，开拓了幽默向艺术创作前进的道路。它把不一致、不和谐的印象式判断推进了一步。怎么达到不和谐呢？让人物为一个出奇的特点所主宰，在复杂、丰富的生活中，在纷纭丰富的心灵中，这种单一性格特点集中强化，就不免显得

---

① 笛卡尔：《论情感》。转引自让·诺安著，果永毅、许崇山译：《笑的历史》，生活·读书·新知三联书店1986年版，第42—43页。同样从生理方面，对笑做出阐释的还有赫伯特·斯宾塞。他认为，笑是一种过剩的神经力量寻求发泄，就发生了一种“从运动神经而达到各类肌肉的急流，使肌肉发生半痉挛的动作，就是我们所称作的声笑”。（赫伯特·斯宾塞：《笑的生理学》，转引自达尔文著，周邦立译：《人类和动物的表情·人类的特殊表情》，北京大学出版社2009年版，第130页）

② 本·琼生：《人各有癖性》。转引自陈瘦竹：《戏剧理论文集·欧美喜剧理论概述》，中国戏剧出版社1988年版，第14页。

矛盾、乖张了。从另外一个方面说，又是很合理的：他的一切感情和愿望，总是遵循着一种简单的逻辑。如果本·琼生再往下发挥一下，即乖张的喜剧人物所以能够在不和谐中和谐，就是因为这个人物在一个点子上着了迷。即使乖张、荒谬，甚至头破血流，也绝不回头。很可惜的是，西方的哲人在很长一段时间里，并没有在本·琼生的理论基础上作出更加系统深入的研究。

幽默在理论上没有进展，不等于说在创作实践中没有进展。在17世纪的欧洲，幽默的文学艺术从僵化的教条中解放了出来。德国和法国的诙谐小说都表现出强烈的幽默感。到了18世纪，英国第一次把幽默当成写作的一种风格，并把“幽默作家”写进了文学史。18世纪，一批欧洲作家如菲尔丁、斯特恩、斯沫莱特等，在他们的作品中，展示了古怪性格的人物。到了19世纪的法国，在启蒙运动的旗帜下，幽默又和理性结合起来，成为一种有教养的体现。用幽默来缓解矛盾和冲突，用笑而不是用针锋相对的斗争，来处理人与人之间的矛盾，成为有高度文化修养的表现。幽默在19世纪的欧洲文学中，取得了空前的成就，出现了一批幽默大师，但这一切都不是我们研究的焦点。我们关注的核心是社会交往中的幽默理论。大多数西方的理论，具有很深刻的形而上学的内涵，是以抽象的思辨为主，缺乏实证，缺乏可操作性。但是，我们不能轻视西方在幽默心理学上的成果，同时也不能拘泥于他们的天地。

西方花了几百年的时间来界定幽默，为什么收效甚微呢？除了幽默心理学本身的局限以外，还有一个原因，那就是他们往往把幽默作为一个孤立的范畴来进行内涵概括。内涵是很抽象的，很难验证，哪怕是在一个起始点上差之毫厘，在终点就会谬以千里。可就是谬以千里，也是看不见、摸不着、无从验证的。为了避免重复这样的失误，我在这里采用另一种方法，把幽默放在机智、雄辩、诡辩、滑稽和讽刺的系列中，在其与这五者的联系和区别中，在其矛盾的转化中，对幽默的内涵和外延进行动态的描述，以确定其特殊的边界。

通俗地说，西方的幽默理论都在力图说明幽默是什么，但多徒劳无功。吸取了他们的经验教训，我的幽默理论则在努力说明幽默不是什么，把幽默不是什么都说清楚了，幽默是什么也就比较好说了，至少感觉起来要清晰得多。

现在，我们还从幽默和机智的关系开始。

幽默和机智当然有其共同之处，但其相异之处也不可忽视。不止一部的西方百科全书把机智与幽默混为一谈，这在英语国家最为突出，因为在英语里机智（wit）同时又可以解释为打趣、调笑。深受西方幽默理论影响的林语堂在许多文章中把机智与幽默混为一谈。他所列举的一些中国古代名人的“幽默”故事，在我们今天看来充其量只是机智而已，故林先生的幽默理论在许多地方搔不到痒处。其实机智主要属于理性，而幽默从根本上来说是通过理性的歪曲来传达、沟通感情。在一本名叫《世界幽默艺术博览》的书中，有许多严重混淆机智与幽默的例子，摘录一二于此。

王羲之夜贴对联

有一年新年，王羲之连贴了三次对联，都被喜爱他的字的人暗中揭走了。临除夕，他不得不又写了一副。他怕再被人揭去，就上下剪开，各先贴上一半。上联是“福无双至”，下联是“祸不单行”。这样，人们见他写的不是吉庆红火的内容，也就不再揭了。到了新年黎明之际，王羲之又各贴了下一半，对联就成了“福无双至今日至，祸不单行昨夜行”。

这里没有什么幽默可言，不过是在对联下面加以补充，使原来不吉利的话变成吉利的话，所用的逻辑完全是正常的推理，最多具有某种程度的机智，就是没有幽默的歪曲推理。而同一本书里另外一个故事就不同了。

歌德有一次出门旅行，走进一家饭馆，要了一杯酒。

他先尝尝酒，然后往里面掺了点水。

旁边的一张桌子坐着几个大学生，也在那儿喝酒，他们个个兴致勃勃，吵吵嚷嚷。当他们看到邻座那位先生喝酒掺水，不禁哄然大笑。其中一个问道：“亲爱的先生，请问你为什么把这么好的酒掺水呢？”

歌德回答说：“光喝水使人变哑，池塘里的鱼儿就是明证；光喝酒使人变傻，在座的先生们就是明证；我既不愿做这二者，所以把酒掺水喝。”

很明显，这是幽默，而不完全是机智的狡辩、诡辩或雄辩，因为歌德这里的因果关系是非理性的。池塘里的鱼，发不出声音，不是因为喝了水，即使鱼喝了水就发不出声音了，也不能因此而引出喝酒一定能变傻。从逻辑上说，这两组因果关系的类比推理，都违反了充足理由律。因而歌德讲的完全不是正理，而是歪理。但是，这两组歪理却没有使人觉得是胡说八道，歪理歪得还挺巧妙。首先鱼不出声和喝水，虽然没有必然的因果关系，但却是事实，把这种事实的确凿性和因喝酒而变傻平行地类比，就使得喝酒与变傻似乎具有某种类似的确凿性。而最后是结论：不愿喝水而变哑，不愿喝酒而变傻，故把水掺着酒喝。这在推理形式上，大前提和小前提都不可靠，但形式上却有符合类比推理规律之处，因而带着一点机智色彩，显得歪中有正。歪，使人感到好笑；而正，使人享受情感。歪中有正的推理构成了幽默，它的功能是交流情感，开开玩笑，而不是认真说理。

四、诡辩不是幽默

在社交语言技巧中，既接近于雄辩又接近于幽默的是诡辩。

什么是诡辩呢？在英文里，是 sophism，词典上说，是颠倒是非黑白的议论，模棱两可或似是而非的推理。这样的定义，让读者很难得其要领。而且定义应该是研究的结果，而不是研究的出发点。我们还是从一个感性的事实出发。

有学生问希腊老师，什么是诡辩？这位老师并没有给他们讲述一个定义，而是向他们提出了问题。说有两个学生来到他这里，一个身上很脏，一个身上比较干净，但是浴室很小，只能容得下一个人。教师问："哪一个先洗澡？"

学生回答说："当然是身上很脏的先洗。"

老师说："错了，是身上比较干净的先洗。"

学生问："为什么呢？"

老师回答说："因为，身上很脏的没有洗澡的习惯，洗不洗无所谓。而身上干净的那个，不洗澡就很难受。"

学生连忙说："对，应该是身上很干净的先洗。"

老师却说："不对，应该是身上很脏的先洗。因为，他太需要洗澡了。"

学生说："对，应该是身上脏的先洗。"

老师却说："不对，应该是两个一起洗。一个是因为有习惯，一个是因为很需要。"

老师的话就是诡辩。诡辩的特点是其大前提不是虚假、不可靠的，就是暗地里被偷换了的。当老师说身上干净的先洗的时候，他的标准是有没有洗澡的习惯。当老师说身上脏的先洗的时候，他的标准是谁有洗澡的需要。当老师说两个人一起洗的时候，又把原来所说的浴室只能容得下一个人洗的条件给取消了。

诡辩之所以是诡辩，而不是胡说八道，就是因为它多少要讲一点道理，这就表现在推理上，在局部形式而不是整体上，具有逻辑性。

这里，我从网上下载了一篇《辩证法与放屁》[1]供参考：

上课时，我放了一个屁——很普通的屁，既不很臭，当然也绝对不香。

可怕的是，教授正在讲辩证法。

"请你自己对这个屁作一下判断，"教授说，"它好还是不好？"

① 《笑林之声》，载 http://www.bbsland.com.

我只得说："不好。"

"错了，"教授说，"任何事物都由矛盾组成，有它不好的一面，肯定有它好的一面。"

"那么说它好也不对了？"我问。

"当然。"教授说。

"它既好又不好。"

"错了。你只看到矛盾双方对立斗争的一面，没有看到它们统一的一面。"

我只好认真看待这个严肃的问题，仔细想了想说："这个屁既好又不好，但不好的一面是主要的，处于主导地位。"

"错了。你是用静止的观点看问题。矛盾的双方会相互转换，今天处于主导地位的一面，明天一定处于次要地位。"

"你是说明天全人类会为了我的这个屁欢呼雀跃吗？"

"不一定如此，但不能否认这种发展趋势。"

我愣了好大一会儿，只得硬着头皮说："我的屁既好又不好，既不好又好。今天可能不好，明天一定会好。今天可能很好，明天也许会不好。"

教授听得直摇头，说："这是彻底的怀疑论，不是辩证法的观点。"

就这样，仅仅因为放了一个屁，我就成了一个怀疑论者。

这个教授口头上是在强调辩证法，实际上是把辩证法变成了诡辩法。诡辩的法门，就是不断地改变立论的前提。

第一次，否定学生的答案，用的是，统一事物之中，有互相对立的矛盾存在。

第二次，当学生用了互相矛盾的原理来立论（既好又不好）时，他又抛开前面的立论前提，改成了矛盾中的主要方面。

第三次，学生强调了矛盾的主要方面（既好又不好，主要方面是不好），他又把立论的前提改为矛盾的主要方面是在一定条件下发展和互相转换的。

第四次，当学生强调了在发展过程中，好的方面可能向坏的方面转换时，他又说学生是彻底的怀疑论者。

其实，这些前提本来是系统相关的，而这位教授却把它们生硬地孤立起来，使之成为互不相关的东西。正是因为不断变换前提，不断偷换概念，他才能够轻而易举地驳斥任何观点，任意地为任何观点找到理论根据。这种诡辩的手法和前面的希腊老师所说的如出一辙。

诡辩，还有一种形式是，采用有限的简单枚举的事例，推出宏观的、普遍的、概括性的结论。有这样一个号称是“世界上最牛的演说”，演讲者是甲骨文公司（Oracle）的首席执行官拉里·埃里森（Larry Ellison）。

耶鲁的毕业生们：

我很抱歉——如果你们不喜欢这样的开场白。我想请你们为我做一件事。请你好好看一看周围，看一看站在你左边的同学，看一看站在你右边的同学。请你设想这样的情况：从现在起 5 年之后，10 年之后，或 30 年之后，今天站在你左边的这个人会是一个失败者；右边的这个人，同样，也是个失败者。而你，站在中间的，你以为会怎样？一样是失败者。失败的经历，失败的优等生。说实话，今天我站在这里，并没有看到 1000 个毕业生的灿烂未来。我没有看到 1000 个行业的 1000 名卓越的领导者，我只看到了 1000 个失败者。你们感到沮丧，这是可以理解的。

为什么，我，埃里森，一个退学生，竟然在美国最具声望的学府里这样厚颜地散布异端邪说？我来告诉你原因。因为，我，埃里森，这个行星上第二富有的人，是个退学生，而你不是。因为比尔·盖茨，这个行星上最富有的人——就目前而言——是个退学生，而你不是。因为艾伦，这个行星上第三富有的人，也退了学，而你没有。再来一点证据吧，因为戴尔，这个行星上第九富有的人——他的排位还在不断上升——也是个退学生，而你不是。

你们非常沮丧，这是可以理解的。你们将来需要这些有用的工作习惯。你将来需要这种“治疗”。你需要它们，因为你没辍学，所以你永远不会成为世界上最富有的人。哦，当然，你可以，也许，以你的方式进步到第 10 位，第 11 位，就像乔布斯。不过，我没有告诉你他在为谁工作，是吧？根据记载，他是研究生时辍的学，开化得稍晚了些。

现在，我猜想你们中间很多人，也许是绝大多数人，正在琢磨：我能做什么？我究竟有没有前途？当然没有。太晚了，你们已经吸收了太多东西，以为自己懂得太多。你们再也不是 19 岁了。你们有了“内置”的帽子，哦，我指的可不是你们脑袋上的学位帽。嗯……你们已经非常沮丧啦。这是可以理解的。2000 年毕业生，你们已经被报销，不予考虑了。

我想，你们就偷偷摸摸去干那年薪 20 万的可怜工作吧，在那里，工资单是由你两年前辍学的同班同学签字开出来的。事实上，我是寄希望于眼下还没有毕业的同学。我要对他们说，离开这里。收拾好你的东西，带着你的点子，别再回来。退学吧，开始行动。我要告诉你，一顶帽子、一套学位服必然要让你沦落……就像这些保安马上要把我从这个讲台上撵走一样必然……（此时，拉里被带离了讲台）

谢谢！

要论证一个普遍性的规律是十分严肃的事情，可是这位演讲者却只选择了四个符合自己观点的例子，而把不符合他观点的例子全部排除在外，得出了只有在大学退学才能获得最高财富的结论，这个结论极端片面，非常之可疑。因为得出这样的结论所需要的事例本该是无限的，可是他只举了极其有限的事例。可是对这个明显有漏洞的结论，演讲者却毫无疑义地、旁若无人地慷慨陈词，就像一个渔夫拿着一个破渔网，非常庄严地撒网。他的姿态越是庄严，旁观者就越是感到好笑。他立论的特点，就是随心所欲的概念、任意选择的事例、强词夺理的气势，和似是而非的逻辑结构结合在一起。从逻辑结构来说，它和雄辩不无相通之处，而从它的概念任意转移来说，又有可能通向幽默。因为它讲的理是歪理，又表现出一定的智慧。可是不管多么智慧，也不可能达到幽默所擅长的沟通情感的程度。因为，他有一种居高临下的训人的优越感。

前面已经说过，诡辩以征服、压服对方为能事，而幽默以双方的共享为目的。下面这个例子可以说明这一点。

美国有一个百万富翁，他的左眼坏了，装了只假的。假眼装得跟真的差不多，他非常得意，逢人就夸耀。有一次，他碰到马克·吐温，就问道："你猜得出来吗？我哪一只眼睛是坏的？"马克·吐温指着他的左眼说："这一只。"百万富翁十分惊奇，说："你怎么知道？"马克·吐温回答说："因为你只有这只眼睛里还有一点点慈悲。"

为什么马克·吐温的话富有幽默感？因为他的判断是没有道理的。假眼里不可能有任何慈悲，所以他的因果判断是站不住脚的，无疑是歪理。但是这个歪理表面看来，并没有以情感交流和共享的形式出现，而是以一种类似智性的武断形式出现：百万富翁都是绝对没有慈悲之心的，活的人眼还不如人造的假眼有人情味。这种智慧以极端化、绝对化为特点，而极端化、绝对化并不是智性和理性的特点，而带有明显的情绪化，也就是情感强化。显然，这里的智性，带着马克·吐温的强烈情感，从这个意义上来说，它既幽默，又有很强的进攻性，不像纯粹幽默那样可以缓解情绪对抗，沟通情感。这种进攻性很强的幽默实际上已经到了讽刺的边缘，这其间的微妙区别，下面还要专门讲到。

五、雄辩高于诡辩

从人的生存之道来说，智性和理性自然比情感更重要，因而雄辩甚至诡辩往往自然而然地在人们日常交往中更受重视。雄辩之所以重要，第一，因为它用处大，一旦熟练掌握，能解决许多棘手的问题；第二，因为它比较复杂，不易掌握。很少有人能在小学到大学多少年的智力训练后，完全达到雄辩的水平，熟练到随心所欲的程度。所以它被认为是需要下苦功学习的。关键是雄辩与一般论证不同，一般论证只要自圆其说就成，但并不排除另一方也能自圆其说。双方都能自圆其说了，就变成了僵持。雄辩则要打破僵持，不但根据自己的道理能自圆其说，而且根据对方的道理和事实也能自圆其说。

有一个极其经典的例子：

> 古希腊有一个自信的诡辩大师叫普罗塔哥拉。他招了一个学生，并同他订了一个合同：学生毕业以后，第一场官司如果打不赢就不收学费。结果这个学生一毕业，就大摇大摆地走了，拒绝交学费。普罗塔哥拉说，学费呢？学生说：咱们打官司好了。如果法官判我赢，我就不用交学费了；如果法官判我输，那根据咱们的约定，第一次官司打输了，同样不用交学费。

这个学生不愧是诡辩家的弟子，他采用了现代西方人叫作“两难推理”的方法，即不管从正面还是从反面，都是我有理。其实，这个学生不过是在做低级的诡辩，因为他留下了一个漏洞。根据法庭判决，他若输了，就要交学费，而根据合同，则第一次官司输了，不用交学费，二者是矛盾的；反过来说，若法庭判决他赢了，也就是不用交学费，可根据约定他第一次官司赢了，却应交学费，这也是相矛盾的。

他的诡辩之所以低级，是由于他在这互相矛盾的四种可能中，精心地选择了两个有利于他的，而将不利于他的隐藏起来，当它不存在。这是在耍滑头。雄辩则不是这样，它要求兼顾不利于自己的一切可能性。

后来这个耍滑头的学生还是输了官司，因为他遇到了一个真正雄辩的法官，此人正是普罗塔哥拉的朋友。判决普罗塔哥拉打输官司，也就是说，学生的第一场官司打赢了。

这位法官再让普罗塔哥拉不服上诉，第二次再打官司，这一次让老师赢，判决学生败诉。这样一来，矛盾解决了，不论按法庭判决还是约定，都应该交学费。这位法官比普罗塔哥拉和他的弟子高明多了。普罗塔哥拉的弟子表面上似乎不管法庭怎么判决都不用交学费，好像是雄辩，但是只是诡辩而已，因为他只顾得自圆其说，而顾不得别的。这位法官则能左右逢源，正反合证，不管怎么着，都立于不败之地。

普罗塔哥拉的朋友之所以达到了雄辩的境界，其原因在于他用了雄辩论证的基本方法，即并不满足于自圆其说，而是把目标定在化不利为有利上。

前提的不可靠和推理形式的可靠，是诡辩的特点之一。

诡辩还有另一个特点，那就是一味追求在概念和逻辑形式上表面的相符，哪怕内容越来越荒谬，也在所不惜。我国古代公孙龙的“白马非马”“飞鸟不动”之类，就是诡辩得昏了头，死钻牛角尖的表现。这些和西方的经院哲学论争“一个针头上能站几个天使”一样，属于烦琐哲学范畴，和社会口头交往的关系不大，在这里暂且从略。

雄辩之所以高于诡辩，就在于它不但在内容上特别强调符合事实，而且在推理形式上特别强调周密。其最突出的表现形式为把自圆其说和它圆其说结合起来的“正反合证”，任何单方面的论证都只能是“一面之词”。不管从辩论的正方还是反方，不管是从有利于己的思路还是不利于己的思路，都要加以考虑，加以转化，力求使自己的论点全面立于不败之地。

这样的例子距离我们太遥远了。还是举一个发生在身边的现实的例子。

笔者有幸参加过一次行政机关反腐倡廉的汇报会。一位负责人介绍了这一年取得的成绩。主要讲：一年以前出台了一个新规定——凡干部所收的红包，一律要上交，否则以贪污论处。一年执行下来，取得了相当的成效。全省上交的红包总额是 25 万多元。成绩最好的某一个计划单列市，上交金额达 525 万多元。这样的统计数字并不能让与会者满意。这个地区的腐败现象相当严重，已经见诸报端。但与会者苦于找不到一个切入点与之辩论。这时我打破沉默，做了如下发言：

反腐倡廉成绩令人鼓舞，但是这个课题仍然有待深入研究。

研究的方法，大致有两种：一是，文科的，以定性分析为主；二是，理科的，以定量分析为主。定量分析要有充分的数据，有待长期收集。但这不等于说，目前就无事可做。仅凭会上提供的数据，就可以做一些粗浅分析。

全省上交 25 万元红包，说明了什么？估计全省拿工资的干部在 100 万人以上，就算 100 万人，则每人平均不足两角五分。这似乎可以得出结论：我省干部十分清廉。如果这个结论是正确的，与之相比，则那个计划单列市红包数额达 525 万，等于全省的 21 倍，问题极其严重。如果数字是准确的，这个市的现象虽然很糟，但有一点还是值得肯定的，那就是，他们比较彻底地交代了问题，可算是老实。如果我们承认他们比较老实，那么对比起来，是不是可以怀疑一下，全省仅仅相当于这个单列市那 1/21 的红包，是否意味着没有彻底地交代问题，或者说是不太老实。

雄辩的力量就在于，用对方的论点和论据来反驳对方，来证明自己的正确。从逻辑上来说，这里用了一种把对方置于“两难推理”的困境的方法。这里的雄辩，最有力度之处，在于用对方有限的数据来反驳对方，揭示出两个数据之间潜在的矛盾，把对方处于必居其一的“两难”的境地之中。第一困境：认可全省的清廉，就得肯定某一市区问题极端严重；第二困境：认可某一市区的老实，就不能不怀疑全省清廉的虚假性。

“两难推理”的逻辑结构，正是雄辩常用的，这种结构和一般的反驳逻辑结构不同，它不是一次性的，而是两次性的，或二度性转化的。

一般来说，任何辩论只做一个回合的驳论远远不够，至少要做二度转化，一度讲对自己有利的，二度则把对对方有利的转化为对自己有利的。例如要论述“知足常乐”，论证时就要抓住关键词——“足”。一度论证：世界上好东西那么多，不知“足”永远不可能快乐。二度论证：但如果有了一点成绩就知“足”了，难免很快被人家超过。从这个意义上说，知“足”就不能常乐。当然，这二度转化可能还没有完，还可以转下去：我们说的“足”，不是物质的满足，而是精神投入的“充足”。取得了一些成绩，但我们的创造性发挥得不够“充足”，也可能不乐。这个充足的标准很高，有了这个很高的标准，就会不断奋斗，因而不断地感到其“乐”无穷。这里涉及对“足”这个概念的分析，这是一种内涵分析，这比分析具体事例要难一些，概念的内涵是抽象的，不好分析，但它深刻，非分析不可。

六、雄辩和诡辩有时不及幽默

法官的雄辩是非同凡响的。雄辩讲的是正理，而诡辩则属于歪理，这就敌不过雄辩，因此普罗塔哥拉的学生最终败下阵来。虽然如此，但雄辩有时一下子也解决不了某些棘手的问题。从根本上说，理论不能证明理论，检验真理的标准是实践，而不是理论（从这个意义上来说，世界没有绝对的雄辩）。就这个个案来说，大法官的雄辩，也不是没有一点漏洞。关键是什么叫作第一次官司。一审判决和二审判决，是一次官司还是两次官司？如果那诡辩的学生，继续进行逻辑的辩驳，还有相当的空间。从这里也可以看出，雄辩的空间是无限的。在这样一个比较经典的案例中，还有许多有待深化的层次。

雄辩固然重要，但人不仅是理性的动物，而且是情感的动物，没有感情就变成机器人了。在辩论的时候，如果光是用理性也不成。讲道理的目的，就是说服对方放弃自己的道理。而人家的道理是多年实践中形成的，是不可能一下子放弃的。再说，人家还是有感情的，有自尊心的。就是道理上讲通了，感情上不见得能通。那怎么着？顶牛？顶牛是动感情，动了感情，就有理讲不清了。

在许多情况下，聪明人就聪明在不迷信讲理，不迷信雄辩。

贾宝玉对林黛玉讲理是没有用的。林黛玉恼了，贾宝玉怎么办？贾宝玉不理她，不行，她要哭。那贾宝玉跟她雄辩？不行，她要哭！爱情是强烈的感情，情和理是矛盾的，感情强烈，就不讲理了，还讲什么雄辩？那和稀泥、检讨，行不行？也不行，她还是要哭！干脆不理她，让她去哭，这个办法对别人可能挺管用。管它呢，谁让她不讲理的？把眼泪哭干了，问题就解决了。但是对贾宝玉不行，因为他心疼林黛玉，她哭了，他心里就疼了！不然，就开门见山，把话说明白吧，贾宝玉只好说：“你死了，我当和尚去。”这不是很好了吗？该满意了吧？结果是，林黛玉索性大哭起来："啊，你就这样欺负我啊！啊啊啊……"这完全是不讲理！

不讲理才好玩，感情才深啊。光讲理的话，像薛宝钗和贾宝玉那样，彬彬有礼，客客气气，就没爱情了。在交流的时候如果发生障碍，要研究一下究竟是理的问题还是情的问题。如果是恼火了、顶牛了、怄气了，这时候你不要再讲理，先让人家发泄一下，理顺情绪，也就是缓解对抗。

什么是缓解对抗的最好手段呢？幽默。

1946年审判日本战犯，当时亚洲各国，还有英、美等国组成了一个国际法庭。还没开始审判，各国的大法官就吵成一团，为谁坐在庭长旁边第一个位置争执不休。席次之争在国际上不好解决，这不是个人的事情，而是有关国家荣誉的问题。当时法庭庭长是澳大利亚人，这个庭长非常不像话，他偏袒欧美人，想让英、美法官（特别是英国法官帕特里克勋爵）坐在他的旁边，便千方百计地把中国往后排。他最初提议应该按照联合国安全理事会五强为中心安排，即以美、英、苏、中、法为序。但是有人指出：按照《联合国宪章》，安全理事会五个常任理事是以中、法、苏、英、美为序的。他又说：我们不是联合国的组织，不必照五强居中的安排，可以按国名字母先后为序。但是，这样一来，事情更乱，居中央的是中、加、法的法官，而庭长所希望亲近的英、美法官反而离他更远了。这样争来争去，大家都上了火。后来中国法官梅汝璈发言说："我们不妨找一个体重测量器来，看看各人的体重是多少，然后按照它来安排席次，最重的人居中，最轻的人就往旁边坐。这样，我们不就有了最公平最客观的标准了吗？"这话引来哄堂大笑。庭长对中国法官笑道："你的办法很好，但是它只适用于拳击比赛，我们这里是国际法庭而不是拳击比赛场。"梅汝璈答道："但我认为这是唯一客观的标准。纵使我被放在最边席，也心安理得，那是因为我现在的体重不够，我宣布辞职。如果要让中国得到较高的席位，政府就必须派一个比我胖的人来替代我。"一讲完这话，大家都笑了。笑是缩短心灵距离最好的方法。最后，各国代表一致同意采取了梅汝璈的主张，依照日本投降书上受降签字的次序排位。中国紧随美国之后，排在第二位。

梅汝璈用的是幽默的办法。

为幽默下个定义是个世界性的难题。定义是研究的结果，而不是研究的开始。前面已经说过了，我们要从幽默及其相关的范畴中进行辨析。为了把这个方法贯彻到底，那就要求在辨析的时候，不是从概念到概念的演绎，而是从活生生的现象出发进行概括，再把初始观念放在相邻观念关系之中进行类比。比如我们在指出幽默是一种歪理的时候，就是把它放在与正理的联系和转化的关系中。

首先从最为感性的事实中寻找其中的逻辑关系。

在辩论究竟谁应该坐在中间的时候，尽管是公说公有理，婆说婆有理，但都是在进行逻辑推理，而且都是力求从各方认同的前提开始。例如，应该按战胜日本法西斯的贡献大小，或者按《联合国宪章》的顺序来排列，这些提议都是可能为对方所接受的。而梅汝璈提出按体重来排列。第一，这是不能成为理由的，构不成推理的前提的。虽然具有因果逻辑的形式（因为体重重，所以坐在当中），但是，其内涵都是荒谬的、可笑的。第二，在辩论中，尤其是在外交场合，以体重为准，是不可能被各方接受的。这种歪理，是双重的歪，双重的荒谬是虚拟的，并不是真的准备付诸实行的，这一点各方心照不宣，所以笑才是会心的。柏格森说：

> 不管你把笑看得多么坦率，笑的背后，总是隐藏着一些和实际上或者想象中在一起笑的同伴们心照不宣的东西，甚至可说是同谋的东西。①

这就缓解了对抗情绪。因此我们是不是可以得出这样的结论：

歪理，在逻辑上无理，可是在情感上又能心领神会，歪理是因为歪得有情，才可能歪得有理。

在一般的交流中，歪理是没有用处的，胡搅蛮缠，是令人厌恶的。但有意为之的歪理，在大家心照不宣的时候，就会引起会心的笑。笑是心灵沟通最短的桥梁。而争论，虽然讲正理，但却可能扩大人们心理的距离。这说明，在发生争论的时候正理固然重要，但是在讲正理之前理顺情绪更重要，而理顺情绪最好的办法就是从正理的逻辑中解脱出来，通过歪理进入幽默的境界。

人是复杂的，一方面追求真理，一方面又感情用事。精通交流的人，该讲道理的时候，就讲正理；该理顺情绪的时候，就讲幽默。双方对抗了，陷在里面了，讲什么道理啊？用幽默来缓解一下，宣泄一下，大家笑一下，拉开的心理距离就缩短了。

交流有两手，两手都要硬。但是，目前流行讲正理、讲雄辩；而讲歪理、讲幽默，这一手比较软。常常碰到这样的情况，你讲道理，讲到对方哑口无言。但对方顶牛了！怒目而视了！就是反对你了！这个时候理越讲事情越糟。

20 世纪 80 年代的福建师大，学生宿舍比较少，部分学生住在校外公寓。因条件比较差，要定期做大扫除。室长分配 8 个室员扫地，面积很平均。突然有 4 个人罢工不干了。什么道理呀？道理很清楚，吃亏了。这 4 个人住在上铺，每天上上下下，消耗的能量比较多，另外 4 人住在下铺，消耗能量比较少。而现在分配扫除的面积，应该给予补偿。室长问，怎么照顾？回答说：“住下铺的扫地板，住上铺的扫天花板。”室长想：扫天花板，不

① 柏格森著，徐继曾译：《笑——论滑稽的意义》，中国戏剧出版社 1980 年版，第 4 页。

是太便宜了？偷懒，是劳动观念问题。但他没有如此与那 4 个人争辩。面对他们的不讲理，知道雄辩、威胁只能导致对抗，都没有用。他要用幽默的办法来解决问题。于是他就说："对对对，你们这个办法很好。但是以后走路怎么办？是不是扫地板的走地板，扫天花板的……你们自己考虑吧！"

大家一笑，心理距离缩短了，情绪对抗就缓和了。实际上，走天花板是不可能的，用这种办法来拒绝，拒绝的意思，对方可以自己悟到。我对你的批评、进攻也是由你自己悟出来的，让你在会心的笑中，体会到我对你的感情，从而接受了我的反驳。笑，缓解了对抗性，矛盾迎刃而解。

这说明，情感的作用可能比理性或智性更为强大。在商务活动中，甚至在外交活动中，谈判本来是不讲情感的，但是人是有情感的，人所参与的活动也因而带上了感情色彩。许多事情，用讲道理的方法讲僵住了，再讲就要弄巧成拙，再傻乎乎地钻牛角尖就不懂人情世故了，再忽视情感的作用就太不明智了。

自然，讲情感也有多种方式，最粗浅的办法就是把情感直接说出来。可是直接抒情（如果不是在舞台上），或者是写在给情人的信中，就显得不伦不类了。而幽默是间接表达情感、达成默契最有效的方法。

附：

漫画分析

图 2–1

图 2-1 为什么幽默？图中这个男人原来是偷那个女人花园里的花，到后来却变成了向女人献花。这个理由显然是不充分的，那个女人不会傻到连这些花就是自己花园里的都看不出来。即使当时没有看出来，事后肯定也会发现的。如果你这么认真推理下去，你就可能把情感的作用忽略了。如果你不把情感作用的虚幻性考虑在内，你就不但没有幽默感，而且连欣赏幽默的能力都没有了。因为你用的是正理逻辑。越是合正理，就越不可能幽默。幽默的道理与常理不同，幽默是一种歪理，它超越于常理。

这幅漫画之所以幽默，还不能简单地归结为超越正理的歪理，其要害还在于从偷花到献花的强烈反差，正是这种反差构成了怪异，难以调和的矛盾和表面的调和（情意绵绵）之间充满了不伦不类的张力。这是一种特殊的歪理。

第三章

把颠倒黑白的胡话转化为幽默
——语义转换的条件：心照不宣的“不一致”和意味深长

一、胡话、空话和“不一致”理论

许多人幽默不起来，是因为他们太“老实”。

我们通常教育青年，要说老实话，做老实事，凡事都要实事求是。因而有些人在任何情况下都不说胡话，说话从来都一五一十。这样的人在道德上也许没有问题，但在社会交际中往往并不一定能够成功。因为在许多场合下，比如，在外交场合，或是商业谈判桌上，把自己一方的秘密都讲出来，是愚蠢的。这时迫切需要的是，把掩盖真实的话说得有趣味、好玩，才能让对方带着微笑接受你的意见。语言无味的人，在公关的时候是不会有亲和力的。同样的话语，谈起来富有幽默感的，能让对方笑起来；而缺乏幽默感，往往让对方很恼火。笑是很值得研究的一项课题。

要使对方带着笑容来接受你的观念，就得把事情说得和事实不相吻合、不一致，在某种情况下，就要说些胡话。

有一次，福建省作协开代表大会，轮值的3名执行主席是舒婷、我，还有一位作家，我们都叫他老季。但谁都不想主持会议，推来推去，最后我被推上了台。如果我上台去实事求是地说：“他们很谦虚，让我来主持。”这还有什么趣味呢？何况会开到第三天，大伙已经有点累了，注意力不大集中，我得说几句开心的话，让大家情绪振奋一下。于是我说：

本来会议由舒婷和我，还有老季共同主持，但是由于种种严重的原因，只好我上来。首先舒婷说，她一个女孩儿家，在台上抛头露面，羞人答答的，所以她坚决躲了起来。

我这么一说，大家都乐了，正在开小差的人注意力开始往会场上集中了。我接下去说：

至于老季，本来不像舒婷那么害臊，他见的世面很多。但是，他刚才发现好久没有去理发，不够风流潇洒，他的每一根头发，向来都有固定的位置，在众目睽睽之下，他不能容忍有任何一根头发不守纪律。

我一说完，大家都活跃起来，表情也变得丰富了，有的人还鼓起掌来。

我说舒婷害臊、老季风流，完全是无中生有，一派胡言，但是谁也没有责备我胡说八道，就连舒婷、老季也没有抗议我破坏他们的名誉，反而是很开心地笑了。这说明幽默的语言并不一定要传达现实的客观信息，相反，有时恰恰是通过明目张胆地歪曲客观事实，来传达一种友好、调皮的信息。虽然不符合人所共知的事实，却交流了感情。不懂得这个道理的人，就不敢讲一点胡话、傻话、调皮话，也就幽默不起来了。其实这并不神秘，在西方早就流行着一种幽默理论，叫作“不一致”（incongruity）理论。英国浪漫语义理论家赫斯列特这样说：

可笑的本质乃是不一致。①

叔本华也这样说过：

笑的产生每次都是由于突然发觉这客体和概念两者不相吻合。除此而外，笑再无其他根源；笑自身就正是这不相吻合的表现。不相吻合经常是在这样一些场合出现的：一种情况是两个或两个以上的实在客体用一个概念来思维而把这概念的同一性套在这些客体上，可是这样做了之后，各个客体在别的方面的差异又突出地使人注意到这个概念不过仅仅是在某一方面同客体相应而已。②

这里有一个很重要的规律：语言的幽默不是对现实单纯的认同，而是与现实的“不一致”。与客观事实一致，是传达客观信息的；而与客观事实不一致，是传达主观情感的。弗洛伊德举过这样一个例子：

在星期一，一个被人带到绞刑架前的罪犯说：“哦，这个星期开始得多美。”这时他自己就创造了幽默。③

很显然，这种幽默来自这个罪犯的处境和他的话语之间的不一致。

这种不一致的理论，在西方可以说是对“幽默”的基本共识，可是长期以来却没有被我们充分重视，没有在实际中运用。很少有理论家能够自觉地归结出不一致的胡话、傻话

① 赫斯列特：《英国的喜剧作家》。转引自伍蠡甫主编：《西方文论选》（下卷），上海译文出版社 1979 年版，第 40 页。

② 叔本华著，石冲白译：《作为意志和表象的世界·世界作为表象初论》，商务印书馆 1982 年版，第 100—101 页。

③ 弗洛伊德：《论幽默》，见《弗洛伊德论美文选》，张唤民等译，知识出版社 1987 年版，第 142 页。

为什么有时比真话更能使人在心照不宣中交流情感。

有一次我晚上回家，在楼门口看到亲戚家的姑娘和一个小伙子在接吻，热火朝天地发出了“吱”的一声响。等到他们发现我的时候，我已经站在他们面前了。两个人都挺不好意思。我说：“二位放心，我什么也没有看见，特别是没有听到‘吱’的一声。”他们笑了。

这里的胡话，明显和事实不一致，但在不一致下面，有一种不言而喻的含义。首先，我显然看见并且听见了；其次，我对他们希望不被看到的愿望表示同情。他们的笑，说明他们已经体悟到了我的心意。从这一点来说，我所说的话（概念）又是符合双方心照不宣的领悟的原则的。叔本华这样说：

有一种情况是单一的实在客体，从一方面说是正确地包含在这一概念之内，却突然“在另一方面”又感到它和概念不相称。[①]

严格来说，这种概念和事实的不一致，并不是全部不一致，而是局部不一致。这种不一致的关系，更准确地说，应该是“错位”。

“错位”理论是本书的基本观点之一，对于逻辑错位，本书第十二章将有专门的论述。

错位的特点是不一致中又有双方一致的东西，表层的不一致，蕴含着深层的一致，二者构成一种反衬的关系，我把它叫作“平行反衬”。这是本书的第二个基本观点，第十三章将有专门论述。

这里先提示一下，平行反衬在两个层次之间，有一种对照的关系。叔本华又说：

一方面是这样总括实物于一概念愈是正确，另一方面实物不符于概念的广泛程度愈是突出，那么，从这一对照产生的发笑效果也就愈是强烈。[②]

为什么呢？概念越是违反事实，越是提示人们关注其与事实的反差。就前面所举的例子来说，说没有看见两个人接吻，就是提示着两个人接吻的事实；特别提到没有听到“吱”的一声，其实是暗示听到了。真的没有听到，哪来的“吱”不“吱”的问题。叔本华所说“对照”“愈是突出”是很重要的，对照必须是很突出的，才有引发幽默的强烈效果。反过来说，如果不是反差很强烈，引发双方会心一笑的效果就不太强烈了。

我女儿八九岁的时候，嘴很馋。有一次，我用自行车载着她到一个地方去吃好东西。小女孩子得意忘形地手舞足蹈起来。不幸的事情发生了。孩子的脚卡在车轮里了，鲜血把袜子都浸透了。我把孩子送到自己工作的那所大学医院。医生一看，是个小手术，二话不

① 叔本华著，石冲白译：《作为意志和表象的世界·世界作为表象初论》，商务印书馆 1982 年版，第 101 页。

② 叔本华著，石冲白译：《作为意志和表象的世界·世界作为表象初论》，商务印书馆 1982 年版，第 101 页。

说，就往门诊室的简易手术台上送。孩子一听说要动手术，更加声嘶力竭地大哭，苦苦哀求不要开刀。医生和护士哪里管她，强行把她按在手术台上，孩子杀猪也似喊叫起来。引来很多围观的人，其中有不少邻居。很快，手术完了，孩子她妈把她背在身上准备回家。有个邻居就问她："你刚才在干吗呀？"孩子眼泪还挂在脸上，却说："我刚才在唱歌。"说得大家都笑了起来。

这句话的幽默效果相当强的原因，显然是大哭大叫和唱歌之间的反差太强烈了。二者的反差构成了强烈的不统一、不一致。这种强烈的不统一，就构成一种荒谬感，正是这种荒谬感，引发了笑。关于这一点，康德有过一个著名的论述："在一切引发活泼的撼动人的大笑里，必须有某种荒谬悖理的东西存在着。"①实际上，叔本华的"对照"说，就是对康德"荒谬"说的通俗解释。女孩子这里的掩饰，采取的是一种极端的美化的办法。唱歌的美和哭喊的"丑"对照，反差显而易见，足以构成荒谬感。而这种笑又是会心的笑。双方的心相会在什么地方？第一，哭和唱歌有相似之处，因为哭和唱都是要拉长嗓门的。有了拉长的感觉，就不难从哭过渡到唱上。第二，说的一方，为害羞而掩饰；听的一方，理解、同情她掩饰的意图，但同时又有揭短的意味，这其中显然包含着调侃。孩子心领神会这种调侃是善意、友好的，因而才敢于大言不惭地自我美化。双方在此达到了高度的默契。有了这样的默契，才能达到幽默的境界。而荒谬感中又有双方心照不宣的人情沟通，才引发了不是一般的而是心领神会的笑。

一般而言，讲老实话，不讲空话、大话、废话，这是做人的起码道理，但是这个道理的适用范围并不是无限的。因为这仅仅是理性的原则，而在情感的交流方面，则还有比较特殊的规律。假如在联欢会上，你尽讲一些大实话，比方说，祝大家工作顺利、学习进步、生意兴隆、财源茂盛之类，自然也可以，但是等于白讲，听者不会引起共鸣，会场气氛也不会活跃起来。这时如果讲几句空话，反倒能缩短演讲者与听众之间的心理距离，引发全场欢乐的情绪。

福建电大1984届中文直属班校友举行一年一度的联欢会，到会的同学中有不少是在经济战线上战果辉煌的大公司经理，也有一些当上了处长、局长之类的领导。他们汇报了这几年自己所取得的成就，大家则报之以礼貌性的掌声。轮到我了。我想，如果讲几句一本正经的大实话，自然也可以，但与"联欢会"的"欢"这样的题旨不合。于是我就反其道而行之——讲空话，不是一般的空话，而是大空话，我说：

> 我希望在未来的几年中，我们这里的经理们，生意更兴隆，财源更茂盛，不但能在国内盈利，而且能在世界上发财，发洋财。发到钱用不完，不知该如何花。到那时

① 康德著，宗白华译：《判断力批判》，商务印书馆1987年版，第180页。

候我就建议他们回到福州，捐款建一座纪念大楼。

我还没有说完，有人就笑了。他们听出了我在讲空话、大话，但是还有一些人没有反应过来。我就下决心再空得离谱一点，使之与现实的反差更强烈。我说：

这座楼要比福州最高的元洪大楼更高，比外贸中心更漂亮。

我建议在大楼的顶层建造一座宫殿式的别墅，给你们班主任老师住。

当时，这位老师就在场。

离谱的话变成了荒谬的话，于是大家情绪高涨起来，笑起来，大家对她鼓掌。为了把大家的情绪更进一步鼓动起来，我接着说：

在别墅门口竖一块石碑，把全年级的同学的名字都刻上去，把班主任老师的名字刻在最当中。至于我，我的名字最好补在末尾，不能刻在当中，因为那样看来像婚礼中的新娘。

由于这一切都是空话，空到荒谬的程度，其目的肯定不在兑现，而是为了在心照不宣中沟通情感。越是说得不可能实现，听众之间心灵距离越短，越是能达到联欢的目的。说得越是离谱，就越是可笑，越是可爱。

二、心照不宣的转换生成作用

当然，并非一切与现实不一致的空话、大话、胡话都是幽默的。有些空话、大话完全是扯淡，是一种错误。如果一切胡话都很幽默，那么一切疯子、笨蛋都成了幽默大师了。

因而，叔本华的“不一致”理论还需要进一步发展。

幽默的胡话，是双方心照不宣的胡话，大家明知是错误的，是说着玩的。如果不是这样，只要有一方莫名其妙，那不是欺骗、发昏，就是对牛弹琴了。心照不宣是个前提，但这个前提是潜在的、隐性的，和说出来的胡话构成对比。如果不是这样，而是真正的昏庸、思维混乱、智力低下，就是引发了笑声，也不是幽默。同样是笑，是不是属于幽默范畴，是需要分析的。

康德有过一个著名的理论：“笑是产生于紧张的期待落空而造成的情感爆发。”这句话的关键字是“落空”的“空”，但是翻译成落空，似乎不太准确，所以又被翻译成：“笑是一种从紧张期待突然转化为虚无的感情。”[①]这样的翻译，其中也有一个关键字，那就是“虚无”的“虚”。把这二者结合起来，应该大体就是“虚空”的意思，其实更为确切的意思应该是“虚幻”。当强烈的期待突然变成了虚空或者虚幻的时候，人们就忍不住笑了出来。康

① 康德著，宗白华译：《判断力批判》，商务印书馆1987年版，第180页。

德在同一著作中说过，一个男人由于不幸而在一个晚上头发全白的故事并不能使我们发笑（类似的故事，在我们中国也有，传说伍子胥在他的父亲遭到楚王的杀害以后，自己只身出逃，在过楚国的边界昭关的时候，一夜愁白了头发），只能引起我们的同情。因为，主人公的命运与我们所期待（或者同情）的相反，这可能是悲剧。但是假如有人告诉你，这个人遭到了不幸，他的假发都愁得发白了，这就可能引发你的笑。康德把这种引发笑声的机制叫作期待落入“虚无”（或者落空）。这个字眼翻译得很不好理解，但可以看出其中有超越现实的，不现实的成分。康德还举过这样一个例子：

在印度的苏拉泰，有一个英国人打开了啤酒瓶子，泡沫直冒，座旁的一个印度人大为惊奇。英国人问他为什么这样大惊小怪，这个人说：“啤酒泡沫流出来，我并不奇怪，我感到奇怪的是，你们原先怎样把这些泡沫塞进瓶子里去的。”[①]

康德说，如果有人向我们讲这样的事，我们就会大笑。原因就是我们本来期待的是，这个未经世面的、没有见过啤酒泡沫的人，会惊奇于啤酒泡沫如何能够喷射，而实际上，这个人不是这样，而是提出了一个人们完全想象不到的问题。这个问题比之未经世面的人，更加傻乎乎，更加死心眼。因为人所共知的是，啤酒瓶子里的气根本就不是塞进去的。康德所说的“虚无”“落空”，同样也可以从前面所说的假发都愁白了的例子中得到阐释。这一点，还可以从中国的经典得到印证。

史载，元康九年（299），晋惠帝在华林园听到蛤蟆的叫声，问左右说：“蛤蟆这样叫，是为了官家还是为了私人呢？”[②]还有一次，天下荒馑，有百姓饿死。惠帝听到这样的事情就问：“这些人干饭吃不成，为什么不吃肉末稀饭呢（“何不食肉糜”）？”这两件事情中，皇帝说的显然是胡话，和康德所说的故事，有异曲同工之妙。其中也包含着，第一，听者期待的落空，或者虚无；第二，观念与事实的不一致。前一件是，蛤蟆的叫喊，是自然现象，和人的意志和目的没有关系，而昏庸皇帝却因其为公为私的目的性而困惑，使这种共识的期待落空了。在第二个故事中，皇帝的说法意味着吃不起干饭的人，吃得起肉末稀饭，也和众所周知的共识不一致。从听者的角度来说，由于落空，化为虚无，很突然，就可能笑起来。

但是，不管是康德的例子还是我国晋书上的事例，所引发的笑和幽默的笑还是有区别的。所有这些故事，虽然是可笑的，但无论是惠帝还是那个印度人都并不是有意运用期待落空和不一致来逗乐的。我们发笑只是由于他们的愚蠢。幽默谈吐中的不一致，是说话者

① 参阅阎广林、徐桐主编：《幽默小百科》，上海社会科学院出版社 1992 年版，第 330—331 页。

② 当然，这个事例还可以做另外的解释，那就是，抒情的解释。听到蛤蟆的叫声，发出为私人还是为官家喊叫的疑问，可能是一种正经的情感的表现。这一点本书在讲到抒情和幽默的区别时，还会细致分析。

有意运用现实与观念之间的不一致，突出其间的反差，达到荒谬的程度，使期待突然落空，化为虚无；同时，暗示这一切都是有意为之，让对方心领神会。这样引起的笑，才是会心的笑。而昏庸皇帝的蠢话，并非故作蠢言，即使能引起笑，也只是单方面的，这种笑不是双方会心的。因而只能让听者感到这个说话的角色是个极端愚蠢的家伙，一点幽默感也没有。把这样的故事讲给稍有一点生活常识的人听，都会觉得好笑。常识就是共识，共识把皇帝的话反衬得荒谬绝伦。

真傻话并不幽默，只有假傻话、故作胡言、故作蠢言、故作大言、故作空言、故意吹牛，才能有心照不宣的情感交流，才能进入幽默的境界。

幽默不仅在话中，而且在话外。故作胡话有个心照不宣的条件，明知正确的话该怎么讲，但不讲出来，放在心里，作为潜在的、隐性的背景。有了这个潜在的、不言而喻的背景，和显性的、嘴上说出来的胡话之间形成一个错位、反差，就产生了一种转换生成新意味的作用，有了一种言外之意了。

还有一个故事。五四时期，觉醒的知识分子都反对一夫多妻制，批判男人娶小老婆的恶俗，写了好多文章。可是有一个人叫作辜鸿铭，还是个精通多种外语的学者，他偏偏主张，一夫就是要多妻。他说：男人好比茶壶，女人好比茶杯，哪有一个茶壶只配一个茶杯之理？

他说这话的时候，许多人觉得是很荒唐的，但这位辜先生并不觉得。他同那些支持他的人一样，偏偏是一本正经的。不管你在当时觉得他多么可笑，可你就是没有办法让他和你一起会心地笑起来。这是因为，没有双方心照不宣这个条件，没有共同的、隐性的背景，内心的正经道理和胡话不能形成“反差”，因而也就不能转换生成言外之意，形成一种默契，沟通双方的情感。

同是这样的话，让说相声的在舞台上一说，就十分可笑了。因为在今天的条件下，说的一方和听的一方都心照不宣：这是胡话。有了这种反差，就可能转换出深层的意味来，情感沟通的桥梁也就架起来了。

幽默不是单方面的事，它不是说话者单方的创造，听者也不是完全被动地接受，它是双方投入的共同境界。要达到共同领悟、共同享受的境界，就要心照不宣地进入某种想象的境界。

如果不能共同领悟，没有心灵的沟通，非但幽默感不能形成，反而可能产生副作用——捅娄子。对于那些和你不太熟的人，或者对你怀有成见的人，尤其在特别容易引起误解的情境中，幽默要慎用，以免弄巧成拙。

幽默要有特定的“语境”。“语境”就是特殊的对象、特殊的情境和时机。幽默的话语用错了对象，用错了情境，用错了时机，就会造成自己的尴尬，或者变成对他人的伤害了。鲁迅在《准风月谈》的《帮闲法发隐》中为了强调语境的重要，引用了克尔凯郭尔的一段话：

戏场里失了火。丑角站在戏台前，来通知了看客。大家以为这是丑角的笑话，喝彩了。丑角又通知说是火灾。但大家越加哄笑、喝彩了。[①]

这就是因为，不在同一语境中，没有心照不宣的一致性共识作为背景，把现实的灾难当成了幽默，变成了更大的灾难。

三、用强硬的语言表达友好的感情

幽默是委婉的，中国古代文论强调“婉而多讽”。委婉是幽默谈吐的基本法门，它能将进攻化为享受，但是这不等于说幽默的谈吐就只能是软绵绵的退让。其实幽默的途径多种多样。有时为了坚持己见，同时协调氛围，也可以用很凶的语言。但是，这种攻击性的凶话，越空、越虚越好，让人一听就知道你讲的不符合事实，是在开玩笑。这样，即使是相当“硬”的幽默也被软化了。

福州号称榕城，但是在 20 世纪 90 年代以前，街上榕树并不太多。当时的市委书记要求园林部门在一个时期内，在市里的主干道上全部换栽榕树。园林部门的负责人感到为难，说到期可能完不成任务。这位市委书记很不满，他本想一本正经地加以批评，但转念一想，用非常严厉的口气讲了这样一句话：

到时，你不把榕树栽下去，我就把你栽下去。

这么严厉的话讲出来以后，氛围非但没有变得紧张，反而轻松了许多，与会的人都笑了起来。这是因为大家都知道，市委书记不可能把干部活埋，这是在开玩笑。大家的笑声不但是对书记决心的心领神会，而且是对他这种幽默感的欣赏。在日常生活中，小两口开玩笑，女方在嘴皮上斗不过丈夫，便高高举起拳头来，对丈夫说：“我揍死你！看你再要贫嘴！”即使当时双方斗嘴已到发火的边缘，有了这句话，也就解颐了。

这种用强硬凶狠的语言表达友好感情的幽默感，是表层语言与潜在共识反衬很强的结果。用凶狠的语言来展现幽默的前提是：其语义是超现实的，绝对不可能成为事实的。也就是康德所说的“虚”和“空”。妻子说要“揍死你”或者“杀千刀的”，正因为超现实，所以才是爱的表示，所谓“打是情，骂是爱”，就是这个道理。因而语言要极度夸张，要达

① 鲁迅：《鲁迅全集》（第五卷），人民文学出版社 2005 年版，第 289 页。

到不可能被当真的程度。如果夸张的程度不足，有某种现实的可行性，就可能弄巧成拙。比如那个妻子不是说“我揍死你”，而是说：“你再这样说，我就要不客气了。”这样的话当然也就毫无幽默可言了。

1993 年 4 月 20 日，福建省政协组织了一批委员到省电视台视察，由福建省广电厅厅长和《福建日报》总编辑介绍新闻改革情况。会后座谈，由于出席者大都是省政协的领导和一些负责同志，大家都比较拘谨。轮到我发言，谈到电视对群众文化、思想的巨大贡献时，我说：“也有一些令人担忧的现象，那就是群众看电视的时间太多，业余读书的时间几乎被占尽。而看电视的人，又大多没有耐性，尤其是手中那个遥控器，使得现在的中国人更加没有耐心。我不知道几十年后，中国人的文化水平会不会因此滑坡，如果真的滑坡了，我觉得第一就要那个遥控器负责，第二就要你们（指着省广电厅厅长）‘负责’。”

我说完，大家都笑了。

大家之所以笑，就是因为我的话有点傻。这种傻话，表面上是指责，实质上是虚幻的，不可能叫遥控器负责，因而也就不可能让电视台领导负责。

傻话或者空话与现实越是不一致，效果越是强烈。反差越是大，转换生成的意味也就相应强化，因而双方在互动中，所创造的言外之意也就越丰富。在特殊语境中，傻话不但不傻，而且很聪明；空话不但不空，而且很有分量。与现实不一致，与情感的认同又很一致。

四、拉开与事实的距离，深化转换生成的意味

衡量幽默语言的质量，首先要看它语义错位有多大。在一定限度之内，错位的幅度越大越能引起听者的惊异，二者成正比关系。其次要看它能把语义转换出多大幅度的情感一致来。不一致在言内，一致在言外，内在情感越是一致，言外之意越是丰富，二者也是正比关系。

因而，运用幽默方法进行社交和公关，第一步就是要学会让你的话和现实拉开一点距离。这并不难，但也不太容易。因为从小学、中学到大学，人们接受的都是理性教育。用理性的思想方法追求主观与客观的一致，已经成为我们的思维定式，没有特殊的先天禀赋，或后天受到熏陶，很难动摇。比如说，你看见你的女同事和她女儿走过来了，自然会说：“你们娘俩上哪去啊？”没人会认为你这话有什么毛病，但如果你说：“你们姐妹俩上哪儿去呀？”这就很不一样了。说母亲很年轻，女儿成长得快，而且两个人又很相像，最重要的是还不乏幽默。

要做到不一致并不难，难的是在不一致中深化转换生成丰富的一致（情感认同）来。

20 世纪 70 年代初，我和朋友一起下放到南方山区，那里没有苹果，交通也不便，以致朋友的女儿长到三四岁，连苹果也没见过。有一次我拿了一张画着苹果的识字卡片去问朋友的女儿："这是什么？"她认真看了一下说："地瓜。"孩子的父母都笑了，但孩子没有笑。大人们笑，并不是笑孩子幽默，而是笑她的天真和土气。

过了许多年，朋友的女儿长大了，大学毕业并且有了份很像样的工作。有一天，我到她家去玩，她削苹果给我吃。我接过苹果问她："这是什么呀？"她答："地瓜。"结果是大家都笑了。

这就相当幽默了，说这种不符合事实的话不再是孩子的天真，而是表现了她的幽默。因为在这不一致的语义错位中，所唤醒的或是说转换生成的共同的、一致的经验和记忆相当丰富。它让听者想起了这孩子当年在穷乡僻壤那种土里土气的可怜相。而今天这姑娘长得楚楚动人，工作上又挺有出息，回忆和现状产生了意味深长的反差。可悲的过去变成可爱的回忆，把这么大的反差和这么丰富的认同结合在一起，在这句简单的话语中，幽默意味就十分深厚了。如果没有这么深厚的认同（一致），即使有大幅度的语义错位，也只是滑稽而已。

附：

漫画分析

图 3–1　牧羊犬

图 3–1 的幽默感首先来自画面与现实的不一致。现实中都是羊多犬少，这里却相反，

牧羊犬把羊包围了。其次，图中羊的形体由圆润的曲线勾勒而成，而犬的形体更接近直线，全身涂黑，而且都是一样的姿态，给人很强的视觉对比。

这种犬多于羊的荒谬画面令人想起现实中类似的现象（例如机关中的人浮于事）。从这一点说，不一致的画面以外又有与现实认同的一致成分。这幅漫画针对的社会现象很明晰，有点理性的严峻色彩，在情感上回味的余地较少，接近讽刺。

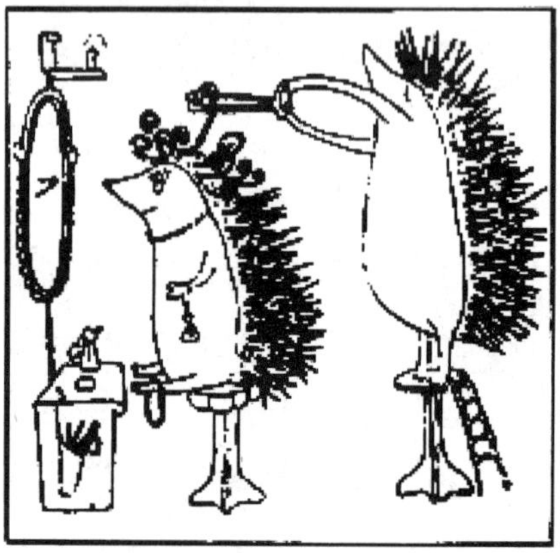

图 3–2　为了时髦

图 3–2 是讽刺为追求时髦而烫发的女性。如果直截了当地把女性为了烫发而不厌其烦的折腾画出来，就不成其为漫画了。

要有漫画的幽默感首先必须体现与现实的常态强烈的不一致，故漫画家取刺猬为主角，因刺猬的毛硬且直，与烫发所要求的卷曲效果有巨大的反差。

这种荒谬，因为高度虚拟，超越现实，故情感意味很容易理解，讽刺意味稍佳。

图 3–3　有备无患

在情感空间上回旋余地更大的是图3-3。这里的虚拟是带着荒谬感的：为了防止后座的乐器碰到自己的头，他不是自己往前坐，也不是请后座的乐师留心一些，而是在自己脑后绑一个枕头，违反不一致常理，表现了他的笨，同时也表现了他的善良。这是正宗的幽默。

请读者注意他那对危险的担忧和演奏的一本正经形成的另一重的不一致。

第四章

把滑稽提升为幽默
——“不一致”理论为什么需要修改

前文所说的不一致理论，并不是没有漏洞的。很多时候，不一致并不一定产生幽默的效果。举一个简单的例子。当贾宝玉第一次见到林黛玉的时候，明明是从来没有见过，他却断然宣称，这个姑娘，我见过的。读者感到的是贾宝玉的一见钟情，林黛玉感到的是他的任性。从贾宝玉本人来说，其性质可能是抒情。幽默的“不一致”和抒情的“不一致”有什么区别，这一点本书在第九章还会讲到。现在要阐释的是，心照不宣的“不一致”，除了可能产生抒情以外，还可能产生滑稽。明代文学家王元美宴客，偶然放了一个屁，客人窃笑，他就要求每人说出经典中带有“譬”（屁）字的句子。他自己说了“能近取譬”，客人说了“譬如北辰”“辟若掘井”，王元美认为不合要求，应该罚酒。客人不服，王说：“我的‘譬’在下边，你们的‘譬’（屁）在上边！”这里的譬、屁双关，句子在“下边”和人体的“下边”混淆，是很不一致的，但只是滑稽，尚未达到幽默融通情感的层次。而弄不清滑稽和幽默之间的区别是许多有志于幽默的人幽默不起来的重要原因。

一、滑稽缺乏意味深长的语义错位

幽默的不一致有许多层面。最表面的是所述（或所画）与常理的不一致；层次稍稍深一些，就是语义的“不一致”，或者叫“错位”。通常的理性思维要求人们用词准确、精密，但幽默却要求人们用词不准确、不精密，只有这样才能产生幽默感。在我们周围有一些活宝，走到哪里玩笑开到哪里，胡话讲到哪里，虽然也能博得大家一笑，可是时间长了，也往往让人讨厌他们嘴太贫。他们并非不懂得幽默用语要与日常的理性语言拉开距离，但是他们拉开距离的用语却缺乏深长的意味，缺乏醍醐灌顶式的顿悟，不能给人以有益的启示。

比如，如果你遇到一位近来发胖的女同事时说："啊，近来你胖多了。"这自然没有什么幽默感。如果你说："啊，你是越来越发福了。"这样显得比较有礼貌。如果想再亲切一些，你可以说："几天没见，想不到你体积增加了这么多。"这是把几何学的术语用到人身上来，在意味上有些"不一致"，或者说语义"错位"，就有一点开玩笑的味道了，但是这还不能算是幽默，因为意思还不够深，不够丰富，也许只是有一点滑稽。如果你说："几天没见，没想到你长了这么多膘。"这自然更好笑一些，因为语言的意味和表述对象之间错位的幅度更大了，但仍然只是滑稽而已，把用于表述动物的"膘"，用在女性身上太粗野，没有足够的情感上的共识，缺乏转换生成深长的意味，难以上升到幽默的水平。里普斯把滑稽当作"一种粗鄙的喜剧性"，这是很有见地的。人们即使因之而笑，也不是会心默契的，而是单方面的嘲笑、讥笑、讪笑。滑稽和幽默，从结构形式上看，有几乎同样的错位的结构，因而滑稽可以说是幽默的基础。为了说明这一点，我们以契诃夫早期作品《生活是美好的》为例：

假如火柴在你的衣袋里燃起来了，那你应该高兴，而且感谢上苍：多亏你的衣袋不是火药库。

要是你手指头扎了一根刺，那你应该高兴：挺好，多亏这根刺，不是扎在眼睛里！

要是你有一颗牙齿痛起来，那应该高兴，幸亏不是满口的牙痛起来。

这当然和通常的思维逻辑不一致，不管什么样的倒霉的事情都自我安慰，把痛苦当作自我陶醉的缘由。有了对现实社会中某些人生活态度的讽喻，因而这话超越了滑稽，有了一点幽默感。如果上面的例子还不够明显的话，下面这一条则更为鲜明：

要是你的妻子对你变了心，那就该高兴，多亏她背叛的是你，而不是国家。

在这种不一致的逻辑中包含着的一致就比较深刻了，它所显示的是这样一种心理状态：表面上，把国家损失看得比自己的损失更为重要，实际上，可能是冠冕堂皇的话，内心恰恰相反。在这样的话语结构中，潜藏的就是真正的幽默。无独有偶，美国总统富兰克林·罗斯福，一次他家中失窃，损失惨重，朋友写信安慰他。他回信说：

亲爱的朋友，谢谢你的安慰。我现在一切都好，也依然幸福。感谢上帝，因为，第一，贼偷去的是我的东西，而没有伤害我的生命。第二，只偷去部分东西，而不是全部。第三，最值得庆幸的是，做贼的是他而不是我。

富兰克林的前面两条理由和契诃夫"事情原来可能更糟"的思路可谓异曲同工，但是第三条却是别开生面，幽默感突然强烈起来。原因在于，这里的逻辑错位的幅度突然加大，而认同的一致也随之深化，从财产的损失变成了人生的价值——值得庆幸的，不是财物损失的有限，而是人生价值没有变化——这样的幽默就更加深邃了。可见，错位结构的功能体现于生成的意味，如果意味深长，给人启示、发人深省，那就是幽默了。日本人把“幽默”（humour）译成“有情滑稽”，虽然狭隘但还是有点道理的。如果意味寡然，没什么真诚的感情底蕴，不过是好笑、滑稽而已。如果满足于滑稽，变成“为笑笑而笑笑”，就可能流于“油滑”“轻薄”，甚至是“猥亵”了，这是鲁迅所特别警惕的。

幽默之所以是幽默，就在于双方能体验到语言之外更多的东西。或者反过来，错了位的意味，引起你的惊异，其目的本来不在错位本身，而是在你因此而被唤醒的想象。对一个已经长大的女孩子，间接地提醒她当年曾经把苹果叫作“地瓜”，这样的名不副实或语义错位，之所以是幽默而不是滑稽，就是因为它触发那么多只有对话者才共同享有的对幼稚、苦难的回忆。而把同事发胖叫作“长膘”，除了让人想到你含蓄地把人家和动物（包括猪、狗）联系在一起以外，没有更多的深意。

正是因为这样，滑稽和幽默分开了档次。滑稽虽然是幽默的基础，和幽默一样能逗人发笑，但是滑稽的笑只是使人感到意外的笑，而幽默的笑是会心的笑。滑稽和幽默的共同基础都是“不协调”或者说“不一致”。

叔本华说的是当我们突然发现我们所持的概念与事实不一致的时候，我们就会情不自禁地笑起来了。

语义错位就是一种事实与概念的不一致。例如把“长膘”和“体积”用在人身上，虽然内涵上有一致的部分，但在外延上和情感色彩上却大不一致。日常谈吐中的语言也是十分精密的，两个中心意义相同或重合的词（如话匣子和收音机是同一种东西），其引申义、比喻义、联想义有差别，也可能造成大幅度的语义错位，甚至名不副实。如“你是一个话匣子”和“你是一个收音机”，二者的比喻义真是差之毫厘，谬以千里。有志于幽默谈吐者要对语义的中心义与引申义、比喻义、联想义的微妙差别有高度敏感，要善于利用二者之间的反差、错位。反差或错位越大，则笑的刺激越强烈。

二、语义的“错位”和“复位”：对“不一致”理论的补充

把“不一致”现象上升到理念，这只是西方的一种说法，而日本的鹤见佑辅则以“理性的倒错”概括之。话虽然不一样，但说的是同样的现象。这种观念在东方和西方普遍得到认同，说明其概括得相当合理。但是严格说来，并不是任何一种名不副实或语义不一致、

倒错，都是好笑的。山区小孩子把苹果叫作“地瓜”会引人发笑，虽然笑的人不一定深思，但这里还是暗示了原因的，那就是当地的地瓜很多而苹果罕见，因而小孩子的地瓜的概念同化了苹果。如果把苹果叫作橘子，同样是名不副实，或概念与现实不一致，但这只是一种偶然的错误，没什么好笑的。并非所有不合理（谬误、抒情）都会引发出笑来，只有不合理的谬误，在另一个方面、另一个层次上又有合理的暗示，这才能引发出笑声来。

我们不必对叔本华的权威过分迷信，他已经死了许多年，作为后来人，在一些问题上不比他聪明一点，这个世界还有什么希望呢?

在我看来，有时概念与事实的不一致，只是表面现象，而在更深的层面上，还有一个潜在的反衬。因为概念和说话者主观的心理是一致的，所以叔本华的“不一致”理论应该改成：表层不一致与深层一致的一致，或者统一。

这不是一种简单的平面的结构，而是一种复合的立体结构，表层的不一致是怪异的，是能用明确的语言表述出来的；而深层的一致则是无声的，或者是从双方共同的经验中得到，或者是从双方默默的推理中得到。表层的“不一致”，是客观的、可感的，其怪异性是引人发笑的原因，笑的程度与“不一致”的程度成正比，但是这是短暂的、肤浅且缺乏深厚意味的。如果仅有这种表层的反差，即使笑了也只是滑稽而已。表层的巨大“不一致”，给读者、听者一个刺激，提示他注意在另一个层次上经过回忆或推理引导出来的“一致”。如果前者可以称作错位的话，那么后者（一致）便可以叫作“复位”。有了这双重结构的张力，就比较经得起思索，比较深刻了。这就可以称得上是幽默了。

表层的感觉“错位”和深层的情思“复位”之间的张力决定了幽默的深度。

这个“复位”，在幽默中是一个引发深思的结构。故林语堂先生曰：

凡善于幽默的人，其谐趣必愈幽隐，而善于欣赏幽默的人，其欣赏在于内心的静默的理会，大有不可与外人道之滋味，与粗鄙显露的笑话不同。幽默愈幽愈默而愈妙，故译为幽默。①

同样是把苹果叫作地瓜，做小孩子的时候说就不如大学毕业以后再说显得那么幽默。大学毕业以后说，表面不一致虽然没有变，但由此而引起的内在的一致的回忆、一致的情思体验却丰富得多了，因而也就自然而然地从滑稽上升到幽默了。

幽默不同于耍贫嘴。耍贫嘴仅限于表层的不一致，而缺乏双方内在的沟通与默契，幽默则贵在沟通。要沟通就需有微妙的一致作为桥梁，经错位和“复位”后才能达到统一。明白了这一点，自然就会在日常社交中不满足于表面的热闹，而力图寻求深层的暗示和间

① 林语堂：《幽默杂话》。转引自上海青年幽默俱乐部编：《中外名家论喜剧、幽默与笑》，上海社会科学院出版社 1992 年版，第 206 页（原载 1924 年 6 月 9 日《晨报副刊》）。

接的推导。而在文化生活中，则更能提高我们的欣赏品位。

三、两个有关健忘者故事的对比

“错位”的幅度决定怪异的强度；“复位”的精度决定意味的深度。通常，人们往往片面地注意到表面的“错位”，而忽略内在的“复位”的重要。一旦进入这个层次，我们便不难发觉，“不一致”已经不仅仅限于概念和事实两者之间，而且达到了思维，也就是逻辑推理的“不一致”。赫斯列特说：“笑的本质，乃是不一致。”他的具体阐释是：（笑）是这一思想和那一思想的脱节，是这一感情和那一感情的相互排挤。[1]

下面我们试举一两个有趣的例子加以对比，来说明这个问题。

我国古代笑话书《艾子后语》上有这么一则故事：一个人得了健忘症，很是严重。他老婆叫他去找医生看看。他就骑着马，拿着弓箭去了。不一会，觉得要大便，就把马系在树上，箭插在地上。大便以后，他看到地上插着一支箭，吓了一跳，说：“哪里射来的箭？几乎射死我！”又看到树边的马，大喜说：“虽然受惊，可拾到一匹马。”他拉起缰绳，脚却踩到自己的大便，就跺脚说：“真倒霉，踩了一堆狗屎！”骑马回到家里，竟不知道就是自己的家，被他老婆骂了一顿，他居然很惊讶：“这位娘子，我不认识你，你为什么要骂我？”这个故事，从表层来看，人物的观念和事实很“不一致”，拉开了很大的距离，而且通过情节的连锁性，其间距离越来越大，因而其引人发笑的怪异之感越来越强。但是，说来说去，不过说的就是人家患的一种疾病，再也没有什么“一致”的东西可以沟通的，因而也就没有什么太深刻的意味，何况对于人家的疾病加以嘲弄是不道德的。这种喜剧性，就是叔本华所说的“粗鄙”的喜剧性。应该承认，我国古代笑话书上有不少这样的糟粕。像这样的故事，充其量不过是滑稽而已，光从结构上来说，只有表层的观念与事实的一连串的错位，而缺乏深层结构的“复位”。

同样是嘲弄人的健忘症，美国作家欧·亨利的短篇小说《一个忙碌的经纪人的浪漫史》就有很大的不同。一个经理正在自己的办公室里忙得不可开交，真是昏天黑地，他得同时应付几部一起响起的电话，一天到晚不同性质的急迫事件莫不迫在眉睫。他一面穷于应付着紧迫的形势，一面反复提醒自己，今天下班一定要提前几分钟到隔壁房间秘书小姐那里去求婚，可不能再忘了。已经忘了不知多少次，终身大事再拖下去后果就严重了。这一次他总算记住了，在小姐下班以前赶到她面前向她正式求婚。他紧张地观察小姐的表情以猜

① 赫斯列特：《英国的喜剧作家》。转引自伍蠡甫主编：《西方文论选》（下卷），上海译文出版社 1979 年版，第 40 页。

测自己的命运。没想到小姐的脸色既不是为难（拒绝）也不是喜悦（同意），而是十分困惑。经过一番沉默后，小姐终于说："亲爱的，难道你忘了，昨天我们不是在教堂里举行过婚礼了吗？"

这个忙碌的经纪人的"不一致"或"错位"达到空前绝后的程度，他连昨天结了婚的事都忘了。这样的夸张并没有超过《艾子后语》，但是明显不同于《艾子后语》的是，它不是简单的滑稽，而是深刻的幽默。

因为他的健忘走向一个非常悖谬的境地。求婚倒是记住了，而求婚的结果——结婚却忘记了。在极端悖谬中又有十分合理的（一致的）深刻的原因：本来老是忘了的求婚，由于多次反复记住了；而多次提醒造成的焦灼感，却导致结婚被遗忘了。按正常的心理规律，当然是结婚的记忆比求婚深，因为结婚是求婚的目的，这里却倒了过来把结婚都忘了，而结婚正是反反复复地自我提醒要去求婚的结果。一方面的过度兴奋，导致另一方面的过度抑制，这是符合心理学规律的。求婚的焦虑与现实的"不一致"，正好和结婚的记忆与现实的"不一致"构成了一个因果关系，也就是另一种意义上的"一致"。这样，健忘就不完全是一种病态，而是主人公的社会地位、生活方式的奇特结果了，这就是"复位"，这就有深刻的思想了。读者也就会在深思中微笑，在微笑中深思了。他太忙了，忙得不但求婚屡屡忘却，连结婚也都记不住了。

这个故事很使人深思：他这么忙碌，无非是为了赚大钱，但即使钱多到用不完，如果忙得连结婚这样的大事都不记得了，又有什么意思呢？这样的生存状态，是不是把生存的目的和手段本末倒置了呢？

里普斯这样说：

> （幽默）这一名词表明：一件崇高的或者对任何人都具有重要性的事物，其所以被喜剧地否定，或者说，在喜剧程序中消灭，仅仅是为了通过否定，或者通过它被否定的因素来提高它的感人力。如果不这样说——它的感人力被提高了，也可以换一种说法：我对它的共同体验变得更深刻了，更见效了。①

用里普斯这样的说法来分析欧·亨利的这篇小说，实在是太确切不过了。结婚正是里普斯所说的"对任何人都具有重要性的事物"，在小说里恰恰又是被喜剧性地否定、消解（遗忘）了的。而这样喜剧性的否定是荒谬的，因而也就"提高了它的感人的力量"，或者说使得读者"对它的共同体验变得更深刻了"。

正是因为有如此深刻的启示，这样的小说就不是滑稽小说，而是幽默小说。

① 里普斯：《喜剧性与幽默》。见中国社会科学院文学研究所编：《古典文艺理论译丛》（卷三），知识产权出版社 2010 年版，第 1274 页。

在一切深刻的喜剧作品中，几乎都有一个共同规律，那就是不但有表面的“不一致”，而且这些“不一致”恰恰反映了社会的病态或人性的弱点。外部的“错位”是如此强烈，几乎是挟持着读者的思想去追随作家所暗示的社会的、人性的原因。这在逻辑结构上与“错位”正好对称，所以才把它叫作“复位”。

对于幽默作家来说，其才华首先表现在把那怪异的、反常的结果以非常强烈的形式展示在读者面前，让读者去推想其原因。他不能把这些原因原原本本地讲出来，如果原原本本地讲出来就破坏了幽默的趣味。他得把原因蕴含在“错位”结构之中，推动读者用想象去“复位”。

幽默之所以是幽默，就是因为作者和读者、说话者和听话者双方可以心照不宣、心领神会地交流。如果把逻辑过程完整无缺地提供给读者或听者，读者或许就不可能享受到顿悟之乐了。

四、逻辑的断层和逻辑的还原

从逻辑上去分析，幽默有一个基本的特点，那就是逻辑的不完整性，或者叫片段性，在比较精彩的幽默逻辑中，总会有一个结构的断层。要把握幽默的构成，起码的条件是把完整的逻辑程序切断，留下一段空白，让读者去补充。留给读者的不能是全部，而是局部，同时留下足够推断的条件，以不造成困惑为限。有一个小品表现夫妻二人吵架，妻子说：“早知你这样，还不如嫁给魔鬼。”丈夫说：“婚姻法有规定，近亲不得结婚。”丈夫省去了“你也是魔鬼”这句话，但“近亲”的说法，又足够让读者推出这句话。这个切割恰到好处，因而观众印象特别深刻。而要学会欣赏幽默需要有一种能力，那就是逻辑还原或者逻辑补充的能力。如果没有很强的逻辑还原或补充的能力，我们往往就不能欣赏西方比较含蓄的幽默。例如：

> 一个女人走进银行要兑现一张50美元的支票。出纳员把支票退还给她：“我很抱歉，小姐，这个男人没有在这里开过户头。”
>
> “哦，天啊！”这个女人尖叫道，“我被强奸了。”

也许有些读者看不出妙处，但能看出妙处的读者，肯定是经过了逻辑还原的。银行出纳的话说明，这个女人拿来的是一张空头支票。这里就需要逻辑的补充。

补充之一：由于支票是空头的，她就说自己被强奸了，说明她和那个男人发生过性关系。

补充之二：如果支票不是空头的呢？那就不是强奸了。

补充之三：可见这个女人是个妓女。

这个故事幽默的魅力就在于这个结论是读者自己通过补充推导出来的。

如果这个结论是作者直接告诉读者的，那么全部幽默将荡然无存。正因为幽默逻辑有断层的特点，因而要使自己谈吐幽默，最简单的办法就是从完整的逻辑结构中切割掉一些片断。日常使用频率最高的是因果逻辑，在把其转化为幽默逻辑时，最常用的方法是：抽掉原因，留下结果。因而一般的幽默都有故弄玄虚的色彩。

在西方的幽默学中，非常强调“种族幽默”，这是我们中国很少有的。西方的“种族幽默”，主要是不同民族之间互相开玩笑。例如，美国人好开波兰移民的玩笑，说法语的比利时人好和说荷兰语的比利时人开玩笑。下面是一组嘲弄荷兰人的幽默：①

1. 四个荷兰人走进布鲁塞尔的一家咖啡馆。他们点了什么？一杯水和四根麦管。

2. 荷兰报纸刊登一则广告：出售！刻有约翰·史密斯名字的二手墓碑。

3. 你知道那个荷兰人自杀的事吗？他溜进邻居家里打开煤气开关。

4. 荷兰人在喝酒时，发现酒中有一只活苍蝇会怎么办？他会抓住它大声嚷道：“吐出来！吐出来！”

5. 在一张荷兰报纸上刊登了一则启事：亲爱的先生，如果你不停止发表关于荷兰人节俭的拙劣笑话，我就停止向邻居借阅你们的报纸。

这些都是极端悖谬的结果，原因都被省略了。但极端的结果所提示的原因，一旦被读者自己补充出来，幽默结构就还原了，就好笑了。

1. 四个人在咖啡馆里共喝一杯水，但点了四根麦管。

2. 连墓碑都要二手的，可要名字正好巧合，是多么困难，而荷兰人就有耐心去等待这种巧合。（无独有偶的是，我国也有类似的故事，讽刺吝啬鬼的。一个人丈母娘死了，去买二手墓碑。人家说，有一块墓碑，可是名字不清楚。他还是把它买下了。人家问他为什么？他说，正好，我也搞不清丈母娘的名字是什么。）

3. 连自杀都舍不得用自己的煤气。

4. 酒里有了苍蝇，他关心的不是酒被污染，而是酒被苍蝇喝了可惜，要努力补回损失。

5. 对报社进行威胁，本来应该以拒绝订阅为有效手段，而以拒绝向邻居借阅来威胁又有什么用处呢？

所有这一切，如果完整地把原因说出来，读者就很容易明白了，一看就懂，但也就没有什么幽默感了。

---

① A. 济夫主编，陈中亚、周瑶明等译：《幽默的民族风格》，上海人民出版社1992年版，第65页。

把逻辑的断层补充出来，是读者或观众的事，正是这种补充，成了作者和读者、说者与听众之间感情和智慧默默沟通的桥梁。

对于幽默作家和有志于使自己谈吐幽默的人来说，至关紧要的不但是要把逻辑空白留出来，而且要在最精粹的推理过程中把读者的想象逼到那唯一的狭窄的逻辑空白中去。空白留得过大，不可能使读者心领神会；逻辑空白过窄，也可能使读者茫然，连滑稽的效果都没有了。为了达到逼迫读者进入适当的逻辑空白，有许多具体方法可以使用，例如套用逻辑等等，这在第七章将会阐述。

附：

漫画分析

图 4-1

图 4-2

单纯的滑稽也可以成为漫画的构思。其特点是调侃人物外部的某些特征，但与人物内在心灵的关系很小。图 4-1 和图 4-2 都是调侃人的胡子的，虽然作者有些巧思，笔法上也有些独到之处，但却不能成为够格的幽默作品。

图 4-3　摩登耳环图

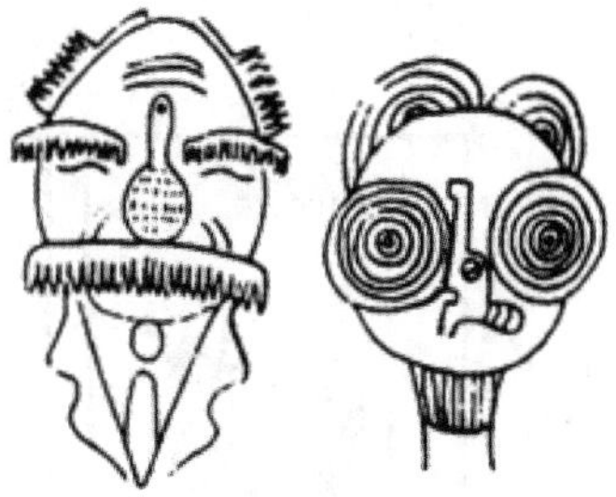

4-4　制梳厂经理与射击爱好者

图 4-3 是调侃女郎的耳环的。由于耳环没有造成灾难（例如变成走路的障碍），也没有与环境中的其他因素巧合（例如变成画上小狗玩杂技的道具），所以完全失去幽默意味。

图 4-4 也是令人意味索然，全在极其表面的形式上下功夫是不可能进入艺术的高级层次的。

图 4-5　打不着

图 4-5 出自一位外国著名漫画家之手，其意味虽然不特别深长，但比前几幅好多了，多少有点幽默感了。

打火机打来打去打不着，令人发火，但是怪谁呢？如果光怪打火机质量不好，就没有什么深邃的意味了，只能是滑稽，而够不上幽默的格。然而，把打火机扔了，反而把窗帘烧着了。这就有点味道了，因为这涉及人的狼狈处境，但还是缺乏奇妙的想象力，不够荒谬，发人深省的意味不足。如果画家让这个人物十分恼火，恼火到自己的胡子或头发都渐渐冒出烟来，以至于意外地把雪茄点着了，这样的意味就可能深长些，也许就能从滑稽上升为幽默了。

图 4–6　无题

荒谬的现象如果和人的困惑结合在一起，意味就比较深长，就不完全是滑稽了。图 4–6 之所以幽默，是因为不但有荒谬的结果，而且有好心助人者的困惑。好在这位助人者只是困惑、沉思，而没有去跟孩子争吵、索赔。

图 4–7　无题

图 4–7 更幽默，是因为这个大人更善良，弄坏了小孩子的木马，甘心让小孩把自己当木马骑。这种人性之善良和荒谬的现象（让小孩子骑）形成张力，因而意味显得十分深长。

第五章

硬性幽默的软化
——虚幻在对抗中的超越作用和“复位”作用

人类之所以欣赏幽默，把它当作一种高度文明的修养，是因为幽默有一个功能，那就是缓解矛盾，转移对抗，放松情绪，使人在驾驭自己的情绪时更加自由。在市场经济的冲击下，人与人之间的关系在竞争的压力下，不免有些紧张，尤其是城市化的生活方式，使得大多数人处于一种快节奏的压力中，时间变得值钱了，交通变得拥挤了，朋友之间的关系也变得实用了，连婚姻家庭也撕开了温情脉脉的面纱。人与人之间的摩擦和矛盾如果仅限于经济上或工作上，处理起来还比较简单，因为有一系列的规章、制度、法令、条文在那里，但是，由于长期处在这种环境中所产生的精神紧张，很容易导致人的情绪的意外膨胀和爆发，对这种爆发用行政约束和道德规范去解决常常很难奏效。

一、光有幽默方法但缺乏幽默心态怎么办

在情绪膨胀和爆发之前，最好的方法是用幽默去放松情绪，把对抗融入会心的微笑中去。

问题不在于理论上多么重要，而在于实际上如何做到。绝大多数人不能这样做，是因为情绪上转不过弯来。心里已经认识到对抗、争吵有失身份，伤害感情，但实际上还是不能自控。许多人当场爆发，事后后悔，很痛苦（当然也有很得意的，那就与幽默无缘了）。以后再碰到类似的情景，想到了以往的教训，虽然想控制自己的情绪，但是仍然无法实现。有人认为这是由于在这种情况下，缺乏具体的、可行的办法，其实这种看法不太全面。

幽默有一种不可或缺的心理基础，那就是善意和宽容。幽默是一种精神的境界，具有

一种文明的高度。林语堂、钱锺书都一再强调这一点。如果没有宽广的胸怀，光是掌握了一些操作方法，仍然可能是缘木求鱼。方法不过有利于表达人的胸怀、人的情绪，但再好的方法也不能立竿见影地制造出宽广的胸怀来。所以幽默谈吐的自我训练，关键在于提高自己的素质，开阔自己的心胸。心胸狭隘，肯定与幽默无缘；心胸博大了，幽默方法自然比较容易掌握。方法是死的，人是活的，真的达到了那种自由的超脱的境界，虽未刻意追求，而幽默自生；心灵到不了那种超脱的境界，虽然苦苦钻研，也还可能是弄巧成拙。从这个意义上说，最好的幽默，是最自然的，好像出于天性，所谓无法之法，是为至法也。

深圳市一个合资企业的女工张瑞芳写信给我说，她有志于幽默谈吐，读了我的幽默理论，很有体会。平时，她确实被人认为是一个乐观幽默的姑娘。在集体宿舍里，她和一个很受她尊敬的大姐住在一起。大姐对她呵护有加，两个人亲如姐妹。有一次她回到宿舍，发现那位大姐和一个小伙子交谈正酣，她不便打扰，就把录音机打开。可能是音量开得过大了，那位大姐突然情绪膨胀，一下子爆发出来，很不客气地说："你再这样，我就把你和这录音机一起扔出去！"

她当时很紧张，但想到在这种情况下，与其以情绪膨胀对情绪膨胀，不如用幽默转移对抗，缓解情绪。于是她说："不用劳你大驾，我自己把自己扔出去好了。"

在场的人都笑了，一致称赞她很幽默。她也笑了，但是当她自己走出房间时却感到十分委屈，无论如何也忍不住夺眶而出的眼泪。

她问我，这是为什么呢？

我回答她，这是因为她的幽默感还没有磨炼到炉火纯青的程度，她运用了正确的幽默方法（自我调侃），但她胸中的宽容、善良还没有达到相应的程度，就产生了这种微笑后的痛苦。我想，她应该对大姐有充分的同情。也许，这位大姐年纪比较大了，长期等待着白马王子而耽误了青春，正和一个小伙子谈得投入，同屋的小姐妹却突然制造噪音，所以，就突然情绪膨胀，发起火来，有点六亲不认了。在一般人来看，这是缺乏修养的，显然是个缺点。但是，你既然是和她情同姐妹，就要比一般人更了解她，更能体会她的心情。你应该感到她可爱，哪怕错在那位大姐，也是人之常情嘛。虽然爱情八字还没有一撇，就把友谊不当一回事了。但爱情使人不讲理呀，你要学会欣赏这种不讲理。有没有幽默细胞，往往就在这一点上看出分晓来。

这里，涉及一个根本问题，那就是心胸。幽默的博大，主要在对己和对人两个方面。首先，对他人要有一种悲天悯人的胸怀。就是对人家的缺点毛病，不能疾恶如仇，而要站在人类生存的高度上，把这种缺点、毛病当成人类的一种局限，包容并欣赏它的可爱。

乔治·桑塔耶纳说："我们所说的幽默，其本质是：有趣的弱点应该和可爱的人性相结合。”[①] 关键是，你能不能把人家的“弱点”看得“有趣”，能不能从个别人的“弱点”中，看到共同的“人性”，不管这种人性有多少缺陷，你能不能从中找出“可爱”来。

桑氏进一步说：“不论就机敏、怪癖或诙谐而言，一个有幽默味的人必有其荒唐的一面，或者落在一种荒唐的情境中。然而，我们所应该摒弃的这种滑稽状态，似乎反而使他的性格更为可爱……幽默也是如此：痛苦的暗示使人感到痛苦，所以必须有一些可爱的因素重过它。”[②]

道理说起来太抽象，举个大家熟悉的例子吧。中学语文课本上有鲁迅的文章《从百草园到三味书屋》，那里写鲁迅的启蒙教师的教学方法很简单、很刻板，完全是死记硬背，而且没有休息，没有娱乐，稍稍出去游玩一下，就要被呵斥，大叫起来：“读书！”除此之外，似乎没有什么启发心智的办法。鲁迅还特别强调，学生对于所读的内容根本莫名其妙。这样的读书不是很枯燥吗？这样的先生不是很可恨吗？在缺乏幽默感的作者笔下，可能是这样的。但是，鲁迅是个人道主义的幽默大师，他只是把教师的教学法写得很“菜”，却没有把他的心写得很“菜”。鲁迅突出强调，这个没有什么真本事的教师，自己读书却很投入，念起什么金叵波罗……铁如意……来，简直是如痴如醉。他所读的文章明明很平常，他却沉醉在自己所营造的境界之中：读着读着，“他总是微笑起来，而且将头仰起，摇着，向后面拗过去，拗过去”。如果是在生活中，一个人空有“渊博”“宿儒”之名，教书却无方，误人子弟，是令人厌恶的。但是，我们在这篇文章中，读到他如此沉浸在自己的境界之中，是不是也会觉得这个老头子也挺好玩的、挺可爱的？在这里，鲁迅通过“渊博”“宿儒”等词语，传达出对于小人物的人道主义同情。

再举一个例子，鲁迅在同一篇文章中，还写了这样一件事：

> 长妈妈曾经讲给我一个故事听：先前，有一个读书人住在古庙里用功，晚间，在院子里纳凉的时候，突然听到有人在叫他。答应着，四面看时，却见一个美女的脸露在墙头上，向他一笑，隐去了。他很高兴；但竟给那走来夜谈的老和尚识破了机关。说他脸上有些妖气，一定遇见“美女蛇”了；这是人首蛇身的怪物，能唤人名，倘一答应，夜间便要来吃人的肉的。他自然吓得要死，而那老和尚却道无妨，给他一个小盒子，说只要放在枕边，便可高枕而卧。他虽然照样办，却总是睡不着，——当然睡不着的。到半夜，果然来了，沙沙沙！门外像是风雨声。他正抖作一团时，却听得“豁”的一声，一道金光从枕边飞出，外面便什么声音也没有了，那金光也就飞回来，敛在盒子里。后来呢？后来，老和尚说，这是飞蜈蚣，它能吸蛇的脑髓，美女蛇就被

---

① 乔治·桑塔耶纳著，缪灵珠译：《美感》（卷四），中国社会科学出版社1982年版，第174页。
② 乔治·桑塔耶纳著，缪灵珠译：《美感》（卷四），中国社会科学出版社1982年版，第174页。

它治死了。

最后的“教训”是，今后“倘有陌生的声音叫你的名字，你万不可答应他”。这个因果逻辑就更荒唐了。从这样一个可信性很低的、不可重复的故事，居然就得出了一个极端普遍的结论，似乎任何时候在背后叫名字的声音，都可能是美女蛇发出的。这种逻辑的荒唐，本来是很丑的，但鲁迅并没有一味地“丑化”长妈妈，他没有正面指出长妈妈结论的愚昧、可恶，反而强调了她是郑重其事的，是很真诚地相信的。她不但没有坏心，倒是出于关心孩子的好意。这样，可恶的迷信就变得有点可爱了。

藏在这幽默后面的鲁迅的笑容是调侃中带着欣赏的，是批评中带着宽容的。从这里，我们可以看出一个幽默大师的博大胸怀。

接下去，说听了这故事使他极想得到一盒老和尚那样的飞蜈蚣，虽然也曾听到从背后叫自己的名字的陌生声音，“然而都不是美女蛇”。把自己写得很傻气的样子，好像这样荒谬的故事，自己连怀疑一下的智商都没有似的。这就不仅仅是对长妈妈的调侃，同时也是鲁迅的“自我调侃”。鲁迅把对于长妈妈的调侃和自我调侃结合了起来，这就显示出鲁迅幽默感的丰厚。

这就涉及幽默的第二个方面，那就是对自己的宽容。

在此，我们可以看到幽默和抒情的不同。抒情，大抵是倾向对环境和作者内心的美化、诗化；而幽默是把自己和他人加以贬抑，甚至“丑化”。这就显出了作家胸襟的开阔，而这样的低姿态恰恰是高趣味的。自我调侃之所以在美国幽默学中被列为上品，就是因为他们敢于把自己说得很差，很狼狈，很没有水平。

为了说明这个问题，这里，我把自己的一篇散文《写不完的“不亦快哉”》录在后面供读者参考：

> 中国古代文人不管写诗还是写散文，一般是以追求美化和诗化为主的，自我丑化绝对少有。而金圣叹批注《西厢记·拷艳》一折，一连写了几十个“不亦快哉”，不追求美化和诗化，坦然自我“丑”化：“看人家放风筝，线断了，不亦快哉！”幸灾乐祸原是登不了大雅之堂的，却堂而皇之地写在文章里。这在幽默中属于“自我调侃”一格。再如：“闷热天气，前后庭赫然如洪炉，汗出如注，苍蝇纷飞，饭不能食。忽而大雨倾盆，身汗尽收，苍蝇尽去，饭便得吃。”他率性高呼：“不亦快哉！”看来他很喜欢率性欢呼。猫抓了老鼠去，他欢呼：“不亦快哉！”私处有癞疮，以热汤澡之，他也欢呼：“不亦快哉！”这种事情本来似乎与诗意的美化距离很远，甚至有点“丑”的，但他的率性却是真性情，可以说是一种“丑”中之美。
>
> 本来，真性情的自然流露，是抒情诗的特征。抒情是美化，与幽默的调侃搭不上

界。若是真性情流露到不怕丑的程度，就有点儿荒谬，事情一旦荒谬，就有点好笑了，也就有了幽默的性质了。越是荒谬，越是好笑，也就越是有幽默感。例如，他说，自己想当和尚，又怕吃不成肉，如果允许当和尚的吃肉，则他就马上用快刀把头发剃个干净。自我调侃，把自己说得有点不堪，和常人自我美化的倾向形成反差，但也显出了自己的坦荡和心胸宽广。

自我调侃，是一种以“丑”为美。关键是分寸感，不能太温，又不能太火，不管多煞风景的事，不能有伤大雅，不能给人品质恶劣的感觉。金圣叹写道：早上起来，听城中一个人死了，大家都不免叹息。他就不但不感到悲哀，而是感到“不亦快哉”。幸灾乐祸，如果是针对心地善良的人，就太恶毒了，但是，他事先问明了此人乃“一城中第一绝有心计人”，他的坦荡就能引起读者会心的微笑了。

金圣叹的可贵之处是把这种分寸感把握到十分惊险的程度：“身非圣人，安能无过。夜来不觉私作一事，早起怦怦然实不自安，忽然想得佛家有布萨之法，不自覆藏，便成忏悔。对生熟众客，快然自陈其失，不亦快哉！”这里所说的“私作一事”，我不得不作注解，显然是指手淫。身为封建士大夫，居然坦率到自我暴露的程度，把自己的私事主动、公开地披露，并觉得由此而得到解放，这是要有一点勇气的。这种自我暴露，可以说是化“丑”为美了。也许正是这一点，激起了后世文人的赞赏。

梁实秋先生就模仿这种“不亦快哉”的笔法，在《来台以后十二大快事》中，一连写了十二个“不亦快哉”。梁先生毕竟是绅士，并不模仿金圣叹的自我暴露，而是继承他的自我调侃。其中有写到地上满是甘蔗渣的，不过梁实秋先生不是暴露世人的不知环境卫生，而是转而作自我嘲讽：“于烈日之下，口干舌燥，遂于路旁，小摊之上，随手购得甘蔗一支，随嚼随吐，既可立解口渴，又可为扫地者创造就业机会。不亦快哉！”林语堂也有《不亦快哉》之作，不过不如梁实秋的潇洒。自此“不亦快哉”之风，遂风行海内，绵延不绝。李敖所作《不交女朋友不亦快哉》《不讨老婆不亦快哉》，极尽嬉笑怒骂之能事，以玩世的姿态写他的愤世之情：

得天下之蠢材而骂之，不亦快哉！

仇家不分生死，不辨大小，不论首从，从国民党的老蒋到民进党的小政客、小瘪三，都聚而歼之，不亦快哉！

在浴盆里泡热水，不用手指而用脚趾开水龙头，不亦快哉！

逗小狗玩，它咬你一口，你按住它，也咬它一口，不亦快哉！

以快速放领袖万岁歌，以慢速放蒋经国演讲电影，笑不可抑，不亦快哉！

看淫书入迷，看债主入土，看丑八怪入选，看通缉犯入境，不亦快哉！

拆穿柏杨，指其忘恩负义，且为“丑陋的中国人”，不亦快哉！

李敖虽然不满柏杨，但是其幽默和柏杨有一点相同，那就是不怕丑加不怕赖。故意把自己写得很不堪（看淫书）、很顽劣（以快速和慢速放影碟）、很任性（和小狗咬来咬去）、很散漫（用脚趾开水龙头），然而就是在这种率性和顽皮中，显示了他在政治上和学术上的原则性和坚定性，以自己的极其藐视世俗的姿态而自豪。他的幽默好在亦庄亦谐，以极谐反衬极庄。

上个世纪末，四川文艺出版社两位编辑发起《不亦快哉》征文，海内不乏名家响应，然而大多缺乏自我调侃之胸襟，且又无导致荒诞的气魄，惨不忍睹者有之，令人哭笑不得者有之。贾平凹先生的散文集《长舌男》中之《笑口常开》可谓得金圣叹之神髓，摘其一如下：

入厕所大便完毕，发现未带手纸，见旁边有被揩过的一片脏纸，应急欲用，却进来一个蹲坑，只好等着那人便后先走。但那人也是没有手纸，为难半天，也发现那片脏纸。如此相持许久，均心照不宣；后同时欲先下手为强，偏又进来一人，背一篓，拄一铁条，为拣废纸者；铁条一点，扎去脏纸，人走了。两相对视，不禁开口而笑。

自我调侃之要诀乃尽写自我之尴尬，越是把自己写得傻乎乎，越是显得心胸坦荡、天真无邪，也就越是可笑。

如果说抒情诗以情为美，以智为美，那么，幽默散文则是“以傻为美”，“以痴为美”。

有志于磨砺幽默谈吐的人，一定要明白，幽默最根本的性质是宽容、超脱地看人看己。对人世间的纷争当然不是无原则地忍让，也不是以宗教的眼光把生活看得很虚无。不是鲁迅所反对的把刽子手的凶残化为大家的一笑，而是以更为宏观的历史眼光，从时间上、空间上拉开距离，旁观眼前琐事，就不会被狭隘的、一时的情绪所束缚，不值得过分执着，过分拘泥，这样就可能达到某种哲学家的高度。用宏观的、历史的、哲学的眼光驱除胸中的俗气，就不难变得宽容，变得博大，也就易于把狭隘、意气用事的情绪淡化乃至净化，力争在精神上达到纯洁的境界，这无疑是自我磨炼的必要基础。

没有这种境界，或者对这种境界绝对无知，最多也只能成为半吊子的活宝，永远也养不成自然的幽默气质。

二、幽默方法有利于幽默心态的养成

要进入幽默境界非一日之功，但也不能说在没有修炼到此境界之前就不应努力了。应该说，幽默方法的掌握，有利于幽默心态的养成，反复磨炼，则熟能生巧，久而久之，方法和心态的矛盾就会相互作用，有望达到水乳交融的程度了。

一个西方笑话说：

有一个人和他妻子吵了架，夜已很深，第二天七点半他必须到公司去办一件事；他怕自己睡过了头，可又不愿意向自己的妻子示弱，于是便写了一个条子给妻子："明日七点请叫醒我。"第二天早上，一觉醒来已是九点。他很生气，却发现枕头旁边还有一张字条："七点了，请起床。"

他太太这个玩笑，很有智慧，完全符合语言与现实不一致的幽默原理，但是水平并不高，毕竟会给丈夫的工作带来损失，所以并不明智。幽默的特点是无伤害性的，为了幽默，不惜给对方带来损失，就不能算是真正的幽默了。这位女士的幽默方法正确，但心态不对。幽默不能化解矛盾，缓和冲突，转移或者超脱对抗，就不能算成功。有一种人天生胸怀博大，幽默谈吐对他们来说，是心情的自然流露，无所谓方法问题，但是这样的幽默天才极少。大多数人则一方面要磨炼自己，开阔心胸，提高境界，另一方面还得学习一些具体的幽默方法。没有一定的方法，也还是幽默不起来的。

三、软性幽默中的硬性原则

在日常生活中，幽默可以分为戏谑性的和严肃性的两种。戏谑性的幽默，完全是软性的，并没有对抗的情境，也没有非得争取对方同意的意向，纯粹是为了活跃气氛。在这种情况下，自然没有什么情绪膨胀的问题，只要神经更放松，情绪活跃即可。不论什么人，包括幽默感不甚强的人都不难会心而笑，获得情感的沟通。在日常生活中，谁不会开开玩笑呢？许多人，一方面在日常生活中很会开玩笑，一方面又常常自怨自艾说自己乃至中国人缺乏幽默"细胞"，这是因为他们在严肃的场合下不能放松情绪。

在面临对抗的情境时，许多人陷入被动不知如何是好。因为在这种情况下，矛盾往往是尖锐且不可回避的，因而很难轻易地超脱。这时的幽默要有原则性。或者通俗地说，幽默中要有一定程度的进攻性，这种幽默可以通俗地称之为"硬幽默"。但幽默的本性是宽厚的，因而，即使带着进攻性也得软硬结合，以软为主。像本书第二章中讲到的，梅汝璈面临中国排名在哪一位的问题，这时的幽默一定得有原则，软中有硬。这种幽默在本质上是严肃的，但在形式上又不能一味严肃，当以戏谑式的软性调侃为手段。这在各种幽默中可能是难度最大的。

所谓软，是要从硬性对抗中超脱出来，这就需要一种切实可行的办法。

这就得用虚幻、荒诞、超越现实的办法，但只能在表层虚幻，而在深层则是确定不移的现实。外交活动、商务谈判、体育竞赛的对抗性可算是非常激烈的，在这些情境中，幽默的虚幻性非达到超越现实的程度不可。梅汝璈先生提出以体重为标准排列座次，表面上是脱离实际的、荒诞的，但在原则上却是实实在在的。许多人在这种情况下幽默不起来，一个原因是不知如何向虚幻、向荒诞升华；另一个原因是不知在虚幻、荒诞中如何坚持原则。

幽默的超脱是宽容的、软性的，而原则立场则是严肃的、硬性的。这种软硬兼施的幽默难能可贵，不但中国很少有人能在这种境界中达到自如自由，而且就是十分强调幽默的美国人也很难达到得心应手、随心所欲、左右逢源的境地。

四、聂卫平和林海峰如何把对抗软化

许多体育明星在大赛以前，都会遇到记者的采访，这在不可调和的对抗之前，对于每一位明星的幽默感都是一种挑战。

在这种情况下，明星有三种选择：

第一种是抒情诗式的，浪漫色彩很浓：“ 我来就是为了争冠军的。”“上帝把取得冠军的使命交给了我。”浪漫的特点是绝对化的，不留任何余地。留了余地就不浪漫了，这样说说自然很是过瘾，但是不妨设想一下，如果对方也这么浪漫，也不留任何余地，那么竞赛一结束，必然一胜一败，实践终究会证明，某一方的浪漫不过是吹牛皮而已。赛前越是浪漫，赛后越是狼狈。

于是就有了第二种选择，不要那么浪漫，来一点保留，甚至来点谦虚：“我们来这里，不是为了胜利，而是为了参与，为了学习，我们争取打出最好的风格，最高的水平。”这样的说法很保险，没有牛皮吹破的后顾之忧，但也给人一种萎靡不振之感，连一点自信心都没有，还有什么竞赛的精神可言呢？

最理想的是第三种选择，那就是幽默的方法，首先把对抗用虚幻和荒诞的形式加以淡化（或者叫软化），然后才是坚持自己的信念，软中有硬，绵里藏针。

这时最基本的手段就是把实实在在的事情、非常严峻的对抗说得玄而又玄。关键是不要那么客观，那么科学，那么全面，要来一点主观的感情色彩。醉心于浪漫主义的取胜决心不可取，但可以把取胜的决心虚幻化。

1990 年富士通世界围棋冠军赛到了最后阶段，中国台湾的林海峰力克号称世界最强的日本选手小林光一，聂卫平战胜韩国“棋王”曹薰铉。最后，两个中国人进入决赛。在这以前，林海峰两次战胜了聂卫平，但没有战胜韩国选手，两次都只拿到世界亚军。在新一届的世界围棋冠亚军决赛的前夕，林海峰对台湾记者说：“世界亚军没意思。”而聂卫平则在北京搭机前往日本时对记者说：“中国第一个围棋世界冠军还是由我来拿最好。”

这一下两强相遇，形势很有戏剧性，新闻记者起劲了。对于聂卫平夺取冠军的豪言，林海峰该怎么回答记者呢？当然，如果浪漫一下，情绪可能膨胀，把友好的气氛给破坏了；如果谦虚一下，就没有什么竞赛精神了。林海峰用了一种虚幻的、荒诞的方法把两次胜利淡化了，他说：“前两次，聂卫平看我是同乡，故意让给我的。”

按常理在竞赛中不存在让的可能，同乡更不是让的理由，林海峰的这种虚幻化造成了一种幽默和谐的气氛。需要说明的是林海峰在这里是把战胜聂卫平的原因虚幻化了。这是一个用得很普遍的方法，叫作歪曲因果。

五、逻辑的“错位”和意向的“复位”

当然，聂卫平也是不会认输的，对于一连两次败在林海峰手下这件事，他对记者说：“前两次输棋，是存款，存在林海峰先生那里，现在是提款的时候了。”

聂卫平的话比林海峰更妙，和林海峰一样，他也运用了歪曲因果的方法，把输赢的性质也歪曲了。存款与输棋二者错位的幅度很大（在逻辑中这叫“无类比附”），存款是可以自由取回的，而输棋则谈不上；加之由这个存款又引申出个取款来，构成了“错位”的连锁性，效果就更强烈了。在另一个层次上，这种比喻又与自己的坚定立场吻合，因而逻辑的“错位”又成了意向的“复位”。这样的逻辑结构就显得很精致：虚幻化的软性戏谑与坚持立场的硬性严肃结合得天衣无缝，软中有硬，硬中有软，精彩而又深刻。

后来记者告诉聂卫平，林海峰已经对记者说世界亚军没意思，问聂卫平有什么评论。

这个问题提得很刁，如果聂卫平幽默感不到家，顶牛起来：“那就骑驴看唱本，走着瞧吧”，必然前功尽弃。聂卫平巧妙地运用了一句古话：“事不过三。”本来这句古话的意思是同样的事不宜重复三次，但聂卫平反其意而用之，说：“中国有句古话叫“事不过三”，林先生已经拿了两次世界亚军，还差一次就是三次；过了三次，就可以拿世界冠军了。”

言外之意，就是林海峰仍然是亚军，冠军非聂卫平莫属。聂卫平用的虚幻化方法与前面不同，这次叫作歪解经典；让经典语义发生变化，产生出一个临时的意思来，与原来的意思发生“错位”，它的好处是“错位”幅度比较大，趣味比较丰富。

六、共享或顿悟——在逻辑断层中会合

虚幻化的错位不但把对抗淡化了，而且显示了逻辑的紧密结构，更有效地推动读者去领悟言外之意。这在西方的幽默理论中叫作“共享”。你的进攻不是直接说出来强加给我的，而是我自己从你的逻辑中推导出来的，因而你的进攻变成了我智慧的证明。对立的双方在很大的程度上合拍了，所以西方人把这叫作“共享”，而我们中国人把这叫作“顿悟”。其特点在于：对立双方在幽默的逻辑断层中会合。双方在其他方面也许都是对立的，然而在逻辑断层中却会合了。比如，人家给你介绍一个对象，什么都好，就是长相不太令人满意，如果把话说得很直，连介绍人都会有受冒犯的感觉。而幽默的错位结构可以留下一个逻辑断层，让对方去补充还原，一旦对方自身还原了这个断层，心理距离就缩短了，甚至消失了，而笑则是心理距离拉近的结果，这时冒犯之苦就可能变成顿悟之乐了。我有一个老同学在这种场合就不直说，而是说：“这姑娘多看看就顺眼了。”其妙处在于，他把自己的本意——这个姑娘看起来不顺眼——埋藏在多看看之中。正是因为初看不顺眼，才可能有多看看才顺眼的需要。这就把不顺眼留在对方很容易进入的逻辑空白之中。正是因为这样，他的话把介绍人都给逗笑了。

七、笑是心灵间最短的桥梁

西方人认为，笑是心灵间最短的距离。在我看来，笑应该是心灵间无形的桥梁——相视一笑，心灵就沟通了，把双方不同的感觉排除了，而把共同的感觉、体验拉到一起。在软化对抗、淡化矛盾时，不一定要用非常好听、动人、委婉的字眼，关键在于留下的断层是否便于还原。

有时，越凶狠的字眼越显得有效。

非常好的朋友之间常用很难听的绰号来称呼，感情非常融洽的夫妻动不动就说“恨死你了”。有个著名的诗人说，为了孩子上一个好学校，“杀人放火都干”。只要你领会了我讲的话其实并不现实，它就成了心灵的桥梁。

一家刊物报道，著名学者钱锺书先生很不喜欢做学问不踏实、赶浪头。对一些人大谈“中西文化比较”，钱先生很生气，有一次禁不住愤愤然起来：

有些人连外国语、中国文字都没有弄通，就大谈比较文化。戈培尔（希特勒的宣传部长）说过：“有人和我谈文化，我就拔出手枪来。”现在要是有人和我谈比较文化，我也拔出手枪来。

这话够凶狠了，但为什么不吓人呢？

这是因为这里有两个明显荒谬的地方：第一，是把自己（一个著名学者）和臭名昭著的希特勒的宣传部长并列，并且按他的逻辑行事；第二，为这么一点小事就要杀人，更是不可能的。正是因为这样，引发这种情绪的原因就被强调了，就易于想象，从而断层也就容易补充，心灵就容易沟通。用的词语越凶狠，和常情的反差越大，心理距离越小。钱锺书的说法已经是够妙的了，钱先生的夫人杨绛正在一旁，如果是没有幽默感的，很可能说：“我看你是越老越神经病了，也不怕人听了说你骄傲。”可杨绛女士伶俐地把钱先生的话引向更凶狠的虚幻中去，她从笔筒里拿出一把大裁纸刀递给钱先生说：

没有手枪，用这个也行。

夫人话里为难中有批评——不要那么刻薄；调笑中有欣赏——欣赏他的幽默。所有这一切如果用通常的语言来表达，很是费事，若用逻辑的断层来还原，却趣味盎然。

附：

漫画分析

戏谑性幽默有两种，一种是纯粹抒情的，并没有什么讽喻意味，其功能全在调笑，交流情感。在日常谈吐中，是谈话双方之间的交流；在漫画中，是作者与读者的交流。

图 5-1　贤内助

看图 5-1 的内容，这真是夫唱妇随，不管什么事情，包括在墙上钉钉子这样的小事，都两个人合作。

然而，用这种方法做这种事不但不会省力，反而增加了受伤的危险。注意：漫画作者特别夸张了两个人的笨拙，你看那男人僵硬的手和那超过比例的锤子，还有那个女人上举的手也是僵直的。

戏谑性幽默的第二种形式是带着某种讽喻性或是进攻性的，但是这种进攻是软性的。

图 5-2

图 5-2 中，那个男人因为呆呆地看背后的女郎，不但忘记了自己的夫人，而且把烟灰都弹在夫人的菜盘中，而不是弹在烟灰缸中。

这种讽喻性是很含蓄的，进攻性是很软的，因为它所揭示的要害只是结果，原因在逻辑空白中。

如果露骨地出对方的洋相，那就是硬性幽默、进攻性幽默了。

第六章

讽刺、幽默与滑稽的反比定律

——干幽默与讽刺

人类在面对不同意见时，为了避免对抗恶性升级，通常只有两种办法：第一是借助纪律和法律，不同意见可以争论，到法庭上、谈判桌上、座谈会上辩论、驳论都行，但最终都要服从于纪律或法律。第二就是礼貌，不论在什么场合都得温文尔雅，尊重对方的人格。即使在进行原则性的争辩时，也不要吹胡子瞪眼睛。鲁迅说："辱骂和恐吓绝不是战斗。"不管多么有礼貌，争论的目的只有一个，那就是要尽可能地说服、争取对方。如果说服不了，可能有些人就要动肝火了，最常见的就是情绪膨胀，不管你感觉如何，我一心想的就是发泄自己的情绪。

许多人忽略了除此之外还有一种方法，那就是幽默。和前面两种方法不同，既不是说服，也不是发泄，而是把全部目标都集中在和对方共享上，让对方在自己留下的逻辑断层中顿悟，通过对方的顿悟，缩短和他的心灵的距离。当对方在无声中体会到你的思路和暗示时，心灵的桥梁就在意味深长的微笑中架通了。

一、幽默在什么情况下行不通

幽默是一种高度文明、优雅的思维方式，也许是人类处理矛盾时最理想的方式，但是这种方式应用得却不如争辩那样广泛。是不是这种共享式的沟通在人际交往中也有许多不适应的范围呢？比如说，在原则性非常强的对抗情境中，能实现双方的共享吗？

应该承认，幽默的共享在对抗达到一定程度时就很难实现了。

首先，在对抗具有伤害性，并且可能造成比较严重的后果时，被伤害者就很难与伤害者找到心灵沟通的途径。正是因为这样，在20世纪30年代，社会矛盾十分尖锐、民族存亡迫在眉睫之时，林语堂吁请海内文人大谈幽默，就遭到了鲁迅的反对。他最担心的是："将屠户的凶残，使大家化为一笑，收场大吉。"[①]在鲁迅看来，当思想战线进行原则性斗争时，不但幽默要不得，而且费厄泼赖（fairplay，公平竞争）的精神也要不得，当时最需要的不是宽容，而是分清是非，划清界限，把原则性的斗争坚持到底，这就是所谓打落水狗。虽然鲁迅在写散文时往往非常幽默，但是他在社会思想评论中却反对幽默的滥用。

这说明，在为正义进行殊死搏斗时，幽默是无用武之地的。在带血的屠刀面前，无论如何不能与屠夫会心而笑。但这只是一般而言，黑色幽默则例外。

其次，在某些特别庄重肃穆的场合中也不适合用幽默来活跃气氛，在某些宗教、政治集会上，在某些仪式上（如葬礼上）是不能开玩笑的。

二、幽默的民族特点和美国的"干幽默"

自然，由于民族传统和民族文化的千差万别，对幽默的态度也有所不同。

美学理论家阿瑞提说："民族的文化传统影响着妙语和喜剧的运用方式。莎士比亚不顾亚里士多德的古典戏剧原则，在悲剧里加进喜剧的场面，并像所说的那样把国王和小丑混在一块。无论是法国的高乃依、拉辛，还是意大利的阿尔菲耶里都没敢这样做。英国人的这种传统被延续下来。在英语国家里，某些场合——比如在讲演、政治演说、外交磋商等等情况下常常加进一个玩笑，用喜剧来缓和某种严重的局面。而在其他像法国和意大利这样的国家，直到非常晚近的时候也仍然没能这样做。"[②]英语国家的这种重视幽默的传统在美国被发扬光大了。一般来说，在北欧进入教堂做礼拜，是非常严肃的事情，尤其是在德国，更是绝对肃穆。但在美国，神父布道时却可以讲笑话，逗得教友们哄堂大笑。而在中国，离了婚的父亲再结婚，在结婚仪式上，前妻的儿子一般是不会开玩笑的。但听一个加拿大的朋友说，他就在父亲的第二次婚礼上幽默了一下。他对父亲说："我希望第三个新娘长得比第二个新娘更漂亮。"父亲和新娘都开怀大笑。在美国则更为开放，曾经在加州大学任教的陈立鸥教授告诉我，他的儿子在美国中学读书，一些美国同学很惊讶于他只有一个父亲、一个母亲。一位美国学生说：父亲、母亲越多，祖父、祖母（英语中包括外祖父、外祖母）也就越多，圣诞节收到的礼物也就越多。而且，到了暑假，这么多长辈都争着带他去旅游。

---

① 鲁迅：《论语一年》，见《鲁迅全集》（第4卷），人民文学出版社2005年版，第582页。

② S. 阿瑞提著，钱岗南译：《创造的秘密·妙语中的创造·玩笑的社会内容》，辽宁人民出版社1987年版，第159页。

若把这种幽默运用到中国孩子身上，例如，在父母离了婚的孩子面前讲这样的笑话，就可能会伤害孩子的心灵。

美国人什么都讲轻松，强调幽默，他们一般认为把政治当作话题是太严肃了，他们常常把政治家当作幽默的对象。

1992年春夏之交，美国民主党争取总统提名的活动正如火如荼，与克林顿竞争提名的杰列·布朗来到南俄勒冈大学发表演说。他的支持者顶着烈日等待他的到来。他迟到了一个小时，来不及和他的支持者一一握手，只是去到第三排和一个坐轮椅的大学生握手。当时大家报之热烈的掌声。过了几天，南俄勒冈大学的一位教授开车带我去观光，那个坐轮椅的学生正迎面过来。我告诉教授，他那天也坐着轮椅去参加欢迎杰列·布朗的演讲会，那天杰列·布朗迟到了，步入会场之时，只和一个人握了手，就是这个学生。

教授漫不经心地说："这个人一辈子不用洗手了。"

这显然是对政治家的拉拢人心的姿态表示轻视，同时对美国世俗的名人崇拜不屑一顾。其间留下的逻辑因果的断层较大，听者要有相当敏锐的感受力和推理能力才能把断层复原，这是对听者智慧的考验。这种幽默，在表达方式上特别强调平静，平静地等待对方去领会，即使对方不能领会，也不能有所流露。这在美国被叫作"干幽默"（dry humor）。本来，没有幽默感的人才用"干"来形容，因为在希腊文中，幽默的原意和人的体液有关，是湿的，因而用"干"来形容人，就有中国话"干巴巴"的意思。在这种情境中，说笑话的人，脸色是十分庄重的，不能直接流露出任何嬉皮笑脸的样子，不论对方领会与否都不动声色。

马克·吐温这样说：

> 幽默故事要求有充分的严肃性，讲述者要尽力不动声色，切忌让听众猜测到故事是荒谬可笑的。讲滑稽故事的人却早早就告诉听众，他一生中从未听过比这更可笑的故事。讲的人眉飞色舞，话音刚落便会引起哄堂大笑。有时候，故事讲得成功，他也会异常得意、欣喜万分地看着听众的脸，又重复起故事里的某个噱头，以博得掌声。然后，再从头讲起。场面是够可怜的。①

以干幽默的观念来看，讲笑话时流露出笑意，哪怕是引发了观众的哄堂大笑，也是"可怜的"。虽然这种追求可能是美国特有的，但讲笑话时收敛笑容，可能超越了民族文化的规律。我国清代《半庵笑政》中就讲切忌"先笑不已"。明代戏剧作家、理论家王骥德说过："善说笑话者，不动声色，而令人绝倒，方妙。"②即使在亲人和朋友中，美国人也喜欢

---

① 马克·吐温：《讲故事的艺术》。见陈孝英等编：《幽默理论在当代世界》，新疆人民出版社1987年版，第95页。在另一篇文章中，马克·吐温强调，讲可笑故事的人要讲得面无表情，傻乎乎的，才是"天才"。

② 王骥德著：《王骥德曲律·论插科第三十五》，湖南人民出版社1983年版。

玩这种干幽默，把幽默的话当作平常的话一样说，平静得不露一丝痕迹。他们不像有些中国人那样唯恐别人不理解自己的意思。

干幽默的特点是曲折的智慧淹没了表层的幽默感，听的人要思维十分敏捷，要十分细心，才能领会其言外之意。如果领会不到就让人家瞧不起了。西方有一种幽默理论就认为幽默的目的是为了显示自己的智慧优于对方。不难看出，西方幽默和中国幽默在适用范围和表达风格上多少有些不同，用美国的干幽默方式和中国人讲话会叫人感到累的。

三、艺术欣赏性幽默和谈吐幽默的区别

还有一些西方幽默我们中国人可能难以接受。例如，我们前面提起过的一则故事：一个人从外国回到家中，发现妻子正和教区神父在床上鬼混。此人不是大呼小叫的，而是不动声色地跪到窗前祷告起来。神父感到莫名其妙，问他这是干什么。他说："既然阁下代替了我的位置，我也只好代替阁下的位置了。"

这也许是"干幽默"的极端表现了：不但不动声色，而且消灭了自己的感情。可是这种笑能成为他们二人之间心灵沟通的桥梁吗？显然不能。可是我们又不能否认这个故事有相当强烈的幽默意味。

为什么呢？因为这是一个幽默故事，是艺术的幽默，而不是生活的幽默。

弗洛伊德把幽默的产生分为两种途径：一种是发生在幽默者"自己的身上"，这是做给别人看的；另外一种则是作家叙述的故事，他本身并不需要参与进去。这就是艺术形象的幽默，其特点是通过假定的、虚构的人物来表现作家的幽默感，而不是人物本身的幽默感。

在上述故事中，作家的幽默不容置疑，但人物的幽默感却是不可理解的。哪里可能有这样窝囊废，受了这样的侮辱还那么心平气和？如果真是用忍受侮辱和损害来淡化对抗的话，这在本质上就不是幽默，而是奴性了。艺术作品中的幽默是供人欣赏的，不是实用指南，而日常生活中的幽默谈吐却是为了指导社交实践，二者不可混淆。

如果这个例子还不能说明问题的话，我们还可以举一个更明显的例子：

> 捷克作家哈谢克笔下的帅克老是倒霉，在他一心一意遵纪守法效忠上司的时候，却阴错阳差地被抓进警察局；而在警官宣布他的一条条罪状时，他不但不叫冤，反而笑眯眯地说："很好，还有什么好补充的吗？"

这表现了帅克本身的愚昧和天真，绝不是幽默，因为他本身并不知道自己做了傻事。在他和警官之间并没有心照不宣。但作家哈谢克是个伟大的幽默大师，因为他与读者之间有一种心照不宣的默契。

学习幽默固然不能光在生活中摸索，阅读大量喜剧性的艺术作品是十分必要的；但必须十分清醒的是，绝不能向作品中的人物学习，机械地模仿他们的某些言行。试想卓别林电影中有那么多噱头，难道有什么是可以模仿的吗？但话说回来，西方喜剧作品中那种自由地消解对抗精神是值得欣赏的。

四、讽刺性越强，幽默感越弱；讽刺性越弱，幽默感越强

不管西方幽默中有多少中国人看不惯的东西，但从根本上说，世界各民族的幽默其道理都是相通的，那就是：一方面淡化矛盾，消解对抗；另一方面也不回避分歧，即使在虚幻中也要软中有硬，软硬兼施，有时甚至针锋相对，寸步不让，但前提是不导致情绪膨胀。通常，幽默都是戏谑性与进攻性的统一。戏谑一般是占主要方面的，但是也不能无视进攻性与戏谑性的相互消长。过分的戏谑不利于幽默意味的深化，过分严肃又可能使幽默失去沟通心灵的功能。有一个很著名的传说是这样的：

有一次德国大诗人歌德在公园里散步，在一条狭窄的小路上，遇到一个曾经尖刻地批评过他的作品的批评家。这位批评家傲慢地说："我是从不给蠢货让路的。"

歌德没有正面反击，相反，他笑着退到路旁说："我却正好相反。"

从表面上看，歌德屈服了，但实质上恰恰相反，他毫不含糊地暗示：对方才是蠢货。歌德的妙处是使表面姿态和留在逻辑空白中的暗示之间构成强烈的反差。

再讲一个犹太人的幽默故事：

摩西·门德尔松是18世纪德国的哲学家，而且具有典型的犹太面相和体态。

一天，他在柏林街上散步，不小心撞到一个穿军服的普鲁士军官身上。

军官粗鲁地叫道："蠢猪！"

这时哲学家微微弯了弯腰，彬彬有礼地说："门德尔松。"然后扬长而去。

这个故事的内涵与歌德的故事是相近的，但是更加冷峻，更加富于机智。本来，普鲁士军官发出"蠢猪"的叫声，是在骂门德尔松。但是，门德尔松非常谦恭地报上了自己的名字以后，这场对话的性质就变成了双方通报姓名。一方报出自己的姓名是门德尔松，则另一方相对应的就是"蠢猪"了。这里的进攻性，就隐藏在了"谦恭"之中。

幽默的主要功能在于缓解对抗，它与激化矛盾互不相容，因而其性质是软的；但是严肃性幽默的根本特点在于它所包括的矛盾冲突不可调和，最多只能是在形式上加以缓和，而在意志上（理性上）是没有调和余地的。即使在形式上让步，但在精神实质上也仍然保

持着进攻性，这是一种标准的硬性幽默。有一个流传很广的故事，说是马克·吐温有一次在记者招待会上说："美国国会有些议员是婊子养的。"国会议员们自然大为恼火，纷纷要求他澄清或者道歉，否则要和他打官司。后来，马克·吐温的道歉声明出来了，他把原来的话修改为："美国国会中有些议员不是婊子养的。"这和上面歌德的回答完全是一个模式。在形式上做了让步——从肯定句变成了否定句，但在内容上则丝毫未变。形式上加了一个否定词"不"，内容则根本没有任何改变，形式与内容的反差却更耐人寻味了。形式上的软，软到不能再软，可实质上是硬，硬到针锋相对，而且让对手无法反击；但是不可忽略的是，这种进攻是留在逻辑空白中的，因而又有一点软的成分。这种进攻性幽默，在某种意义上是很过瘾的；但是从另一种意义上又好像与普通幽默不同，那就是有一点火药味，情绪对抗并没有实质性缓解。一旦有了火药味，幽默感就大受影响了。说实在的，歌德和马克·吐温的回答更多的是反唇相讥，其中有多少幽默的成分是很值得怀疑的。

像这样的幽默进攻性太强，因而矛盾的淡化、情绪的缓和有限，留给对方的逻辑断层即使很小，也很难为对方接受，寻求沟通达到共享的余地就微乎其微了。

太强调进攻性容易使幽默由软变硬，硬到一定程度，幽默就变成讽刺了。

可以说：讽刺性越强，幽默感越弱；反之，幽默感越强，则讽刺性也就越弱。这可以说是一种讽刺与幽默的反比定律。

真正的幽默应在硬与软之间达到某种平衡。软中有硬，让你不疼不痒，又酸又甜。当然，绝对的平衡是不可能的。幽默本性是软的，因而戏谑性的倾向总是占有优势，用哲学的语言来说，就是调笑是矛盾的主要方面。这就意味着较强的进攻性必须与相应的调笑相结合，若无足够的调笑性，则进攻性将转化为讽刺，而讽刺不是以淡化矛盾、缓解情绪为目的，是要激化情绪的。在美国南北战争时期，林肯对于陆军将领麦克伦未能很好地掌握战机向南方进攻感到不满，于是写了这样一封信：

敬爱的麦克莱伦：

如果你不想动用陆军的话，我想暂时借用一会儿。

敬爱你的

林肯

本来这是一封撤职的信，但是完全没有撤职的火药味，这是因为林肯用了超脱的方法，把撤职曲解为"暂时借用"由麦克莱伦所领导的陆军。这样不但矛盾淡化了，而且还创造了一种调笑的语境，好像没有撤职这回事似的。

但是这封信后来没有寄出，原因是这样的方法并不能改变事态的严重性。

说实在的，在面临这样的形势时，要根本改变事情的严重性是很困难的。首先，最大的困难在于你要把人家从固有的思路上挟持出来，然后让他不由自主地进入你的思路，与你埋伏在那里的结论猝然遇合，让他豁然开朗、恍然大悟，这对于受到实质性打击或损害过甚者是不可能的。其次，幽默长于以歪理传达感情，而不能让正理传达理性，因而幽默之理都不能实用，幽默的最大局限就是不能讲理。

讽刺的进攻性使幽默感减弱，但理性也因而加强，正因为如此，讽刺在社会批评方面有其优越性，这是幽默所不及的。故社会讽刺漫画的幽默感往往较弱，但其社会功能和审美功能非幽默所能代替，正如幽默不能为讽刺代替一样。切不可因为偏爱幽默而轻视了讽刺。有时进攻性是不可缺少的，请看下面一则小幽默：

哈利在河边钓鱼，哈利夫人在一旁唠叨不休。不久，一条鱼上钩了。

哈利夫人："这条鱼真够可怜的！"

哈利先生："是啊！只要它闭嘴，不也就没事了！"

这里，进攻性是很明显的，但也是很巧妙地隐蔽了起来的，哈利先生表面上说的是鱼，实际上指的是太太。由于这一点没有明说出来，是要太太自己领悟的，一旦她领悟了，进攻性也就淡化了。

还有几则苏联的笑话可供参考：

苏联一家电台播放智力测验问答：

鸡和蛋哪一个先有？

解答者在一旁暗暗地答道：

从前两者都有。

很显然，这是在暗示现在鸡和鸡蛋都没有。这是在讽刺当时苏联的经济贫困。

戈尔巴乔夫颁布限酒令后，人们想要买到酒只能在指定销售处排长队。

一个莫斯科人排队排烦了，就嚷道："我要到克里姆林宫把戈尔巴乔夫干掉。"然后转身离去。

一会儿他又回来了，旁边人问他："已经干掉了吗？"

他说："干什么干啊！那里的队比这里还长。"

戈氏立意改革，颁布限酒令。居然，要干掉戈氏的人很多，这是讽刺俄国人的嗜酒如命。

你为什么坐牢？

我反对伊万诺维奇。

你又为什么坐牢？

我支持伊万诺维奇。

你呢？

我就是伊万诺维奇。

这显然是讽刺当时苏联的特务统治的，不管发表什么意见，不管反对还是赞成，甚至被反对和被赞成，都成了罪行。

下面一则故事是讲发生在莫斯科地铁站的对话：

"公民您好。"

"您好。"

"请问您是 KGB（苏联国家安全局）的同志吗？"

"不是。"

"您以前是吗？"

"不是。"

"您的直系亲属中有在 KGB 系统工作的吗？"

"没有。"

"那么请你把脚挪开，你踩着我了。"

本来是一件小事，这位乘车者的脚被踩了，可是他却担心踩者是国家安全局的，甚至连国家安全局的亲属都是他所畏惧的对象。直到弄清楚二者均不是，才放心地告诉对方，踩着自己的脚了。这当然是进攻性的，但是仍然有相当强的幽默感，原因在于进攻对象不在现场。

这里所列举的故事有共同的特点，那就是它们都是讽刺，进攻性都很强，但仍然相当幽默，原因就在于，其尖锐的矛头，都不是指向现场的对话者，而是现场以外的人物。

讽刺虽然具有幽默的意味，但讽刺性的幽默是有刺的，是锐化锋芒的，而幽默却是钝化锋芒的。如果要找典型的代表，可以钱锺书的散文为例，他的讽刺往往是"带毒"的。他在《谈教训》中说："自己要充好人，总先把世界上的人说得都是坏蛋；自己要充道学，先正颜厉色，说旁人如何不道学或假道学。"① 经过层层引申，他转到文学创作和文学批评上来：

有一种人的理财学不过是借债不还，所以有一种人的道学，只是教训旁人，并非自己有什么道德……真正的善人，有施无受，只许他教训人，从不肯受人教训，这就是所谓"自我牺牲精神"。②

由此，他进一步推出了这样的结论：

① 钱锺书：《写在人生边上·谈教训》，生活·读书·新知三联书店 2011 年版，第 30 页。
② 钱锺书：《写在人生边上·谈教训》，生活·读书·新知三联书店 2011 年版，第 32 页。

假道学比真道学更为难能可贵。自己有了道德而来教训他人，那有什么稀奇；没有道德而也能以道德教训人，这才见得本领。有学问能教书，不过见得有学问；没有学问而偏能教书，好比无本钱的生意，那就是艺术了。真道学家来提倡道德，只像店家替存货登广告，不免自我标榜；绝无道德的人来讲道学，方见得大公无我，乐道人善，愈证明道德的伟大。①

钱锺书讽刺的特点是以雄辩之姿态做诡辩之文章，表面上振振有词，左右逢源，全用类比推理，正推和反推并用，但是类比推理本身并不能成为充足的理由，不能作为推理的主要手段，更何况此中常常是把不全面的大前提来作为推理的根据，越推越显得荒谬，越是荒谬越是显得刻毒，正是因为刻毒，因而这种笑就没有温情，有的只是冷峻。这可以列入冷嘲，而不是热讽。这是一种智者的讽刺，妙就妙在于荒谬中见深刻，在歪理中见真理。正是这种歪中有正，不但使人发笑，而且使人深思。而一旦进入深思，就决定了讽刺不可能有多少温馨了，也就是说，它的幽默成分相对地说要减少了。

一般来说，笑是平等的，特别是幽默的笑，是双方平等的共享，但在讽刺的笑中，则有所不同。所以波特来尔说："笑是意识到自己优越的产物。"拿这个说法来理解钱锺书带讽刺的幽默，是特别确切的。

附：

漫画分析

进攻性幽默的特点是讽刺性强，但是由于幽默的本性是软的，因而它的进攻带着虚幻性。

图 6-1

图 6-1 中这个男人看艺术画廊的裸女画看呆了，以致画中人都恼火起来，居然伸手拔

① 钱锺书：《写在人生边上·谈教训》，生活·读书·新知三联书店 2011 年版，第 32—33 页。

掉了挂画的钉子，画扑下来，正好砸中了这位呆鸟。

这组漫画的主旨是讽刺一些人过分强烈的性意识，或者可以说是对好色之徒的某种警告，但是这种警告是虚幻的，在现实生活中是不可能的，所以是很委婉的。

如果不是这样虚幻，而是在现实生活中，一个男人盯着一个漂亮姑娘看个没完，引起人家的恼火，或者是白眼，或者是给他一记耳光，那样进攻性倒是强了，幽默感则肯定是没有了。

讽刺性最强的莫过于对当代政治社会批判性的漫画，在中国和苏联都十分盛行。

图 6–2

图 6-2 中这位先生要找的人，转身即是，而他的敲门，是不可能有人应答的。即使能够进入，也是事倍功半。这样的幽默，同样是硬性的、进攻性的，讽刺性很强，但由于留下的逻辑断层较大，给读者领悟的余地也更多，因而其幽默感仍然相当强。

图 6–3　护照

图 6-3 用人的指纹构成人的肖像，这是讽刺，只重视人的证件，而完全忘记了人本身，这是对现今社会把人抽象化、符号化，抹杀了人活生生的肉体和精神的讽刺。

这个构思有两个特点：一是极少绘画因素，有很强的制作性，有西方现代派抽象漫画的痕迹；二是对社会的讽刺上升到较高的概括性，甚至可以说有某种哲理成分在内。

第七章

套用逻辑模式和任意逻辑
——逻辑的和非逻辑的超越

严肃性幽默要把自己和对方的情绪一起解脱出来，具体的方法很多，但从根本上说，只能分成两类：一类是讲逻辑的方法，或者叫讲理的方法，虽然讲的不过是玄虚的歪理；另一类是不讲理的方法。这两种方法都是为了让人在领受顿悟之乐的同时接受不利于自己的结论，这就是幽默功能的极限。上文所说的林肯的幽默没有达到这种境界，而在下文中，萧伯纳却达到了。萧伯纳的成功就在于他的幽默在形式上是很有逻辑性的。

一、在逻辑上将谬就谬：让对方把自己的头撞到南墙上去

萧伯纳是英国著名的剧作家。有一次，他参加一个会，会场上突然有人大叫，让他滚出去。面临这样的情况，萧伯纳可以选择装聋作哑，不予理睬。但对方声音很大，与会者也有不少人听到了，这就难以回避。萧伯纳只有勇敢地回应了。他不能不正面回应，但在那样的语境中，他不能和这个人顶牛，他必须缓和正面对抗，他这样说："是呀，我完全同意你的意见，但是很可惜，我和你在这个会场中，都是少数。"

幽默的最大难题就是拒绝，幽默的最大妙处，就在于将拒绝变成笑。在这里，萧伯纳的拒绝之妙处，就在于他把拒绝包装成了接受，把对立的双方转化为统一，但由于都是少数，故不能接受。

还有一则故事，说萧伯纳接到一个小姑娘的来信："我非常崇拜你，为了表达对你的崇拜，我请求你允许我用你的名字给我的小狗命名。"对于一个缺乏幽默感的人来说，也许会认为这是一种侮辱。但是对于一个心胸博大的幽默大师来说，却并不是一件棘手的事。萧

伯纳给小姑娘回了一封信，说："我同意你的意见，但你得征求一下你亲爱的小狗的意见呀。如果它同意的话，那就太好了。"萧伯纳宽广的心胸自然是他在这种情况下也能够幽默得起来的主要原因，其次也在于他用了正确的方法，那就是顺着对方的思路将错就错，把对方推入死胡同。这样就把自己的拒绝转化为对方的别无选择了。在这一点上，萧伯纳坚持了自己的进攻，又在他与对方之间架设了沟通的桥梁。

这种方法，语义是虚构的，但更突出了逻辑的现实性——顺着对方的思路，将之推向荒谬。这种方法很有普遍的实用价值。人们遇到使人恼火的事常常忙着直接顶回去，而这种方法，不是直来直去地顶回去，而是顺着对方，让对方自己舒舒服服地撞到南墙上去。

这可以叫作将谬就谬法吧，就是在逻辑上套用对方的模式和程序，得出的却是相反的结论。

冯梦龙的《笑府》中有个故事，说是一个老塾师，坐在那里困了，睡着了。等他醒来，一个调皮的学生就问他："老师，您刚才干什么了？"老师说："我去会见周公了。"学生没法说他是假的。过了一会，那调皮的学生也伏在桌上呼呼大睡，老师很恼火，把他叫醒，问他为什么白天睡觉。学生说："我也看周公去了。"老师就问："那么周公和你说了些什么？"学生说："他说，他刚才没有见到你。"

这个学生的回答妙处有二：其一，用老师的说法为自己辩护；其二，又用老师的模式引申出一个结论，把老师自己说的给否定了，让老师没法反击。这种幽默的进攻性很强，差不多达到了雄辩的程度，不是按着自己的思路去反击对方，而是依照对方的因果模式否定其结论。

但这不是雄辩，而是幽默，因为双方都心照不宣：所谓"会见周公"之类，都是假的，但从这个假定的前提出发，进行了颇为严密的推演，师生在对方留下的语义空白中心领神会，这就是幽默了。

二、接过荒谬的逻辑模式顺水推舟

接过荒谬的逻辑模式顺水推舟，这种方法在严肃幽默中有相当广泛的适用。在很多场合中，也可以用之于戏谑性幽默，因为在戏谑性幽默中模式的套用更为自由。古代笑话书上有一则故事，是讽刺那些好在名胜古迹上乱涂乱写的人的。有人看到墙上的涂写，于是说："满墙都是屁。"这是骂人，不是幽默，要让它幽默起来，就不能满足于这样的愤怒，得把愤怒丢在一边，往歪曲逻辑方面去想。既然这么夸张了，就得有相应的惊人的效果，于是有人便跟了一句："为何崩不倒？"这就有点玄，有点超脱了。如果你过分正经，过分拘泥，就不可能推导出屁也能崩倒墙，但是荒唐达不到一定程度，愤怒就不那么容易消除。可这只是把愤怒缓和了一下，并没有达到弗洛伊德所说的“情绪宣泄”的目的。这就得在逻辑荒谬上下足功夫，既要荒唐又要有谱。荒唐易，有谱难。有谱是要就着荒唐的逻辑模式如法炮制，对方才会在思路上和你不期而遇。这就得找一个似是而非，甚至是莫名其妙的理由来作解释。这则故事接下去回答了上面的问题，说：

那边也有屁，所以顶住了。

这就不能不让人发笑了。既然在第一种模式中屁有那么大力量，那么按照同样的模式，两边屁一样多，力量平衡了，因而墙也就没有倒。这样的幽默，逻辑上是周密的，既荒唐无理又理由充足，幽默不能不令人叹服。在构成幽默的同时，逻辑模式的严密是很重要的，它远远比叙述事实的准确更重要。事实可以荒谬，而逻辑模式必须密合。幽默的奥妙就在于这荒谬密合的逻辑结构中。

三、用意志来抑制愤怒不如用幽默来宣泄愤怒

用意志来抑制愤怒，并非在任何情况下都能屡试不爽，这主要是对方在情绪膨胀达到一定程度的时候，幽默就很困难了。要把人从愤怒中解放出来，是很不容易的。这是因为愤怒是自发的，往往不受人主观意向的控制，既不能召之即来，也不能挥之即去，而且它一来就可能把事情搞砸，因为此时的当事人已经没有理智了。本来凭借理智设计得很好的计划、方案，由于不能控制住自己也就全忘了，什么都舍得扔，就是舍不得牺牲自己的愤怒，这时什么都可以讲，就是不讲理了。

还有一种情况，那就是在自己的人格受到侮辱时，在集体的利益遭到损害时，在自己的国家遇到侵犯时，人是不能不愤怒的。在这些情况下，人如果不愤怒还能算是个人吗？

这种愤怒是正义的愤怒，是很宝贵的。西方有一种说法：“愤怒出诗人。”这说明强烈的情绪对于抒情文学的创作是一个很重要的条件。但是对于处理实际事务和人际关系，愤怒却是有害无益的。所以有水平的外交家、政治家都善于抑制自己的愤怒，所谓喜怒不形于色，宰相肚里能撑船。在电影《林则徐》中，我们看到林则徐在他的书房中挂着“制怒”两个字。这表现了他十分警惕愤怒对于理智的破坏，时刻提醒自己用意志来抑制愤怒。

但这似乎不是最好的办法。现代心理学的研究告诉我们，长期抑制诸如愤怒、悲痛之类的感情对健康是很不利的。所以最好的办法不是抑制愤怒，而是排解愤怒，宣泄愤怒。

幽默正是排解、宣泄愤怒和其他有害情绪的一种有效手段，弗洛伊德的这种说法是挺有道理的。你不把郁积起来的情绪宣泄掉，老是那么抑制着，能量没有消失，它不在这里

冒出来，就可能溜到另一个地方冒出来，把事情搞坏。

幽默不但能化解愤怒，而且能让它变成笑。

四、面临反对者的不同处理方式

在对方情绪不那么膨胀的时候，用一些将谬就谬的逻辑制服对方还可能奏效；但在对方很愤怒的时候，就不行了。这时就得用上任意逻辑的幽默。

有一则报道说，上海一个乐团到外地演出，主持小姐一上台，就从台下飞上来一个空易拉罐。这位小姐算是有修养的，她稳定了一下情绪，非常沉着地说："刚才从台下飞来了一样东西，我相信，那位扔东西的朋友现在该后悔了，因为我们知道这里的观众是最讲文明礼貌的。"

这位小姐很有礼貌，没有激化对抗的情绪，这种时候，只要说一句刺激性的话，整个演出的欢乐气氛就可能被破坏殆尽了。但这位小姐所讲的话只限于礼貌，说人家已经开始"后悔"，未免有一种压人的味道，因而效果不太理想。她所说的话，带着某种严厉的感觉，并没有从根本上消除对抗。细细分析起来，她用了两个办法：一是孤立法，把大家拉过来（所有的人都讲文明礼貌），使扔东西的人孤立起来；二是强加法，把后悔硬加给他，即使他不后悔，也没法到台上来和她争辩。

这不符合幽默的共享原则，因而对立情绪不可能消除。其实，这时不用讲那么多道理，只要给这个现象来一个不需要证明也无法证伪的、不是消极的而是积极的原因就行了。

前几年我在国外报纸上看到过一则报道：美国总统里根访问加拿大，一下飞机，就遇到一批加拿大人高呼反对他的口号。东道主多少有些为难。里根为了减轻东道主的压力，很轻松地说："举着旗帜呼着口号反对我，挺平常的。我在国内常常遇到。"这样说，自然有利于缓和紧张气氛，但是并没有达到高度幽默的水平。虽然双方心理距离是缩短了，但还没有达到最短，还没有架起沟通的桥梁。里根和我们的那位主持小姐不一样，他知道光有这么一点智慧是不够的，于是他接着说："说不定这些喊口号的人正是从我国跟过来的，为的是给我一种"宾至如归"的感觉。"

幽默的可爱之处就在于这种即兴的胡诌，根本不必费神从对方或自己的话语中寻求根据。

这就是非逻辑性幽默的特点。

它好像不讲逻辑，没有套用对方的思维模式，完全主观随意，也同样是心灵沟通的桥梁。

回到那位上海某乐团的主持小姐身上来。她本不该满足于没有激化矛盾，而应该努力寻求消解矛盾的办法。

例如，她可以这样说："这里的观众比上海观众更热情。在上海，我们演出结束以后才会有人送饮料来慰问，可在这里，我们的演出还没有开始，饮料就迫不及待地飞上台来了。"这明明是胡诌的，完全无视罐子飞上来的消极原因，只做没有根据的、积极的解释，但却可以消除原来那种一本正经的、压人的意味，起到使人心照不宣、心领神会的作用，把观众逗笑。这样的因果关系可以说完全是歪曲的，但却能把自己和观众从紧张的情绪中解脱出来。

在日常生活中，你如果想和谁开玩笑，就胡诌一个绝对不可能的、绝对不现实的理由好了。但要新鲜一点，不可陷入俗套。通常朋友来访，都说："什么风把你吹来了。"这本来是幽默语言，但是由于运用得太多了，就没有味道了。日常幽默之难，首先在于即兴，其次是独创。朋友来访，说什么风都可以，只要是你第一个想出来的。比如："什么风把你吹来了？是裙带风还是'西北风'（一种唱歌的风格）？"或者说："干什么这么晚来我家？是不是被公安局追捕了？"或者说："早不来晚不来，正碰上我明天要升官（胡诌的），是不是来走后门的？"

有时，在遇到突如其来的对立时，这种方法很管用。有一次，我国一个作家代表团到西柏林去参加一个聚会。正好一位中国香港的作家在即兴演说，他说，他喜欢看中国香港、中国台湾的小说，而不喜欢看中国大陆的小说，香港小说都是和风细雨，而中国大陆的小说常常是"腥风血雨"。我们一个作家沉不住气了，当场就问："请问你都看过哪些中国大陆作家的小说？"这本是想将他一军，没有想到人家竟说出一大串来，还补充了一句："今天早晨我还在读你的作品。"双方都有一点火了，本来平和的气氛也开始紧张了起来。

其实据我所知，"腥风血雨"这个说法，在德语中挺不好翻译，本可以就此和香港作家幽默一下。比如可以这样说："刚才一位德国翻译小姐问我'腥风血雨'是什么意思，我告诉她这是中国广东的特殊风俗，家里的人如果去中国香港工作，春节回来过年就要杀大量的鱼款待。鱼的血流得多了，宴会上鱼腥味越浓，就越显得隆重。在'腥风血雨'的情况下，讲话越是不拘礼节，越显得是一家人。"这样就可以把本来很刺激情绪的"腥风血雨"，用一个民俗学的虚构原因解释成亲切友好的意思。

歪解因果的天地是很广阔的，不管是套用逻辑还是任意逻辑，所需要的是灵活的思路，这正是我们下一章要讲的。

附：

漫画分析

图 7–1

图 7–2

导致荒谬有两种：一种是引申出导致荒谬的原因。例如图 7–1 这位举重运动员，他之所以能单手创造纪录，是因为裤子破了。

另一种是引申出荒谬的结果。图 7–2：第一名站位较高，他把站位较低的第二名、第三名的手拉住往上举，结果把他们的身体和手都拉长了。在现实生活中，如果真这样，第二名、第三名可就惨了，这是很可怕的；但在幽默画中这是很可爱的，因为它顺理成章地歪曲了因果。

第八章

解放价值观念，形成错位结构

——思路灵活，心态自由

一、会开玩笑即有幽默心理素质

几乎每一个人都希望自己能幽默起来，所到之处一片欢笑。但是，真正称得起幽默的人毕竟是少数。所以有些人就说，幽默是天生的，至少得有一种素质，硬学是学不来的。天资之于幽默自然重要，但是哪一行不要求具有某种素质呢？打球的、写诗的、做生意的、研究科学的，都要有特定的素质。但是光靠好素质，没有科学的训练、刻苦的学习，成得了气候吗？更何况幽默的素质并不神秘，人人或多或少都有，只要是会开玩笑的就都有。开玩笑是不用学的，其与幽默在许多道理上是相通的。我观察过小孩子，大约到四五岁就会开玩笑了。我女儿四五岁时，一天看完武松打虎的电视节目，当晚她就站在沙发上高高地举起拳头，轻轻打在我的肩膀上，还说："武松打虎！武松打虎！"

她的动作完全是假想的，不合逻辑的，这一切是双方心照不宣的：我女儿并没有真把我当老虎打，如果一定要让动作从假的变成真的话，那就是打得我死去活来。正因为这样，在开玩笑的动作里公然宣称的目的与可能产生的后果是"不一致"的，在这一点上，这种"不一致"和幽默的逻辑错位是相同的。

二、开玩笑的笑和幽默的笑的不同之处

即使那些平时比较木讷的人，有时也会表现出一点近乎幽默的灵气。我有个老同学，

人很老实，难得开玩笑。因他家在外地，多年没有见他谈恋爱，弄不清他到底结婚了没有。一次有一位女同学问他："成家了没有？"他装作听不懂"成家"这个词，问是什么意思，那女同学就告诉他说："就是你有老婆没有？"他想了一下说："老婆嘛，有个把。"大家一听这话，都笑了。因为老婆只能有一个，而他说有个把，好像是一个以上，但又好像不满两个的样子。这就很荒谬，但是，又很现实，反正不能理解成两个。他的回答与幽默很接近了，但是由于缺乏更深长的意味，还达不到幽默的水准。开玩笑的笑是一种单纯的笑，甚至哈哈大笑；而幽默的笑则是意味深长的、会心的微笑。开玩笑的笑是通俗的笑，是比较浅的；而幽默的笑则是典雅的笑，是相当深刻的。开玩笑的笑是快乐的、自然的流露，而幽默的笑则是心灵交流的内在体验，往往是无声的。

可能正是因为意识到了开玩笑的笑缺乏内涵，柏格森才说："通常伴随着笑的，乃是一种不动感情的心理状态。""无动于衷的心理状态是笑的自然环境。"他甚至说："笑的最大敌人，莫过于情感了。"这当然是比较极端的。但要注意，他所用的是"通常伴随着笑的"，所指的是一般的、世俗的笑，是不带"同情心"的笑，而不是幽默的笑。

自然流露的玩笑，凭天然气质者较多，很少含有后天的磨炼；而情感交流的笑中含着深长的意味，不是光凭天然的禀赋就能臻于妙境的。正因为如此，幽默谈吐是需要磨炼的，首先就是要把开玩笑的水平提高到幽默的高度。

三、超越常规、违反常识的魄力

说得简单一点，幽默就是把玩笑开得有意思一些。

我有一个老同学，有个口头禅就是"基本上"。问他："吃饭了没有？"他答："基本上吃了。"问他："结婚了没有？""基本上结了。""有孩子了没有？""基本上有三个。"有一次他打电话给我，问："是老孙吗？"我回答说："基本上是的。"他立马笑了。很显然，我这个不通的"基本上"，使他想起了自己平时那么多"基本上"。现在"基本上"竟然从我口中出来，这就形成了相当大的错位，趣味也就不那么简单了。这里不但有对他的缺点的提示，而且有因我们之间友好的关系而不怕他生气的体悟。

要把玩笑提升到幽默的水平，需要克服许多障碍。首先是心理障碍，对常规的语义和逻辑不要死心眼，不要以为对任何事物或概念只能有一种理解、一种说法、一条思路，否则便是不通。要知道，即使不通，也能通过语意的错位从中孕育出幽默感来。

其实，通有通的好处，不通也有不通的用处。在正常情况下，老婆只能用整数计算，可以是一个，在旧社会也可能是两个以上，但绝不可能用非整数来统计。至于人，是就是，不是就不是，不可能“基本上”是，难不成主要部分是，而次要部分不是？

这些都是常识，而幽默的起点，却往往要超越常识。应该说，这不仅是幽默的起点，而且也是玩笑的起点。要做到这一点，并不太难，只要有打破常规、违反常识的勇气就行。敢于在心照不宣的共识下，说一些不合常识的话，这是第一关。过了这一关，才可能上升到幽默。

四、打破常规思路的惯性，让思路灵活多变

不合常识是比较容易的，困难的是打破常规思路。常规思路，是在常识基础上的一种自发推理。比如：食品是用来填饱肚子的；敌人是军事、政治上打击的对象。你不能说，敌人是用来饱肚子的，食品是用来打击的对象。这种常规思路多次反复，成为一种强大的惯性或惰性，积淀在人的潜意识之中，以至于成了条件反射，不用动脑筋就自发地贯穿下来。

这就造成了一种错觉，好像这就是唯一的思路。

其实不然。通常我们的思维，要求概念明确、稳定，即使没有明确的语言表达，也常常是不言而喻的，不能模棱两可、含含糊糊。但这是科学的、理性的要求；而幽默的要求却是正好相反，是超越常规的思路，是灵活多变的思路，这样才能产生错位的效果。

有一个故事，很能说明这个问题。

> 从前有一个道士，据说给人算命十分灵验。有三个赶考的考生向他询问前程，但道士并不作答，只伸出一个手指。考生们再问，他却说：“天机不可泄漏。”事后，小道童好奇地问师父：“他们三个问到底几个可以得中，你伸出一个手指，是不是一个可以得中？”道士说：“对。”道童又问：“要是中了两个呢？”道士说：“那就是剩下一个不中。”“要是三个都中了呢？”“那我这一个手指就是表示一齐都中。”“要是三个都不中呢？”“这就是表示一齐都不中。”

这个故事说的本是道士的滑头，或者可以说是诡辩，但是他的诡辩很有一点超越常规的味道。一个手指，按常理来说，只有一种可能，可是这位道士却让它适应于一切可能。除开道士耍滑头不足为训之外，道士思路之灵活足可以拿来类比幽默思路不同于日常理性思路之处。在日常生活中、在科学研究中、在公共关系中，思维必须是一贯的，可是在幽默谈吐中，不超越常规，就不能有所升华。

五、超常思路和逻辑自洽

幽默家不但要有宽广的思路，而且超常的思路也要有超常的逻辑性。

思路固定，就失去了自由。一般人之所以幽默不起来，就因为他们一条思路讲通就满足了，就不想费心劳神去想还有没有可能找到别的思路、别的逻辑了。常规思路有一种不由自主的挟持力量，没有特殊的禀赋和训练，是很难超越它的惯性的。但是光有自由还不够，超常逻辑与常规的逻辑在“错位”之后，还要能够“复位”。（这一点我们前面已经说过了）只要能够“复位”，就能自圆其说，自成因果，这叫作自洽。思路的自由，固然不容易，但不能自洽，就难称深刻了。

举一个中国古代笑话为例：

唐末有一个中央高级官员，平日很怕老婆。黄巢起义时，他带兵征战，身边只带姬妾，其妻子没有随行。一日有人来报，说：“夫人就要到来。”此人闻言大惊：“黄巢从南逼近，夫人又从北悻悻而来，情况紧急，怎么办？”手下人说：“还不如投降黄巢呢！”

这里有两条思路，第一条是常规思路，就是夫人来了如何应对。第二条思路，还不如投降黄巢，是超越常规的思路。统兵将领的重任与害怕老婆的淫威，是不可同日而语的。但这里在逻辑上是自洽的。官员的表现正好说明，此人怕老婆之心是如何超常了。

六、价值观念的错位——脑筋急转弯

超越常规的思路需要耗费巨大的精神能量，而这个过程的集中体现就是“脑筋急转弯”。说得通俗一点，许多人之所以幽默不起来，就是因为脑筋不会急转弯。不仅是在世俗的游戏中，在比较文雅的艺术作品里，这种思维的跳跃也是屡见不鲜的。因为，在这种现象背后有着相当深邃的价值观念的转移。

当代散文家杨绛女士笔下的“十年浩劫”，并不像别人写的那样悲惨。她在《干校六记》中写道，河南农民当时很穷，舍不得用草纸，孩子拉完大便都是唤一条狗来把屁股舔干净。这很落后，很不文明，很煞风景，许多人都觉得挺惨，可是她却说狗比猪舔得文雅，猪不讲礼貌，有时等不及孩子拉完便把孩子拱倒了，而狗却非常有“绅士风度”，不管多久，都有充分的耐心等待。本来是十分寒碜的事，如果没有特殊的谐趣，谁会在猪和狗之间作如此的比较呢？老实说，即使比杨绛更熟悉河南农村生活的人，也未必能观察出这样的区别来，在他们看来，把猪吃大便和狗吃大便的不同分析得那么细有什么意思？

他们不去分析，因为他们觉得没有价值。

可杨绛分析了，相当认真地描写了，并表现出另一种价值，即幽默的价值。

可见，用日常生活的眼光看来没有意思、毫无价值的事情，用幽默的眼光观之，可能却是非常有意义的。

任何一件事，不能光用一种固定的概念去看，因为同一件事，从不同的方面、层次出发，可能有不同的价值。许多人思路不活，缺乏幽默眼光，是因为后天修养不够，把本来可说是多方面、多层次、多角度的思路，人为地僵化了。

价值观念不解放，就显得傻乎乎、死心眼。其实，死心眼就是一种价值观念的僵化。看见猪，就只想到它的肉可以吃，皮可以做皮鞋，粪可以肥田——所有这一切都属于一种思维方式，那就是实用。有些人还可能想到猪作为一种生物的特性，这属于科学范畴。所有上述两种，都是以人的理性认识为基础的，是不带感情色彩的，带了感情也就不能讲理智了。

但是猪难道就这么一点用处吗？没有实用的、科学的价值就没有其他价值了吗？情感上的价值是不是一种价值呢？把猪吃小孩儿大便写得没有狗那样具有“绅士风度”，引起读者一笑，这难道不是一种喜剧性的艺术价值吗？把猪写得成了精，当了天蓬元帅，犯了调戏嫦娥的错误，被贬下凡，变得又呆又懒又好色，不得不忍受千辛万苦，西天取经，还是本性不改，看见白骨精，以为是女孩子，便忍不住心动；挑拨孙悟空和唐僧的关系，闹了笑话，闯了大祸，还差一点把命都送掉。猪八戒的形象，不是也给予一代又一代读者心灵的愉悦吗？

这种价值的存在是不可否认的。其不同于实用的科学价值，而是一种情感的价值。用文雅的术语来说，叫作审美价值。

幽默感就是审美价值之一种。这种价值的特点就是要和实用和科学的价值拉开距离，用我的术语来说就是“错位”，请参阅孙绍振《美的结构》（人民文学出版社 1988 年版），该书中提出审美价值不产生于真善美的统一，而产生于真善美的三元错位。关于幽默（作为审美价值之一种）与善的矛盾，将在本书下一章中论述。幽默价值就产生于和真（科学）、和善（道德）的有限度的“错位”中。

所谓思路要活、心眼要活，就是要从固定的、实用的、科学的、常规的理性价值观中解放出来，拉开距离。

要超越常规思路和常规价值也不太困难，就是不要看什么问题都太科学、太实用，要和它拧着一点。杨绛写狗比猪“文雅”，有“绅士风度”，用形容有较高文化修养的人的语言来形容狗，就有了语义错位之谐趣。

七、幽默家要比常人多一个心眼

20世纪80年代，福建女散文家唐敏在一篇散文中写道，20世纪60年代，她的父母为了给孩子增加营养，在洗澡间养了头猪，结果孩子和猪产生了感情，唯恐大人把猪杀了。终于有一天，孩子放学回来，猪已成了桌上的红烧肉。孩子赌气不吃，家长在劝说无效之后，想出一种说法，问孩子：猪最愿给谁享受它们的营养？孩子说，当然是她自己了。家长又说，如果她不吃，则猪肉必然给别人去享用，那猪甘愿不甘愿呢？这么一说，孩子马上把猪肉吃了。

父母的劝说之所以有效，就在于充分强调了实用的营养价值与孩子的情感价值之间的错位。其实，孩子也不是不贪吃，只是必须在情感上得到另一种逻辑的解释。

第二条思路的逻辑的特点是超越常规的，同时又与常规逻辑有某种对应关系。

幽默家的思路之所以灵活，是因为他的心态自由。他的心态自由，则是由于他不拘泥于世俗的价值观，在别人只有一个心眼的地方，他往往会多一个心眼；在别人思路被常理束缚住的地方，他常常能自由地出入。

对于幽默家来说，在驾驭逻辑推理方面，他有雄辩家的魄力；在切割逻辑进程方面，他有诡辩家的机敏；在超越理性方面，他不亚于诗人。他和这些人又有所不同，他特别善于将读者、对手诱入错误的预期，然后又轻而易举地逼迫对手走向他留下的逻辑的断层，不由得不去和他埋伏在那里的观点接通。不论是文学还是漫画在这方面都是相通的。

请看契诃夫的一篇小作品《我的“她”》。

> 按照我父母和上司的权威说法，她出世比我早。他们的话对不对，另当别论，我只知道我有生以来没有哪一天不属于她，不感到处处在她的威力之下。她日日夜夜不离开我，我也没有表示过要同她分开的意思，因此这种结合是坚实牢固的。……然而您不要嫉妒，年轻的女读者！……这种打动人心的结合给我带来的，除了不幸之外，一无所有。第一，我的“她”日日夜夜不放松我一步，不容许我专心工作。她妨碍我读书，写作，游玩，欣赏自然景物。……我正在写这几行，她却老是捅我的胳膊肘，每时每刻引诱我到床上去，不下于古代的克娄巴特拉引诱古代的安东尼。第二，她像法国妓女一样害得我倾家荡产。我由于爱她而牺牲了一切：事业、名誉、舒适的

生活。……多承她的厚爱，我才穿得破破烂烂，住在租价便宜的公寓房间里，吃些乱七八糟的东西，用淡墨水写字。她吞噬了一切，一切，这个永不餍足的东西！我憎恨她，藐视她。……早就应该跟她分手了，然而我却至今没有同她分手，这并不是因为莫斯科的律师们办理离婚案要收费四千。……我们目前没有孩子。……您想知道她的名字吗？行啊。……她的名字富于诗意，使人联想到莉莉亚、列丽雅、涅丽。……她叫“懒惰”。①

契诃夫在这一段文章中，花了 90% 以上的文字，把读者往爱情和婚姻方面引导，如果一直这样下去，就只能是常规思路，也就是说，没有什么幽默感可言。可是，最后却突然告诉读者，这种貌似婚姻的陈述，其实是自己的习性——懒惰。“懒惰”（在俄语里是阴性名词）在离不开、摆不脱、舍不得这一点上，和婚姻是一致的。真相大白后，前面所写的形容性文字，瞬间的语义转换，展现了作者的睿智。可见幽默大师不仅仅是比一般人多一两个心眼，而且能在多条思路上进退自如。

附：

漫画分析

图 8–1　已经下班了

① 契诃夫著，汝龙译：《契诃夫文集》（第 3 卷），上海译文出版社 1983 年版，第 345 页。

幽默要求思路的自由转移，需要很活的心眼，任何死心眼都与幽默无缘；大漫画家在引诱读者上当方面和转移逻辑方面同样是十分流畅的。

图 8-1 的作者所嘲笑的是在特殊紧急情况下的死心眼。蒙面强盗已经来到了门口，而门里的人却说：“已经下班了。”这个人的思路很死，在如此紧急情况下都不能转移。作者也许是为了揶揄死心眼的荒唐。

但是，也可以反过来解释，这个守门者很有幽默感，哪怕是枪口对着自己，他也还有充分的思考的自由，用故作蠢言来缓解十分紧张的空气。

这两种意味兼而有之是这幅漫画的特点，或者说是优点。

图 8–2　春天的梦

作为一个幽默家，必须善于在通常的思路之外，出其不意地在另外一条思路上找到合乎逻辑的解释。图 8–2 就是这样。

先是一条思路，一个男人在春天的郊外睡着了，睡得那么甜，似乎还发出了笑声，嘴巴越张越大，大得几乎占了半个脑袋。这一条思路是漫画的标题《春天的梦》提示的，那该是一个幸福的梦、美好的梦，令人想到爱情的美满、理想的实现。

第二条思路却在最后一幅中贯通了，原来是一条牛在舔他的脚心。读者期待的第一条思路落了空，而第二条思路却出其不意地解释通了所发生的一切。

两条思路的交叉，第一条思路自由地向第二条思路过渡，构成了幽默感。

第九章

吹牛、抒情和幽默
——摆脱实用理性的束缚

有许多人并不是不知道幽默需要灵活的思路，但就是灵活不起来。其原因之一是他们不了解幽默的语言和科学的语言不同：科学语言是客观的、理智的，以真为最高目标；而幽默语言则是主观的，暗含感情，必须通过玄虚化才能沟通心灵的渠道。这一点，在前面几章已经反复从各方面阐明了。但是即使明白了这个道理，许多人的思路还是不够灵活，原因是还有两重障碍，这就是道德观念的障碍和可行性的障碍。

一、克服道德理性障碍

道德理性障碍对于中国人而言可能比西方人更严重。不论在正式场合还是在非正式的场合中，当主持人介绍某人的成就时，这个人习惯的反应都是："哪里，哪里！"在电影《苦菜花》中甚至有这样的场面，当一位姑娘和一位女干部初次见面时，姑娘的第一句话居然是："我是很笨的。"所有这一切在西方国家都是不可想象的。作为一种传统美德，谦虚自然有其美好的一面，但往往也会使人显得缺乏自信。高度发展的市场经济，最需要人的自尊心和自信心，滥用谦逊是不利于自由竞争的。

这种矛盾，在开会发言时最为突出。有一类莫名其妙的开场白，使谦虚失去了它本来的含义，变成了俗套。比如："今天，我没有什么准备（或者：对这个问题，我没有什么研究），谈几点不成熟的意见，仅供大家参考。"其实这种开场白除了让人发腻以外，没有别的效果。

首先，就是不诚恳。实际上他认为自己的意见高明得很，如果你相信了他的话，真的对他的发言提出意见，他很可能脸上挂不住。其次，如果是在国际会议上这样说，就不成体统了。在西方人看来，把不成熟的、自己都不觉得有什么价值的意见拿出来，是极不严肃的。

无条件的谦虚本来就不合时宜，对于幽默来说更是大害。

二、故作大言与吹牛、抒情的不同

幽默的思路是很自由的，有时可以故作大言，甚至狂言，有时又可以故作蠢言。故作大言，因为有心照不宣的虚幻性，所以不涉及人的道德修养问题；故作蠢言，也不妨碍对人智力的评价。故作大言就是，好像是吹牛，而且吹小了还不够味，要吹得大发些才有耸动视听的效果。但是在本质上，故作大言与吹牛不同，吹牛是尽可能让人相信，而故作大言却要把牛吹得脱离现实，让人家一听就明白你是在故意吹牛，有意讲大话。在故作大言方面，欧美人的确要比中国人放得开一些。美国南北战争时期在葛底斯堡发生了一次大的战役，林肯总统在纪念这次战役的集会上，做了一篇只有 4 分钟但很著名、很有分量的演说，后来成了经典。

有一位美国的老祖母这样夸奖她才念小学的孙子：

> 我孙子比林肯还聪明，他现在才 8 岁就已经会念葛底斯堡的演说词了，可林肯到 50 岁时才会念。

这样的大话，我们中国的老祖母是很难说出口的。当然也有例外。邻居家老太太，坐在门口看游行队伍，看了半天说："这么多孩子走过去，没有一个比我大孙子漂亮的。"她真是这样想的，这就不是幽默，而是抒情。

抒情与吹牛不同，吹牛是明明知道自己所讲的话是假的，还要别人相信是真的；而抒情也许客观上并不真实，但情感上却很真诚。这是一种真情实感的自然流露，只要有了感情，感觉就不一样了：情人眼里出西施；月是故乡明；吃不到的葡萄是酸的；等等。这些感觉虽然不科学，但感情却真诚而可爱。

这也是一种价值，一种审美价值，是情感的诗化。幽默的感情，也是一种审美的感情，也很真诚，但是所说的话却是虚幻的，不现实的，是故意把话说得不现实，以免你误以为他吹牛，破坏了幽默的共享。

那位美国老太太显然是在故意耸人听闻：一方面是孩子才学会念课文，另一方面是美国总统所做的经典演说，最后竟得出了孩子比总统更高明的结论，只要有起码的常识的人都会心领神会其中的幽默。

正因为故作大言的幽默是充分暗示了语言的不真实，因而要幽默起来就得放开一点，不要怕人家误解你是在吹牛，把话讲得越大，人家越容易明白你的幽默。

三、故作大言和故作蠢言都能缩短心理距离

故作大言和故作蠢言一样，都是心照不宣的，因而容易缩短讲者与听者之间的心理距离。故作蠢言之所以不显得蠢，因为蠢得越是出格，越是不现实，双方越是心照不宣，越能超越现实的理性。1992 年秋，福州大学学生会请我去他们学校做关于雄辩与幽默的报告。约定好了时间之后几天，对方打电话来说最好改期，因为原定日期与一个“青年歌手大奖赛”冲突，怕影响听众的人数。但是当时我的时间表已经排得很满，无法改期，就硬着头皮决定：原定日期不改。

在去福州大学的路上，我颇为不安。到了那里，看到会场外面还站着一些人，里面也还空着一些座位。看得出，外面的人随时随地都可能弃我而去，并且会动摇那些已经坐在里面的人。我想首先得把这些人给稳住，尤其是那些站在门外的人。我走上讲台说道：

在来这里的路上，我想起了我在美国时念过一本关于演讲术的书，其中有一章是讲稳住听众的。方法很多，我只记住了一条，叫作“来会场的路上”，说的是把来会场时路上的即兴感想拿来与听众交流。我今天就用这个美国方法和你们交流一下。

我这样一说，那些站着的就表现出很有兴趣的样子。我接着说：

来这里的路上，我对怎样开头没有把握，因此设计了两个开场白。第一个是这样的：今天本来是不敢来的，原因有两个：第一是怕对面的“青年歌手大奖赛”会把观众都吸引走；第二是我对这个问题缺乏真正的研究，也说不出特别有用的意见来。但是，你们学生会的同学十分热情诚恳，我只好硬着头皮来了。谈几点不成熟的看法，供大家参考，批评指正。

刚说到这儿，听众就听出来我对这种老一套开场白的讽刺和调侃，就有人开始笑了，会场气氛活跃了起来。

我不动声色地继续说第二个开场白：

今天我还没走进会场，远远地看到一大堆年轻人站在走廊上，我十分感动。他们和已经坐下的各位同样使我钦佩，因为很显然，他们在两个会场之间进行了痛苦的选

择。最后终于在唱的和说的之间选定了说的，在少男少女和老头子之间选择了老头子。我想他们一定坚信：说的比唱的好听，老头子比青年歌手更有魅力。对于你们的信任我表示衷心的感激。

我这么一说，会场里轰地笑了起来，掌声热烈地席卷了全场，走廊里那些人很快挤进了会场，填满了空着的座位，连过道也被堵得水泄不通。

在这里，我采取了一个故作大言的思路，公然说自己老头子比少男少女更有魅力，自己的演说比唱歌还更吸引人。因为多多少少有点夸张，所以人家不会说我不谦虚。相反，对我故意夸大的坦率和自信，表现出欣赏和兴趣，这就缩短了我和听众之间心理上的距离。

四、固定语义和临时语义之间的错位

“说的比唱的好听”，这句话本来的意思是：话说得漂亮，行动却跟不上，不负责。可是在我的行文中却产生了一个临时的意思，那就是我的演讲比青年歌手唱的歌还动人。这个临时的语义之所以没有被听众理解为吹牛，就是因为它和它原来的意义形成了鲜明的对照与反差，或是说“错位”。按固定的意思我的演讲可能是漂亮的空话，而按临时产生的意思，则是我今天讲的话魅力超群，两种相反的意思同时并存在一个俗语中，两种不同的思路在这里交错着。

叔本华在解释他的观念与客观实体“不一致”产生笑的理论时说：这种不一致也“包括用一个观念勉强包容两种不同的东西”。这有一点儿像我上面说的现象，但我觉得他的说法并不完善。因为他只说这两个东西与概念之间的不完全一致，却没有说明这两个东西也要有相互一致的方面，它们的关系是一种“错位”的关系，就像人的关节错了位，两个部位是不密合的，可又是分不开的；而联系在一起又是痛苦的，可又不得不勉强凑合。

“说的比唱的好听”在这里意思很丰富：第一是它的约定俗成的意思——漂亮的空话；第二是临时性的意思——我的演讲比青年学生的歌声更有魅力。二者构成了一种“错位”的关系，在表层语义上我故作大言，在深层语义上我又充满了与听众沟通的自信，二者复合就构成了幽默意味。这种意味是在语言的复合结构之中的，虽然没有讲出来却被在场的听众感觉到了，不但感觉到了，而且领会到了，于是心理距离就缩短了，情感趣味的桥梁就沟通了。

这样的效果，不但是不同观念的“错位”造成的，而且是不同思路的“错位”造成的。不克服道德上那些所谓谦虚、谨慎的无形束缚，思路是不可能获得这样的灵活和自由的。

这种自由是一种价值观念的自由。

五、道德价值和审美价值的“错位”
——李逵和马克·吐温是否不道德

要幽默就不能把实用、理性的道德价值观视作唯一的标准，对于某些表面上违背道德的语言，不呆板地进行评价。幽默有另外一套价值体系，它和道德的价值体系并不是完全一致的；相反，幽默的价值和道德的价值是互相“错位”的。在看电影、戏剧或小说时，我们不能像小孩子一样，只简单地问：“是好人还是坏人？”

有时某些现象从世俗的眼光来看是不道德的，但是在艺术上却是很成功的。比如《水浒传》中的李逵在江州劫法场，杀得性起，连围观的群众都被他“排头砍去”。在这以前，他本想招待宋江，可钱赌输了，只好骗宋江，说是自已有一锭大银子解不开，暂且向宋江借一点银子。事实上，是拿了去再赌，期望能够赢回来，不想又输了，只好跑到江边去抢浪里白条张顺的鱼。这一切从道德、纪律的理性来看都是恶劣的，但是没有一个读者会因此而责怪李逵的残忍、无赖。因为书中的人物是经过艺术加工的。读者可以超越这一切，欣赏他的天真、鲁莽、义气，这是一种艺术价值而不是道德价值。大概也没有人看了这种描写会去学他，到处杀人、抢东西。

李逵的例子也许离我们太远，我们举一个近代的例子。

有一次有个记者问马克·吐温：“你是喜欢比较长的演说呢，还是比较短的演说？”马克·吐温没有正面回答，而是讲了一个故事：

> 一次，一个神父在讲传教士在非洲传教时所经历的艰苦生活和种种经验，那是非常动人的。当他讲了 10 分钟时，马克·吐温决定捐献 20 美元。当他讲到了 20 分钟时，马克·吐温决定只捐献 10 美元。可是这个人滔滔不绝地讲了 1 小时，最后当捐款的口袋拿到马克·吐温面前时，他不但没有掏 1 分钱，反而从袋中偷去了 2 美元。

你会不会因此觉得马克·吐温有小偷小摸的习惯呢？当然不会。原因很简单，这个故事说的不是道德问题，而是情感问题，也就是对那些长篇大论的厌恶。故事把这种厌恶夸张到了“宁愿去当小偷，也不听那种演说”的程度。正因为马克·吐温知道幽默表达情感的价值不同于道德理性价值，他的思路才如此自由；如果混淆了这两种价值，马克·吐温是不可能用“偷 2 美元”这样夸张的说法来表现他强烈的情感的。

道德较之情感，在一般人心目当中是占有先天优势的。因而，要有很强幽默气质的人才能自由地超越它。

六、排除现实可行性的束缚

除了道德与理性的约束之外，许多人不能充分发挥其幽默的潜在能量，是由于有太多可行性的考虑。

人们都自发地倾向于不说废话，谁也不愿意自己的话落空。每个人都希望自己的观点、计划、方针、方案、办法能付诸实践，这在价值观念的分类上叫作实用价值。实用价值观是人类对于外部世界的一种基本价值观念。人和自然界打交道就是为了满足自己延续生命、愉悦生命的需求，不能满足这些基本需求，人类就很难生存。

而幽默就是要让情感与现实拉开足够的距离，进而超越理性。

通常我们说话不外乎两个目的：一个是真的，也就是科学的，能提高人的聪明和能耐的；另一个是有用的，能解决问题的，至于能不能表达情感那是次要的。如果拿这两条标准来衡量幽默话语，则它既不真实，也不实用，但是它却能沟通情感。

半夜敲门声惊醒了正在熟睡的医生，来人说有人得了急病：两只老鼠钻到了那人的肚子里。医生不慌不忙地说："那很好办，捉一头猫来，让他吞下去好了。"

猫是不能当药吃的，但没有用的药方为什么要说出来呢？他不是在宣传科学，也不是在讲究实用，因而从实用的观念来看，可能是废话；但是它又是挺有用的，它的用处，就是交流人的情感，调节人的情绪，让紧张的神经放松一下。

许多人之所以幽默不起来，原因就是他们总以为每一句话都得是真实或实用的才有意义。用学术的语言来说，他们只懂得科学价值、实用价值，却不懂得情感的审美价值。当然也就不懂得幽默的"审丑"价值。

他们不懂得幽默的思维结构就是情感与理性和现实的"错位"的结构，只要不是绝对背离，"错位"越大效果越强，而"错位"越小效果越弱，如果小到重合了，就没有幽默感可言了。

而要想幽默得起来，则必须把情感和实用拉开距离，有充分的能量和自由去超越实用。思路被限制于理性的思考上，就不能灵活转移到情感交流上来，就会陷于被动。这在哲学上叫作失去了自由。是什么样的自由呢？首先是价值观念的自由，其次是思路的自由，最后才是语言的自由。

附：

漫画分析

图 9-1，下雨了，只有一把伞，一家子四口人，怎么办？这里展示了一个办法，那就是丈夫把老婆和孩子顶在头上。这个办法是完全不可行的，不科学的。因为丈夫不可能有那么大的力气，除非他是个马戏团专业演员，否则他准得累趴下。然而正因为它是不实用的，才是幽默的。

图 9-2，在伞柄上装上一个出水口的零件更是不科学的、不实用的，然而正因为它与科学和实用价值拉开距离了，才有一点幽默感。幽默家的心理特点何在？读者不妨做一番思考。

图 9-1

图 9-2

第十章

喜怒不形于色

——留下逻辑断层

一、在愤怒和狂喜中思路容易失去自由

幽默不同于雄辩，也不同于诡辩：第一，它不是用来交流思想观点的，而是用来交流感情的。正因为这样，你道理讲得越多，幽默感也就越少。第二，它交流感情的方式不是直接来传达，而是通过言外之意的暗示，让对方自己去领悟。第三，它在交流感情时要化解愤怒。虽然愤怒本身也是一种感情，但它却不适合默默地交流，它和欢乐一样，太强烈了，而太强烈的感情都很难间接交流，往往抑制不住，变成直接的爆发。

不管是愤怒还是狂喜，都会把人的感情集中到一个方向上去，不是尽可能地压倒对方，就是尽可能快地让对方追随自己一起开怀大笑。这样一来，心灵就没有了回旋的余地，在这种情绪爆发的关头，人的心灵必然会受到抑制，思路失去急转弯的能力；这时本来很充裕的聪明才智便受到抑制，相反，平时少有的愚蠢却大肆泛滥。所谓得意忘形、走火入魔，大体都出现在情绪难以控制的时候。

契诃夫说过，人的一切，从衣着打扮到言谈举止都应该是美的。而在所有的美中，含而不露最经得起欣赏。在公开场合，不论是无节制的愤怒，还是无节制的狂喜，都有可能使自己变丑。

文明人很讲究温文尔雅。只有温文尔雅的时候，人的思路才有可能是自由的。

幽默家在愤怒或狂喜时有一种节制的能耐，尤其是在激情面临爆发的关口，往往能克制自己，把愤怒和狂喜淡化为睿智的微笑。

二、利用暂停留给对方一个逻辑断层

其实也不一定需要特别的禀赋和天才，只要有一点修养，能够在对抗迅猛发展的时候暂停一下，中止一下愤怒或狂喜爆发的进程就行。

我观察过我的女儿，她并不是一个有很强幽默感的孩子，但是有时她也能在情绪激化、冲突即将爆发之际暂停一下，给思路提供一个转变的机会。有一次，她正在兴高采烈地看她的唐老鸭动画片，她妈妈却叫她去楼下倒垃圾。女儿不得已，很痛苦地去了。回来的时候，她妈妈发现她的脸色很不好看，就问她，是不是生气了。这就给她们提供了一个很好的和解机遇，不抓住这个机遇则情绪可能僵持下去。我正担心她不能及时地抓住这个机遇，她却很简单地说了一句："最好别问！"这把她妈妈逗笑了，接着她也笑了。

女儿的回答留下了一个逻辑断层，由母亲在想象中去填补，和她的意念在无声中会合，这样就默契了，心灵就沟通了。

在对抗升级的时候，来一个暂停，留下一个很容易填补的时间空当，有利于对方进入你的逻辑空白，让他在想象中与你会合，诱使对方就范。留下空当还有利于把自己解放出来，而填充空间则起到把对方解放出来的作用。

这种方法经常采取的模式是：结论在先，原因在后。先给一个没有道理的结论，或者易被接受的要求，然后通过思路的转移，补充原因，把事情的实质表露出来。在揭示原因之前，对方就被引入你的思维模式之中，等到后来明白了问题的性质，就来不及回头了。

有一个波斯笑话这样说：

儿子是个小学生，这天他放学回家就问："好爸爸，你有本事闭着眼睛在纸上签字吗？"

"好孩子，这有什么难的？闭着眼睛写几行字也行！"

"写几行字倒没有必要。爸爸，现在你就闭着眼睛，在这份成绩报告单上签个名吧。"

还有一个老挝笑话是这样的：

丈夫：从各方面看，我都比你强。当然，有一点你比我强。

妻子：哪一点？

丈夫：你的配偶比我的配偶强。

这种模式的要害是结论在前，原因在后，而真正的目的处于逻辑断层之中，让对方的思维处于被动等待或暂停之中，然后推出一个原因，突然改变了结论的性质，使之与字面的意思恰好相反。第一个笑话，本来是父亲在炫耀可以闭眼签名，其结果却变成父亲上了成绩不好的儿子的当。第二个开始好像是丈夫在某方面向妻子示弱，可到后来变成丈夫（妻子的配偶）在所有方面都比妻子（丈夫的配偶）高明。

先找到一个阻力最小的结论把对方吸引住，然后再让他的思路跟你的思路会合。

三、形式上的让步和实质上的退却

当然，结论在前，原因在后这种模式并非万无一失。有时对方事后会反过来顶牛，造成僵持的局面，这时就得退让一下，主要是在逻辑上做一些让步。这种让步有时是形式上的，有时是实质上的。

实质的退让有时十分必要，没有退让便没有进展的余地。一位教师或者一位领导，面临学生或者下级批评的时候，最笨的方法是当场反击，最聪明的方法是退一步。他可以直接对那个批评者说：

> 辩证法有一条规律，世界上没有一个人是完美无缺的，我就是这条规律的完美例证。

牺牲一下世俗的虚荣，才能获得思想的自由。但有时，实质性的让步会导致屈辱，一味认死理又于事无补，这时至少可以做一些形式上的让步。前面已经说过，歌德在小路上遇到批评家的故事就是这样的，批评家说他决不向蠢猪让路，而歌德则说他“正好相反”，表面上是让路了，实际上却不异于言辞激烈地回敬了对方。

再看下面这个故事：

> 一天，伏尔泰对随身小厮说：“把我的皮鞋擦一擦。”可到了第二天中午要出门了，皮鞋上还满是泥污。他问小厮为什么不擦，小厮说：“路上满是泥污，两小时后，皮鞋反正又要脏的。”伏尔泰没有发作，起身便走，小厮追上来要求开饭。伏尔泰说：“吃饭干什么，反正两个小时以后，肚子又要饿了。”

伏尔泰没有发作，再加上径自出门去了，便是一种很好的暂停加让步。把不吃饭的决定放在前面，然后再从对方的逻辑模式中引出相反的结论。凡用将谬就谬法反击他人者均有此特点，正因为如此，这种反击比较得体，不带火药味。这种幽默模式，在阿凡提的故事中常被用到。

四、不做让步怎么办

当然，有时也可以不做让步，坚持立场，但此时要稍稍缓解一下对方的情绪。这就用得上一些看起来是不合身份、不合时宜，甚至是傻乎乎的话。

美国一个州议会上，一位议员正在发表一篇又臭又长的演说，他万分得意，口若悬河，滔滔不绝。有一个好心的议员走到他身边，悄悄地劝他快点打住，不料这个家伙反而粗暴地对他说："走开！"这个议员一时气得发昏，不知怎么报复。最后，他找到主持会议的执行主席说："你听到了吗，他那么粗暴地斥责我？"这位执行主席本也有点火，原想批评那位自得其乐的演讲者，替好心的议员出气，但他转念一想，不动声色地讲了一句："我已经查过法典，你无须退出会场。"

这就转移了思路。本来，那位演讲者叫他"走开"，是对他的藐视，这是个人对个人的态度问题，可现在变成了法律上有无义务退出会场的问题。由于这两种思路的"错位"，有了一种反常与正常的对照，就显得怪异好笑了。

这里的不动声色和前面所说的有些不同，前面讲的是自己的暂停，以便抽身转移，解放自己；在这里是不动声色，诱导别人从固定的、不自由的心理状态中解放出来。能做到这点也得有点儿修养。

在一般情况下不动声色不算真功夫，在紧要关头甚至性命攸关的时刻也能不动声色才算有本事。美国总统里根被行刺者开枪打中，在送往医院的途中为了安慰他的夫人，说："都是我不好，没有及时躲开。"这一说就把夫人逗笑了，好像子弹飞过来能来得及躲似的。

这就是解放别人，也解放了自我。只有神经放松了，思路才会自由。

幽默感只有在心理状态自由、不受拘束的时候才能发挥得淋漓尽致。

五、切忌"先笑不已"

切忌"先笑不已"这一点不但适用于日常生活中的谈吐，而且对于表演艺术，尤其是相声、小品等尤为重要。美国幽默大师马克·吐温在《怎样讲故事》中举过这样的例子：

一个大兵在战火纷飞的阵地上被打断了双腿，他请战友把他背下战场。战友背起他飞奔，后来他的头给弹片炸飞了，可战友还是使劲地奔跑。这时一个军官大叫起来："咳，你背着没头的尸体跑什么呀？"战友停下回头一看，说："可是刚才他让我背的时候还是有头的呀！”

马克·吐温说，这样的故事有两种讲法：一种是一面讲，一面感到听众会笑，自己也就笑着讲；另一种是装作乡巴佬，傻乎乎，一副完全不懂得所讲的故事有什么可笑的样子，比较放松地把故事讲完。马克·吐温说，笑着讲故事的没有天才，而那样傻乎乎地讲的却是天才。这是因为，你越是傻乎乎，听众越是能更快地领悟其中的乐趣；你自作聪明地先笑，听众觉得领悟落后于你，领悟后的乐趣就小了。中国古代有一本讲笑话的书叫作《半庵笑政》，其中特别提出“切忌先笑不已”，人家还没笑，你先笑了，这是煞风景的。明代曲作家王骥德也说：“善说笑话者，不动声色，而令人绝倒。”这都是一个道理。

在我看来，不仅“先笑不已”不好，“后笑不已”也不好。我们一些相声演员常常以嬉皮笑脸的姿态出现，往往不如一些小品演员以傻乎乎的姿态出现效果更好。正是因为这个道理，在喜剧中有一种冷面喜剧，相当幽默，就是在非常可笑的事情面前，演员们也一起保持冷漠的、无动于衷的表情。在这方面取得最大成功的要算葛优了。有些演员常把笑意放在脸上，给人一种强迫观众跟着笑的感觉。而葛优老是一脸冷冰冰的样子，却让人觉得是最有智慧、最富有幽默感的。还有赵本山，他也很少笑，而陈佩斯可以说基本上是不笑的，他彩排的时候看的人肚子都笑疼了，可是他自己就是不笑，表现出一个优秀喜剧演员的修养。

清代戏曲理论家李渔在说到戏曲中的笑话（插科打诨）时这样说：

> 妙在水到渠成，天机自露。“我本无心说笑话，谁知笑话逼人来”，斯为科诨之妙境耳。[①]

这不仅是一个艺术火候的问题，而且是一个精神层次的问题。笑与不笑，从最根本上说，是能不能抱着某种悲天悯人的哲学观念来看自己。

六、用大智若愚拯救对方

幽默大家都是很有智慧的，他们往往能达到大智若愚的境界。明知自己占了上风，但又不把这种优势表现出来。在对方讲出许多愚蠢的话的时候，非但不直接指出，反而不动声色地把对方从困境中解放出来，而对方却并未感到他的幽默。这时的幽默，即使引发了笑，也不是互相沟通的、会心的笑，而是某种孤独的欣然独笑。钱锺书在这方面深有体会，他在《写在人生边上》中这样说：

---

① 李渔：《闲情偶寄·词曲部下·贵自然》，见《李渔全集》（第三卷），浙江古籍出版社 1992 年版，第 58 页。

一个真有幽默的人别有会心，欣然独笑，冷然微笑，替沉闷的人生透一口气。也许要在几百年后、几万里外，才有另一个人和他隔着时间空间的河岸，莫逆于心，相视而笑。假如一大批人，嘻开了嘴，放宽了嗓子，约齐了时刻，成群结党大笑，那只能算下等游艺场里的滑稽大会串。①

钱锺书可能是把这种幽默境界看成是幽默家之最高境界。严格说来，这种境界已非纯粹的幽默境界，而是一种高远的人生境界，高远到把芸芸众生看得很可怜，把芸芸众生的欢笑，看成是“下等游艺场里的大会串”，这可能是有点曲高和寡。

这已不是社交的幽默，一般人是很难达到的，但是，并不是不可以体悟的。也许契诃夫的故事可以帮助我们了解一二。

契诃夫成名以后，家中不断有慕名而来的崇拜者。有一天，来了三位上流社会的女士，她们一进来就力图表现出自己很有政治水平，向契诃夫问道：“安东·巴甫洛维奇（按：对契诃夫的尊称），您以为战争将来会怎样呢？”

契诃夫咳嗽了两声，想了一会儿（按：做得很笨的样子），随后温和而认真地说：“大概是和平。”

这是故意文不对题，人家本来问的是战争的结局，是哪一方会胜利，但契诃夫却回避了她们的问题，讲了一句毫无意义的笨话，却不露声色，做出很认真的样子。

她们又问：“当然啦，可是哪一方面会胜利呢？希腊人，还是土耳其人？”

“我认为是强的一方胜利。”

这又是一句废话，说了等于没说，不提供任何新的信息。

“那么照你看来，哪一方是强的呢？”

“那就是营养好、教育高的那一方。”

这仍然是一句空话，不但文不对题，而且很愚蠢。战争的胜负，和营养、教育，没有充足必要的联系。契诃夫好像决心不接触太太们关心的军事、政治问题，但三位太太好像并没有意识到这一点，她们仍然沉浸在对契诃夫高深智慧的无限崇拜之中。

一位太太赞美道：“多聪明！”

另一位太太问道：“您比较喜欢哪一方啊，希腊人还是土耳其人？”

契诃夫和蔼地、亲切地、温和地微笑着说道：“我喜欢蜜饯，您呢？您喜欢吗？”

当一位太太赞美他“多聪明”的时候，契诃夫早已识破了她们一伙的虚荣。此时的他居然还能够“和蔼”得起来，换一个人早就皱眉头不耐烦了，“亲切”更是难得，真是到了大智若愚的妙境。即使在这样的情况下，契诃夫还是“温和”地微笑着。而他温和的微笑，

① 钱锺书：《写在人生边上·说笑》，生活·读书·新知三联书店 2011 年版，第 17 页。

不是因这几位女士的愚蠢，他的笑是平静而礼貌的。在这样愚蠢的问题面前，还能心平气和、温文尔雅，还是保持着高雅而友好的姿态，这是何等的宽容与超脱。女士们之所以显得如此愚蠢，原因就在于她们要在契诃夫面前装作对于严肃的政治问题很有修养的样子，这样做恰恰是弄巧成拙。契诃夫看出了她们的尴尬，是由于背离了自己真正的兴趣。他没有直接挑明，而是把话题引导到她们所熟悉的蜜饯上去。这就是说，契诃夫看出了这些妇女除了家务外，对于政治一无所知。他用这个话题把她们解放了出来。

“很喜欢！”太太们兴致勃勃地嚷道。

“它多么香啊！”其中一位太太认真地说。

于是这三位太太活泼地谈起话来，并且表现出她们对于蜜饯有非常广博且精细的知识。她们显然很高兴，现在用不着再费脑筋装出对她们从未想过的希腊人和土耳其人的事情的关心了。

契诃夫的幽默高就高在始终采取“答非所问”“文不对题”的办法，到了最后则干脆大智若愚地转移论题。契诃夫不怕在别人眼中显得笨拙，而回避在大庭广众之下揭露三位太太虚饰的深沉。他用不合逻辑的答非所问显示了自己的宽容，同时也把三位太太从故作高深的话题中解放出来，让她们回到自己真实的内心世界中去。这样的幽默是最软的幽默，软到让对方感觉不到锋芒，但感觉不到锋芒并不等于没有锋芒，任何一个在场的人或者今天的读者都可以感到契诃夫对三位太太虚荣和浅薄的洞若观火，同时也体悟到契诃夫对于世人的虚荣悲天悯人的襟怀。

契诃夫式的微笑，和普通幽默的笑，也就是会心的微笑相比，别有一种高度。这种笑不是会心的，和对方不在一个精神层次上。这时的笑，只能是一种欣然独笑。这种幽默对我们最大的启示，可以归结为精神优越感的潜藏。就这一点来说，正是幽默最根本的精神。

附：

漫画分析

幽默是要与荒谬联系在一起的，按常规逻辑，荒唐是要引起惊讶的，但是在幽默中切不可大惊小怪。

图 10–1

图 10–1 的心理效应不在惊讶而在平静的发现。起先是两个人渡河，从很深到较浅的河床，后来才发现，他们是抬着担架过河的。

那么担架上的人在水里浸了那么久，他还活得成吗？

这个问题，读者可以作为背景考虑，而对那抬担架的两个角色是不能考虑的，一考虑就幽默不起来了。

不但不可考虑，而且不能有任何担心的神色表现在脸上，要形如槁木、心如死灰才成。平静的表情和严重的后果形成反差，但没有直接表现在人物的面部，而是让读者去还原，这就是不动声色的妙处。

从这里我们可以感到我国传统笑话理论“切忌先笑不已”的深刻，同时也可以悟出我国一些喜剧演员脸上过多的表情的不智。

第十一章

自我嘲弄比自我美化好

——现场气氛的创造和心理距离的调控

一、创造现场情感交流气氛

幽默需要一种气氛，或者叫语境。没有那种气氛，哪怕再有趣的话人们也笑不起来。气氛的形成，取决于双方情感沟通。氛围饱和了，心有灵犀了，一点就通了；一旦僵硬了，再点也不通，幽默可能变成别扭，造成伤害。

有一次我参加一个宴会，我到另一桌去祝酒，那个桌上女孩子比较多，我想幽默一下，就对桌上一位男同事说："很荣幸我一下就找到你，哪里女孩子多，哪里就可以找到阁下。"大家哈哈一笑，可事后这位男同事却跑到了家里，很严肃地向我提意见说："你怎么把我往死里整，我是那种好色之徒吗？"我狼狈不堪，只好向他道歉："都是我不好，对不起。"事情过去很久以后我才知道，这位同事对我不但很妒忌，而且有误解。他还有一个追求女学生的故事，是很见不得人的，因为他是一个有妇之夫。他以为我知道了，但我却真的不知道。如果知道，我是不会和他开这样的玩笑的。这次的失败说明，"幽默"错了对象，也不是时候，不但未能沟通双方心灵，反而造成了长期的隔阂。在这种情况下，心灵渠道已经堵塞，以后做什么理性的解释也是白搭，唯一的办法，就是以道歉表示自己认输，承认幽默的失败。

幽默要看对象，看场合。不但有妒忌意识的不成，就是没有妒忌意识的，如果智商、情商不足，感情交流达不到心有灵犀一点通的程度也不成。即使心灵有沟通的可能，还要看现场的气氛是否达到了融洽的程度。当然，高明的幽默家在氛围还没有饱和的时候，可以创造气氛。

关键在于用什么具体的办法才有效。

最主要的是利用现场信息即兴调笑。由于现场条件是双方都看得见摸得着的，故最容易沟通双方的感觉——心灵渠道。不论交谈还是演讲，不但要传达思想，而且要沟通感觉。这种沟通和一般的书面阅读不同，文字对人的刺激是平面的，而演讲所发出的信息是全方位的，不但有文字语言，而且有肢体语言，此外还有会场上听众的情绪和反馈。所有这一切，都不仅仅是演讲者能够感觉到，而且听讲者也能感觉到。双方有共同感觉得到的东西就比较便于沟通。

我年轻的时候，很喜欢看苏联领导人赫鲁晓夫演讲的报道。他很善于利用现场即兴调笑。有一次他正在演说，原来昏暗的天气突然开朗，金色的阳光从窗口射了进来，他离开了演讲稿说："看来上帝对我们的信念很有同感，他慷慨地用灿烂的阳光为我们的大会献礼。"这是一般的现场发挥，所发挥的内容不涉及演讲者，所以现场效果有限。一旦涉及演讲者情况就不同了，因为这使演讲更具有交流感，使听者产生强烈共鸣。

有一次，福建师范大学举行演讲比赛，一位女同学抽签抽到最后一号，等她上台时，听众已经开始有点分心了，秩序有点乱，这对于她是很不利的。但这个女同学很镇静，她即兴发挥说："我抽到了最后一号，看来上帝注定要让我后来居上。"她说完听众就会心地笑出声来了。表面上只是把"最后一号"和自己联系了起来，实际上她关于"最后一号"的超越常规的逻辑，触动了听众的视听。听众没有想到会有这样的逻辑错位，更没有想到演讲者会给自己打气，于是便笑了。一笑就说明感觉相通了，气氛就创造出来了。从这个意义上说，演讲要有幽默感，最重要的就是充分表现个性化的机智和诙谐；用最大的努力把你特有的观感提炼出来，最忌把流行的观念、套话拿出来重新炒一次冷饭。

所谓现场感就是要有一种强烈的意识，每一句话都是讲给那些带着不同的思想情绪、怀着不同的关切度的听众听的。他们都很可爱，除了一点，那就是：随时随地可能走神、开小差。要知道，那些听众表面上以同样的姿势在洗耳恭听，实际上，许多人还沉浸在来会场之前的影响着他们命运的不同事情中，他们有各不相同的焦虑、得意、愤怒，或是悲伤，这些东西还在主宰着，或者说骚扰着他们的心绪，会酿成三心二意的趋向，而演讲却要求听众一心一意、全神贯注。如果对现场气氛不加以控制，就可能会对演讲者与听众、听众与听众之间的共鸣和交流产生消极影响。演讲者必须在最短的时间内，把听众这种三心二意的非现场感消灭掉。你凭什么去改变他们呢？凭的是幽默。你必须从共同的现场感觉焦点中，发挥出有趣的道理来。如果没有趣味，没有幽默感，要想把听众调动起来，就要依赖会场的纪律，这难免会使他们产生被强制之感。但是幽默感却可能让他们感觉不到强制，舒舒服服地被你俘虏，这就要求你的语言和动作要好玩，要有趣，要意味深长。福建省 2001 年大学生演讲比赛中，福建师大中文系的卢佳音获得了第一名，她的演讲题是《假如没有改革开放》，本来准备的开头是：

> 今天我做了一个小小的统计，刚才上台的 18 位演讲选手当中，穿着 14 种款式的衣服，10 种颜色，9 种发型，除了性别一如既往的只有两种之外，我们的色彩变得丰富了，选择变得多元了。这就是改革带给我们的真真切切的变化。可是假如没有改革呢，这些丰富的色彩就将退出今天的画面，而大家呢，则不分男女统一着装，先背毛主席语录，再喊政治口号，想想吧，这样的日子多么枯燥。

但是，到了临场，她觉得这样引起共鸣的力度还不够，就临时把稿子改动了一下：

> 谢谢大家的掌声。我分析了一下，掌声这么热烈，有三个原因—— 一是，我是师大的学生，鼓掌的都是我的啦啦队；二是，大家都听累了，累坏了，精疲力竭，终于是最后一名选手上台了，可以松一口气了；三是，我今天穿得还算漂亮。我之所以这样穿着打扮站在这里，实际上是改革的功劳。

她一说听众就笑了。听众一下子被调动了起来。

现场共鸣、幽默感，并不一定要有充分的道理，有时来一点非理性的语言更能产生一点自我调侃的幽默感。有一位演讲比赛的参赛者，抽签抽到了第一个上台，这对她很不利，于是她就离开早已准备好了的讲稿，即兴发挥了一下：

> 很不幸，今天，我抽到了第一个上台，碰巧上次参加系里的比赛，抽签的结果也是我第一个上台。看来上帝执意要让我做先行者、牺牲者。如果我能把教训留给后来的同学们，让他们发挥得更好的话，我的牺牲无怨无悔，下面的同学发挥得越是超过我，我就越感到欣慰。

她这么一说，台下马上就报之以热烈的掌声。自发的掌声更是心理距离消失、情绪汇合的表现。即兴发挥的幽默，能造成一种现场沟通，其力量远远比脱离现场的、事先准备好的、美丽的言辞要强大得多。为了充分调动听众的注意力，你的话不能空泛，你发出的信息，要有一点想象的刺激力。会心的笑缩短了心灵之间的距离。不论是在演讲时，还是在日常交谈时，只要你把对方逗得会心一笑，人们之间的感觉就相通了，心就接近了。幽默的妙处就在于缩短人与人之间的心理距离。

二、诗化不如丑化

一般人在演讲时，往往不由自主地倾向于用诗的语言来美化自己，其实这并不是好办法，有时诗化不如丑化。一般来说，过分夸张的书面化的美丽词句不一定能缩短心理距离，反而可能会阻塞感觉交流的渠道，扩大心理距离。这对于演讲者实乃大忌。

演讲与写文章不同，它不但传达思想，而且沟通感觉；听众和读者不一样，他不能光是接受演讲者的观点，而且要体验演讲者的感觉、情绪。如果演讲者不能把自己的情感、感觉传达给听众，会场就会喧哗。而喧哗的会场氛围，必然阻塞演讲者与听众的感觉交流。听众的热烈反应会给演讲者以鼓舞，使他神采飞扬，妙语连珠；而听众的冷漠抗拒，则会给演讲者以直接的精神打击，使他丧失信心。最佳的氛围是听众与演讲者感觉相通、心领神会，演讲者一举手一投足，都能与听众产生交流；听众与听众之间也互相共鸣，互相鼓舞。这叫演讲的“三角信息交流”。

由于种种原因，我们国家至今对演讲的特殊规律仍然缺乏重视，普遍忽略了最起码的现场交流规律。在我们的中学语文课本上，往往出现一些幼稚的错误。例如有一课讲到口头即兴，举了一个例子——《在毕业生离别晚会上的即兴讲话》，其中的一段是这样的：

> 三年的时光，匆匆地流逝了，相聚不知珍惜，别离才显情重。此刻离别的晚会为我们而开。再回首，张张熟悉的面孔像朵朵彩云一一掠过，多姿多彩的生活如童话般的梦境，在你、在我心头重播。可这一切，都将如轻烟一缕，缓缓地飘向白云深处。

全部讲稿，都集中在诗化的抒情上，充满了文雅的书面语言，拗口的形容词一大串，还有对称的句法。号称“即兴讲话”，实际上绝对不是即兴的，基本上让人领略不到在现场即兴而发的感觉，几乎可以肯定是事前精心修饰、推敲的结果。如果这一段还不够清楚的话，请看下面这一段：

> 时光老人依然脚步匆匆，历史长河仍旧波涛汹涌，那就让美丽的回忆与幸福的感觉伴我们翩翩起舞，让激动的心弦和着自然的风韵随我们歌唱。歌唱青春，歌唱友谊，歌唱每一个难忘的时光。祝福你也祝福自己，祝福每一个人，以及我们生存的这块小天地。愿这深情，能宽慰曾经有过的苦难与忧伤；愿这告别，昭示着幸福和欢乐。

这么丰富的、华丽的形容，这么强烈的诗化的语言，这么明显的刻意求工的抒情，一点儿即兴的、幽默的谐趣都没有，连起码的口语词汇都没有。作者显然以为演讲之美全在抒情。稍微有一点语感的人一眼就可以看出，其中毫无瞬时的心灵的活跃，更谈不上激起与听者的互动和沟通了，居然把它拿来当作“即兴演讲”的范文，这只能说明编者自己对于即兴、口语，连起码的直觉都没有。

正是因为这样，我们从中学、大学毕业出来的人，包括教授、经理、高级官员，到西方国家跟人家交流的时候，也许什么都不比人家差，就是不大会在公众场合讲话，讲出话来没有幽默感，干巴巴的，有的甚至只会念讲稿。为什么离不开讲稿？就是因为脸没有地方躲。把讲稿硬给他拿开，就结结巴巴、语无伦次了。如今政府各部门逐渐有了新闻发言人，其最起码的功夫就是脱稿，即兴讲话，因而就能把话说得有趣、机智、幽默，让人家喜欢你，哪怕是与你有不同观点的人，听了也不会反感，也就是说，虽然我理性上不能认同，但感情上却可以接受。

我们国家之所以出现口语交流的匮乏，原因是多方面的。从历史传统来说，自先秦游说之士以后，由于纸的发明代替了比较笨重的竹简，中国的书面语言比起古希腊、古埃及，其运用和传播都大大地便利了。纸质媒体的普及，形成了重视书面文字、轻视口头语言的传统。“巧言令色”不但是语言上的贬义，而且是道德上的低级。见人说人话，见鬼说鬼话，在汉语里是人格卑下的表现。但是，难道交流可以不看对象吗？交流作为一种学问，从其有效性来说，对象是很重要的。美国的演说术里，就有很大一个部分是研究听众的。必须根据听众的种族、性别、社会身份、现场的情绪等来决定自己演说的内容和风格，让他们觉得你这个人说话很有趣，很幽默。

1993 年 3 月 2 日晚，福建师大以寝室文明为题，举行演讲竞赛。参赛选手有二十几名，其中 90%以上都用抒情的语言讲述他们美化寝室的劳动，尤其突出的是一个女同学描述她生病时受到室友的细心照顾，以至感到生病不是一种痛苦，而是一种享受。其中的抒情语言十分美妙，例如“温暖的港湾”“太阳的颜色”“匆匆的是岁月，永驻的是友情”等。但是她的纯粹诗化的语言并没有得到评委的青睐，反倒是最后，她讲到自己来到大学第一次离开妈妈，初来学校，同学们忙着听课，上图书馆，老师上完课就不见了。一点儿不像中学那样温馨，她感到十分孤寂。可是一旦生了病，突然间老师、同学一个个嘘寒问暖，自己病好了，一切恢复原样，大家又各忙各的去了，而她又沉入无限的孤寂中。这时，她感到非常怀念她生病的日子，哀怨地发出一声长叹：

为什么这么久，我还没有生病啊！

听众的情绪一下子就被她调动起来，热烈的掌声响起来。

她这样的语言，并不是诗意的语言，而是一种自我调侃、自我贬抑的幽默语言，但是却比诗化的语言更具感人的力量。实践证明，幽默语言比之抒情语言更有现场效果。那次还有一位中文系学生，他住在校外的公寓里，那里由于不是学校直接管辖的，因而比较混乱。作为室长，他的任务就比较艰巨。如果他以抒情性的语言去描述其艰巨性，那就没有什么特点，不会给听众和评委留下深刻的印象。他采取了幽默方法中的自我调侃，首先他把自己描绘成一个“游牧部落的酋长”，尽可能强调自己的可怜，甚至以夸张的语言说自己的寝室在未经整治前有一种“气味”，如果出口到美国去，准可以熏死更多的伊拉克士兵，而用不着动用先进的导弹。另一个教育系女同学的演讲，也用同样的方法调侃自己担任的寝室长是“世界上最小的官”，“既没有文件可以传达，又没有岗位津贴”，是一头十足不起眼的“老黄牛”，她的演讲也获得了满堂喝彩。可见，调侃性的贬抑更容易沟通与听众之间的感觉，缩短与听众之间的心理距离。

这种自我调侃式的幽默，在美国幽默理论中被列为高级的幽默。人在生活中，尤其是在讲台上都不由自主地希望自己的形象高大一些，光彩一些，因而使用频率最高的是抒情语言。抒情语言自然能传达情感，但是也有两个缺点：一是过分夸张的心理优势可能扩大演讲者与听众之间的距离；二是书面化的语言缺乏日常的感情色彩，不够明快，听众的感觉不容易被迅速激发。而幽默语言则正相反，把自己的姿态放低，更有利于听众接近，沟通感觉。这时，听众不但接受你的感觉，而且以笑声、掌声、活跃的情绪鼓舞你。这就构成了一种饱和的、热烈的现场交流氛围。在这种氛围中，哪怕是演讲者的一个手势、一个眼神都会产生强烈的共鸣。

三、空间距离不变，心理距离可伸缩

幽默语言能使人们心理距离缩短的这种功能常为人们所忽略，这是因为人们没有认识到人与人之间的空间距离和心理距离的差别。许多人以为只要是好朋友、亲人以至夫妻，天天生活在一起，彼此就可以达到亲密无间的程度。其实不然，空间距离的紧密不等于心理上的亲密。从物理学来看，人与人之间的空间距离是不会因为人的情感状态而发生变化的，但是人与人之间的心理距离却是可以因为情感的作用而变化的，正所谓“海内存知己，天涯若比邻”。反过来讲，如果感情不和，哪怕是睡在同一张床上也是有如隔着太平洋。不论是演讲还是交谈，都有一个缩短心理距离的问题。许多演讲者常常是拿着准备好了的演讲稿去宣读，或者虽然没有拿稿子，但实际上却在那里念念有词地背诵。那张讲稿不管是拿在手里，还是记在心里，都会像一堵墙遮挡着你的眼睛，让你心灵的窗户关闭，弄得你的感情和感觉不能通过眼睛和听众自由地交流。在这种情况下，演讲者和听众之间虽然空间距离没有变，但心理距离却在不断扩大。

不管背演讲稿有多少好处，其坏处也是致命的，那就是演讲者对于演讲稿的追随以及对于忘掉某一句、某一段落的忧虑，不论是追随的被动还是忧虑造成的紧张，都只能使演讲者的思路拘谨，使得他对于现场发生的一切都无动于衷，甚至连听众的反应也视而不见，听而不闻。

这就完全阻断了演讲者与听众之间本该十分自由的交流——互相欣赏，互相鼓舞，甚至互相激发热情和灵感。美国著名的演讲专家卡耐基在他风行世界的演讲学专著——《语言的突破》中反对把自己的演讲要点依序写出，他说这样有两个危险：第一，模式固定，“停止再对它作建设性思考”；第二，“还会有尝试记诵稿词的危险”。他主张事前作充分的准备，但在现场要面对听众自由发挥。

四、选取口语中最有感情色彩的词

在用口语来和听众交流这一点上，马克·吐温和卡耐基的看法相当一致。卡耐基演讲课本，引用马克·吐温的主张说：演讲稿的语言可以是书面语，而演讲者则应该用口语：

> 笔写的东西，非为演讲之用，它们的形式是文字的，它们生硬，无弹性，无法使自己借唇舌而愉快、有效地传达。演讲的目的，只在让听众快乐，而不在说教，便需将它们变得柔软、口语化起来，并且将其改变成通常未经事前思考的说话方式，否则，它们将会烦死一屋子的人，而不是让他们开心。

马克·吐温在这里发表了两个观点，其中之一是用口语而不是书面语言来和听众交流。他没有讲理由，其实理由很简单，就是因为口语富于感情色彩，而书面语则较庄重、理性。口语往往是比较明快、十分夸张的，比如说你买东西没有经验，卖主叫了一个特别高的价，你也买了。这在文雅的书面语中叫“高价购得”，一般的口语叫“买了个高价”，而感情色彩特别强烈的口语，如“让人家宰了”“让人家坑了”，都是把表达死亡的词用在买卖上。无独有偶，在美国口语中有“Kill you!”（宰了你！）在口语化方面，毛泽东最得心应手：他把教条主义叫作“本本主义”；把经验上升为革命理论，叫作“山沟里出马列主义”；把马克思主义的基本原则归结为“造反有理”；把积极的因素叫作“好事”，把消极性的因素叫作“坏事”，哲学上的对立面转化叫作“坏事变成好事”；把兼顾各方面的工作使之协调叫作“十个指头弹钢琴”；把不能兼顾、头绪混乱叫作“十个指头按跳蚤”；把国民党在解放战争中的失败叫作“完蛋”，等等。

我想，马克·吐温关于口语化的说法应该作些补充，更严密一些的说法应该是：为了取得与听众情绪、感觉沟通的充分性，在必要的时刻应选取那些感情色彩最夸张的口语，而不是满足于一般的口语词语。

自然，这类口语词语也有它的局限，那就是不正规，不严密，比较零碎，不利于做精确的表达，不便用来下定义。因而无法全用口语写自然科学或政治经济学等学术著作。所以，对于马克·吐温的话还可以作补充，那就是把口语的传情、传神和书面语的传达理智有机地结合起来。

五、把寻求准确表达的过程展示在听众面前

依前所述，马克·吐温发表的第二个观点是：把演讲稿“改变成通常未经事前思考的说话方式”更为重要。阅读的文本，是已完成的结果，而演讲是一个要听者和讲者共同完成的过程。现成的演讲稿虽然有比较严肃、系统的好处，但是也有一个坏处，那就是一切都不是现场生成的，演讲的人应该和听众一同处于思考、探究、比较、选择、概括、分析的过程中。“未经事前思考的说话方式”也就是即兴的讲述方式，它包含着听众不但和你共同领悟，而且是和你一起创造氛围的意思。你在形成观念、寻找表达词语的时候，听众不仅仅是欣赏者，而且是鼓舞者，你在选择恰当的句式的时候，听众也处于同步的选择之中，你对选择的词语不满足，表现出某种犹豫，做出某种改变的时候，听众也在紧张地等待那最佳的语句。他们不但和你共享胜利的喜悦，而且和你分担挫折。即使你最终并没有找到最佳的语句，他们也能够满足，因为时间是那么有限，他们知道，你不能像写文章那样字斟句酌。这个生成的过程就因此而显出了双重的生命，生命与生命相互领会。背讲稿则脱离了生成的过程，完全是照本宣科。听众陷于被动，其冷漠就是必然的。用不了多久，他们之中就会有人走神；而少数人的走神、东歪西倒、交头接耳，必然影响会场上的情绪和感觉的贯通，这很快就会对演讲者造成心理压力，甚至让演讲者丧失信心。

演讲者不能满足于教育别人，把现成的真理像蛋糕一样端给别人，而是把自己思考、探索、激动、兴奋、比较、选择、得出结论的心理过程展示在听众面前。哪怕是一个很平常的结论，也能激起听众的共鸣，“未经事前思考的说话方式”就是引导听众参与的方式，而事前已经完成思考的方式则是排斥听众参与的方式。在演讲中如此，在交谈中更是如此。

正因为这样，演讲者如果能够利用现场情景做即兴发挥，往往能大幅度地缩短心理距离，创造出最饱和的现场氛围，使听众与演讲者的交流达到高潮。安徽省铜陵一位市长，在德国马尔堡市发表了一次即兴演说，在陌生的异国他乡完全用现场的情景发挥，进行自我调侃，创造了很浓的心理交流气氛。那时正在吃晚饭，他就从吃饭讲起。他说：

> 女士们，先生们，中国宴会的习惯，是先致辞后吃饭，好处是把该办的事办完，吃起饭来可以沉住气，不慌不忙，吃个痛快。而你们欧洲人的习惯是吃起来以后再讲话，这样也有好处——不会饿肚子。今天是入乡随俗——吃饱了再说。

于是宴会厅里大笑起来，大家热烈鼓掌。

这位市长很有幽默感，他利用现场情景自我调侃，好像他很馋的样子，把吃饱肚子和

吃得痛快看成至关重要的事，这与严肃的外事活动形成了反差，所以就显得好笑，大家神经放松了，气氛就来了。

他的超常解释有一个特点就是好像在贬低自己，不怕人家小瞧自己，这种自我调侃，反而使人家感到他才思敏捷，心智丰富。

六、丑人因自我调侃而变美

在一本美国人写的幽默书中，作者把自我调侃列为最上乘的、最高雅的幽默，看来有些道理，因为自我调侃比之自我美化（创造心理优势），更有利于贯通双方的感觉，缩短心理距离，创造现场交流的良好氛围。1986 年春节文艺晚会上，中国台湾制片人凌峰被介绍出场，他是个光头，外表显得有一点苍老。当时他第一次在中央电视台亮相，自我介绍说："我来到祖国大陆后，我的相貌受到男同胞的热烈欢迎，可是使女同胞忍无可忍。"

他的话立即引起了一片笑声、鼓掌声。后来，又有一次他在"金话筒晚会"上和一位非常漂亮的广东小姐一起当主持人。他上台握了一下这位小姐的手就说："很高兴见到你，很不幸你又见到我。"这是自我调侃，很可惜漂亮小姐没听懂。后来凌峰又说："我这个人主持节目有个优越性。"说着把帽子脱了，露出他的光头。这位小姐还没意识到他是在进行自我调侃，居然说了一声："是呀。"凌峰继续说："我一上台，所有的男同胞就自命不凡起来，而女同胞特别有安全感。"观众一下子明白了他对自己长相的调侃，于是热烈地鼓起掌来。他即兴发挥说："你看这些自命不凡的人都来了！"于是满场欢笑。此时，主持人与观众所交流的并不是什么深刻的思想，而是一种感情，这就形成了一种饱和的氛围，使得观众的情绪一下子达到了高潮。凌峰自然比那位小姐长得丑，但他此时在观众心目中比那位小姐美多了。

一般人和别人相处，总是想表现得神气些、光彩些、水平高些，特别是在公众场合，谁愿意让自己的形象降低呢？当你出现在听众、学生、部下面前时，那么多人竖起耳朵听你的，你的形象本来已经够优越的了，表面上你和他们的空间距离不大，实际上你高高在上的感觉、你的得意的感觉，他们是感觉得到的。他们在下面，有一种被动的感觉：不管爱听不爱听，不管你讲得好不好，他们都只能正襟危坐、洗耳恭听。这种在潜意识里的对立，你是感觉不到的，实际上你和他们之间的心理距离是十分遥远的。要缩短心理距离，创造融洽的气氛，办法很多，例如故作大言、故弄玄虚等等，但最好的办法是自我调侃，也就是自己嘲弄一下自己，把自己的形象降低一点，让自己的感觉和对面的听众沟通起来。

七、故作大言不如自我调侃

有时相反的方法也挺有效，那就是用几句话把吵吵闹闹的听众镇住。20世纪，在北京举行一个挺重要的学术讨论会，快结束了，会场有些混乱起来，轮到一个小伙子发言，他一上台，只一句话，就把会场弄得鸦雀无声。他说："刚才发言的都是名人，我不是名人，但是比名人更高明。"

这也是一种幽默方法，叫作故作大言。在气氛充分活跃、情感沟通以后，效果可能比较好；但在陌生的环境中运用是挺冒险的，因为这时心理距离的缩短是暂时的。如果你讲下去没有十分惊人的水平，听众会觉得你是吹牛，气氛又可能垮下去，心理距离会变得更遥远，弄不好会惨败。

有一些政治家常常运用这个办法调侃对手甚至朋友。例如丘吉尔，他评论一位同僚说："他是一个谦虚的人，他拥有许多让他谦虚的事。"这比说"他因为水平不高才谦虚"好多了。但从理论上说这和幽默的根本精神——缓解对抗是矛盾的。从实践上说，和个别人聊天时讲讲无妨，可如果在公众场合，这样讲是不妥当的。有人评论丘吉尔说，如果把"他"改成"我"就会显得更有力，也就是："我是一个谦虚的人，因为我拥有许多让我谦虚的事。"这样一说的确好多了。这就是把攻击别人变成调侃自己，用自我调侃来缩短情感的距离了。这一点对于做领导、做经理、做教师的人十分重要，老是把自己抬高，其结果是降低自己。你的职位比人家高，并不等于智慧一定比人家强，关键在于把心交给人家，这叫作和群众打成一片，水乳交融。这就是说，不要摆架子，不但自己不能摆架子，而且别人为你摆了，你还要往下拆，越主动越好。美国一位著名律师来到哥伦比亚大学，校长在听众面前介绍说："他可算得上我国的第一公民，诸位静听，第一公民就要演讲了。"在这种场合最危险的是得意扬扬、笑容可掬，因为听众的心理期待极高，因而也就很容易产生巨大心理落差。

这位律师很有幽默感，连忙接下去说："刚才校长先生所说的第一公民，我起初不太懂，想了一下，才知道他是指莎士比亚剧本中常常出现的'第一个公民''第二个公民'，都是跑龙套的角色，每次演出大都讲一两句话，而且多半是没有口才的人，讲些没有什么高明见解的话。"他这么一讲，好像是贬低了自己，由于显而易见是一种过火的贬低，因而听众不难领会其言外之意，感觉就沟通了，气氛就热烈起来了。

八、关键在于真诚

自我调侃与言不由衷的假谦虚有根本的不同。假谦虚讲的都是些套话，干巴巴的，没有什么言外之意，也没有什么情趣，沟通不了感情，还使听众的感觉渠道堵塞。只有真诚才能沟通感情。有一次柏林空军俱乐部招待空军英雄，主宾是著名的乌戴特将军。敬酒时，一个士兵不小心将啤酒洒在了将军的光头上，士兵吓得魂不附体，全场目瞪口呆、鸦雀无声，而乌戴特将军却微笑着对浑身发抖的士兵说："老弟，你以为这是治疗我秃顶的有效方法吗？"

真诚不真诚，在受到冒犯时就区分出来了，如果是假的，这时就大为不快了。

自我调侃并不难，只要真诚就行。真诚的人，心灵就自由，但真诚也不妨碍虚构，夸大一些自己的缺点。在已故国家领导人中，陈毅最具有这样的特点。1961 年，有一次他对一批文化人说："我这个人有个习惯，在文人面前我自称是武人，是元帅；可在元帅面前，我自称是文人，是诗人。"

听众明明知道他的说法并不完全是事实，但还是心领神会地笑了——感觉沟通了，心灵就靠拢了。

自我调侃，不但可以嘲笑自己的缺点，而且可以嘲笑自己的优点。这得有点气魄。20 世纪 60 年代，乒乓球运动员徐寅生有一个著名的演说叫作《关于如何打乒乓球》，受到毛泽东的欣赏。当时，他打球很有心眼，人称他"智多星"，这是《水浒传》中军师吴用的绰号。可他在演讲中说：我哪里是"智多星"？我不过是脸上多长了几个痣而已，我是"痣多星"。

徐寅生脸上真有不少痣，把自己的智慧和痣扯在一起，就显得机敏，而且心胸特别开阔了。

嘲弄自己的优点比嘲弄自己的缺点更需要真诚，因而也就更容易起到沟通感情、缩短心理距离、创造良好氛围的作用。

附：

漫画分析

在漫画中自我调侃的形式，往往是一些“聪明的笨人”的故事，他们自以为很聪明，而且很着迷于自己的“聪明”。

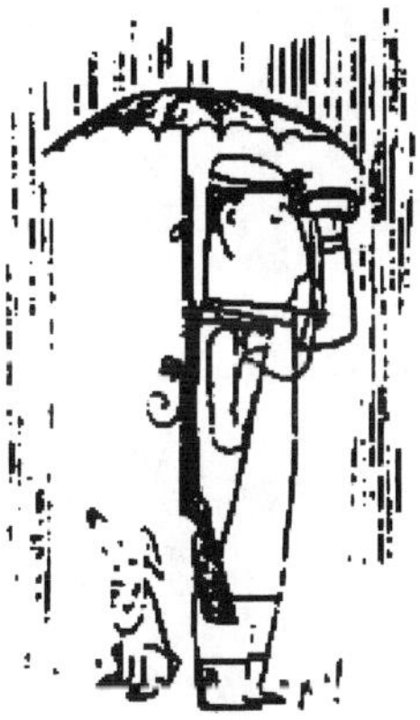

图 11-1

图 11-2

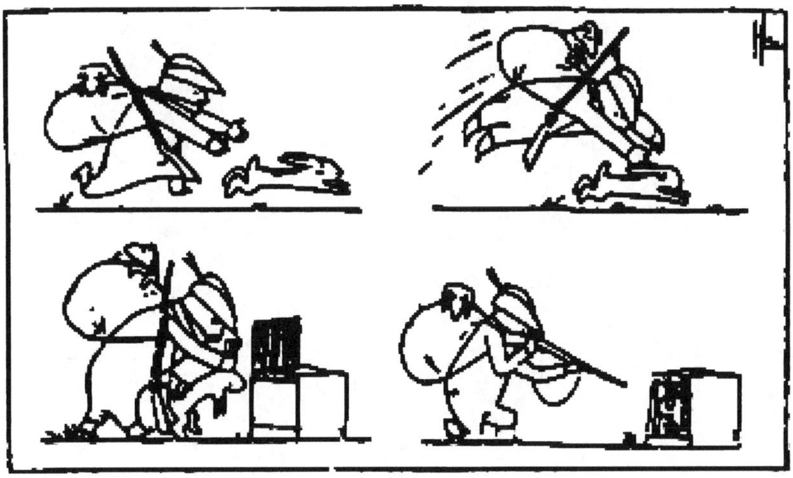

图 11-3

图 11-1 至图 11-3 都是聪明的笨人的洋相图。

图 11-1 是猎人在雨里观察，雨伞、望远镜、猎枪应有尽有，可没有想到兔子正在他背

后的伞下躲雨。

图 11-2 中的人则更笨：一个人射鸟，让四个人张着布，好像怕被射中的鸟摔死似的，既然如此，何必要射击呢？

图 11-3 中的“猎人”花了好大力气把兔子抓到笼子里，然后供自己射击。

以上这些画表明三个笨人是很着迷于自己的“聪明”的，是很天真、很真诚的，因而作者是在不动声色地显示着自己的幽默感。

第十二章

幽默的二重逻辑错位律
——歪理也要歪得有理

上面分析了许多阻碍人们进入幽默境界的因素，例如思路不灵活、心态不自由、实用、理性、太拘泥等等，都是从反面说明幽默不应该怎么样；但更关键的是，幽默应该怎么样。不说明幽默应该怎么样，就不可能真正明白幽默不该怎么样。

这就好比你要追捕一个逃犯，人家光跟你说，此人长得不是这样的，不是那样的，说了一大堆却没有交代他究竟长得什么样，不从正面追踪其特点，那还是很难抓住的。

一、敢不敢冒犯逻辑的基本规则

科学的理性逻辑，最起码、最根本的原则，就是思路要统一，不能转移论题，这在逻辑学上叫作同一律。同一律的公式是：A是A。不能既是A，又是B，这样就违反了矛盾律；不能既是A，又是非A，这样就违反了排中律。不管矛盾律还是排中律，都是为了保证同一律的贯彻到底，不让概念转移。如果转移了，在逻辑上就叫作“偷换概念”。我跟你讨论打狗的方案，你不能转移到骂鸡上去。只有在无法讲理的情况下，为了照顾面子或者为了不把事情弄僵，人们才能有限地容忍“顾左右而言他”。顾左右而言他，违反了最基本的形式逻辑规范。在生活中，如果不遵守这个规范，人们之间就无法对话，更没法讲道理。藐视同一律，商务和行政管理活动就无法进行。特别是在法律和政策条文、外交文件中，一个词的内涵的转移所导致的理解误差，可能造成很大的纠纷、损失，甚至灾难。因此，在科学研究中，为了防止这样的事发生，为积累科学研究成果，对每一个基本概念、术语都要下定义。

不遵循理性思维的规律，人类的文明将遭受毁灭性的破坏；但是不问青红皂白，把理性的规律硬加到人们情感的活动中，也可能导致人类情感的枯竭和文学艺术的退化，当然，幽默也就难以存在了。

一条逻辑贯穿到底的一元化思路，有科学发明和理性创造的价值，但却没有交流感情的幽默价值；而幽默逻辑没有科学价值和实用意义，却有交流情感的价值。

对于这种现象，弗洛伊德在《诙谐及其与潜意识的关系》中做过解释，他说：成年人都有一点厌倦社会所要求的严格的思维逻辑和理性的道德规范，他们想暂时从这种紧张中逃脱一下，因而人们就不是考究实用而是去享受小孩子式的好玩了。所有这些都是从幽默心理学出发的，但是幽默心理学至今仍然缺乏实验基础，其猜想性往往大于实证性，因而从心理学的角度去研究幽默显然是不够的。

二、既非一元的，亦非二元的，而是二重复合逻辑

我们不能满足于已经讲过的幽默是传达感情而不是表达理性的这样一种心理学论断。问题在于传达感情并不是幽默特有的功能，抒情诗也能传达感情。中外许多幽默理论到了这个节骨眼上都卡了壳。每逢讲到幽默本身的特征时，常常就没有多少话说了。如果幽默有它的逻辑特征，为什么不从幽默逻辑学的角度去分析它的特殊规律呢？

为了把这个问题说得清楚一些，我们还是从一个最浅显的故事开始，作为我们逻辑分析的起点。

在一个小学课堂里，数学老师宣布，今天讲减法。为了便于让学生理解，她采取了从感性入手的办法，她说："如果你哥哥有4个苹果，你拿走了3个，结果怎样？"许多学生都回答："还有1个。"老师很满意。但是有个学生高叫了一声："我被哥哥狠揍了一顿。"大家很开心地笑了起来。

四个苹果减去三个苹果，还剩下一个，这很符合科学逻辑，但它并不逗笑。四个苹果减去三个的结果是被哥哥狠揍了一顿，这不符合科学逻辑，但是很好笑，而且有一点幽默感。

这就给了我们以下启示：第一，幽默的逻辑和通常我们熟知的理性逻辑不同，理性逻辑以逻辑的一元化为特点，严格遵循逻辑的同一律，即概念不得含混，不得转移，不得偷换。这个教师本来讲的是数学，不能转移到哥哥和弟弟的关系上去。对于不明确的概念要下定义使之明确、稳定，数学逻辑才能一贯。从这个意义上来说，幽默逻辑离开了数学逻

辑，不一贯了，根本不合逻辑。第二，如果光是不合逻辑，也不好笑，因为一切数学的错误都只是错误，并不好笑。第三，这个学生也有他的逻辑，哥哥有4个苹果，没有征得哥哥的同意，弟弟擅自拿走了3个，当然要引起哥哥的情绪膨胀，甚至野性爆发。擅拿苹果的原因，产生了动武的结果，很符合逻辑上的充足理由律。第四，光有这样的因果关系，你拿走他的东西，他就揍你，这只是激化对抗，明显与幽默无缘。也就是说，这个因果关系和另一个因果关系（4个苹果减去3个苹果等于1个苹果）两者相互独立，各不相干，这样的情况，叫作二元逻辑，这也没有任何幽默感。第五，这个学生的回答之所以有一点幽默感是因为这里两条思路、两种逻辑被一个概念联系在一起，发生了交错。在这里，“结果”这个概念就是两条逻辑的交错点。

老师说的是哥哥有4个苹果，你拿走3个“结果”怎样，而不是说“等于”多少。她如说“等于”多少，那么一元化的理性逻辑，只能有一个正确的答案，那就是只剩1个。可是老师说的是“结果怎样”，这里就有两种可能，也许是数量的减少，也许是人与人之间的冲突。“结果”这个概念的含糊性相对于“等于”这个概念来说是不够明确的，但正是这种含混也就有利于概念的被偷换，逻辑自然地转移。

由于老师是在上数学课，不言而喻的是指数量关系，所以多数学生和老师都在期待一种数量关系变化的一元逻辑。而当一个小学生做出被哥哥揍了一顿的答案时，这种一元逻辑的期待落空了。如果光是一元逻辑落空，还是没有什么幽默意味，但是在这个期待落空了以后，他们又发现这种落空的一元逻辑在另一种逻辑上又落实了。因为从人际关系来说，弟弟拿了哥哥的苹果而挨了打，这样的因果性是很自然的，正是由于这两种逻辑在“结果怎样”这一点上交错了，才产生期待的落空和意外顿悟的统一。这样的逻辑特点就不是一元化的，但也不是二元化的（二元化就互相没有关系了），而是二重复合的。下面是一则小故事：

某烤羊肉串的被调去当火葬工，没几天便被开除了，因为他每次都会问死者家属：你们想烤几分熟？

这里的关键就是烤字，烤羊肉用火，火葬也用火，第一重逻辑是通顺的。第二重逻辑：把烤羊肉的问话用到火葬上来，从讲话的人来看，是职业习惯使然。但是，把烤羊肉和人的火葬混为一谈，又极其不伦不类。二者逻辑“错位”了，构成了幽默感。

三、“错位”得离奇，巧合得精致

“错位”逻辑的心理冲击力包含着两个方面的规律性：一是两条思路错开的幅度越大，失落感越强；二是思路转移越是自然，越是隐蔽，顿悟的惊喜就越是强烈。

通常在日常生活中，发现别人讲错了话，人们不外两种反应方式。第一，一本正经地向对方指出。这种方式，从理论上讲无可指责，但在绝大多数场合下不适合，效果也不一定太好。第二，故作不知，看着或帮着人家掩饰过去。这种方法也不理想，可在许多场合下不得不如此。但是，如果与对方有分歧而不加指出，就有损自己的利益。这时最理想的方法就是不动声色地把对方的思路引导致荒谬。导致荒谬本来是一般逻辑反驳的方法。幽默是通过逻辑“错位”导致荒谬。一般的导致荒谬的方法是一条逻辑演绎，而幽默则是二重逻辑交错的。

在福建师大的一次演讲比赛中，有一位演讲者讲到他当了寝室的室长以后，要发动同寝室的同学搞卫生，但有些调皮的同学很懒，拒绝扫地板，理由是他们住在上铺，每天上上下下，已经吃亏了，他们提出：“住下铺的扫地板，住上铺的扫天花板。”事实上，天花板一年才扫一次。这种似乎平等的要求，掩盖着不平等的荒唐。这位室长很聪明，表面上顺着他们，实际上用导致荒谬逻辑错位的方法去调侃他们，他说：“那很好，扫地板的走地板，扫天花板的走天花板。”

这位室长的成功不但在于他导出的结论荒谬，而且还在于他两条逻辑的推理模式巧合，那就是他从对方的“住下铺的扫地板，住上铺的扫天花板”这一思维模式中导出“扫地板的走地板，扫天花板的走天花板”的结论。这么一来，就从“扫天花板”的现实性“错位”到“走天花板”的荒谬性上去了。幽默之不同于滑稽，主要在于深长的意味，而是否有深长的意味在很大程度上又取决于逻辑“错位”的幅度和推理模式精致的统一。这种统一的模式交织着扭曲和巧合、惊异和惊喜。美国独立初期，法律规定要有30美元才能当选议员，这实际上是把穷人排斥在外了。当时的革命家富兰克林反对这个规定，他用了逻辑“错位”的方法，从那看来神圣的法律中引申出荒谬的结论来。他说：“要想当上议员，得有30美元。我用30美元买一头驴，那么我就可以当议员了。一年之后，我的驴死了，那我就不能当下去了。请问：这究竟是谁当议员呢？是我，还是驴？”富兰克林用了两个假定。第一，30美元等于一头驴。这是逻辑错位的起点，其中一重被隐藏着：30美元本来也可以等于一只天鹅或者一群鸽子，但是天鹅和鸽子并不蠢，因而很难有荒谬感。富兰克林的幽默就在于把驴与神圣庄严的法律扯在一起，虽然在理性逻辑上犯了无类比附的错误，但却符合等价交换的原则。第二，他又很自由地假设驴子死去。这样一分一合，逻辑错了位，美元和议员的关系变成了驴子和议员的关系。这既是大幅度错位，让人十分意外，又是十分巧合的。一方面在表层逻辑上是荒谬的，另一方面在深层上又是契合的。

由此可见，幽默的“错位”逻辑也不是任意的，也有它的严密性。这种逻辑错位的严密性，在一条思路上它越是巧合，和另一条思路的荒谬反差越大。换句话说，错位得越离奇，巧合得越精致，幽默感就越强。从学术上来说，康德和叔本华都注意到了内容歪曲的不一致方面，而忽略了模式上的巧合。

四、期待的落空和意外的落实
——幽默的二重逻辑“错位”律

早在两个世纪以前，康德在《判断力批判》中就研究过笑，并且说过以下一段在西方喜剧美学史上相当经典的话：“在一切引起活泼的撼动人的大笑里必须有某种荒谬悖理的东西存在着（对于这些东西自身，悟性是不会有任何愉快的）；笑是一种从紧张的期待突然转化为虚无的感情。正是这一对于悟性绝不愉快的转化却间接地在一瞬间极欢跃地引起欢快之感。”[①]这一句，在有的译本上被译成“笑产生于紧张的期待的落空而造成的感情爆发”。康德的这一著名定义带有西方古典美学常有的心理学色彩，其核心是由于期待落空（或者译为“虚无”）而突然产生的意外的惊奇。康德指出，期待的落空是由于荒谬，也就是不合惯常的理性（或智性）。如果合乎理性，期待就不会落空了，也就不会笑了。伍子胥过昭关，一夜愁白头，并不能使我们发笑；但是如果有人告诉你，“他是由于不幸，以致假发全都愁白了”，我们自然就会被逗笑。康德的“期待——落空”理论的背后，还有一个游戏的原则。如果不是假定的游戏，则不是错误就是欺骗。康德说：“被欺骗的期待怎能享乐？”而错误只能造成“自己比这个无知的人更聪明些”的感觉，也不会导致笑的爆发。

康德的这个定义有它的深刻之处，但他实际上并没有分清游戏性的笑与非游戏性的笑。一个人正在走路，由于没有看到脚下的坑，跌倒了。人们本来期待着他平安地走下去，可是期待落空了，如果他跌得不是太重，人们（包括他自己）就会笑起来。或者一个人正在演说，很起劲，可突然打了一个喷嚏；一个中学生走向黑板去做练习，突然停下来说鞋子里面有一块小石头……这些都可以使我们引起期待的落空而笑，然而，这些对于行为主体而言，都不是游戏。

① 康德著，宗白华译：《判断力批判》，商务印书馆1987年版，第180页。

康德在理论上把游戏性与非游戏性混为一谈，但是在实际上，他论述的重点却是游戏性的。康德举过一个例子，一个印度人在苏拉特（印度地名）一个英国人的筵席上看见一个坛子打开时，啤酒化为泡沫喷出，待英国人问他有何可惊讶之时，他指着酒坛说："我并不是惊讶那些泡沫是怎样出来的，而是它们怎样搞进去的。"[①]这很可能是印度人的少见多怪，而不是故作蠢言。

因为康德研究的只是笑，因而没有特别注意到假定性的游戏和现实生活中的意外之分。而今天，当我们拿它来研究幽默的笑时，就不可能不感到其局限了。首先就是，它不能划清滑稽的笑与幽默的笑之间的区别。其次，从方法上说，仅限于心理哲学的阐述，缺乏逻辑的实证性，而对于幽默作家或演员来说，则缺乏可操作性。

与康德不同，柏格森从个性心灵被歪曲这个角度得出结论说："笑产生于'镶在活的东西上的机械的东西'。"[②]也就是在活生生的社会，活生生的人的言语、动作中看到"造作的东西，刻板的东西"，表现出某种"僵硬，它和内在生命不相调和"，就有"潜在的滑稽的因素"。[③]在柏格森看来，这并不一定与期待落空有关，有时恰恰相反，如果一个演说者的思想丰富，变幻多端，毫无重复，而他的动作"却周期性地重复着，而且毫无变化"，如果"我""注意到这个动作"，"等待这个动作产生，而它果然在我预期的时刻出现，那我就要不由自主地笑起来"。[④]在这里，柏格森强调的不是期待的落空，而是期待的"落实"引发了笑。

两位大师在结论上互相矛盾，但在抽象思辨，执着于演绎而缺乏多方面（包括正反）实证上却是殊途同归的。这是因为他们不约而同地把笑（包括幽默的笑）当成一条思路、当成一元逻辑运作的结果，而忽略了幽默的逻辑是二重复合逻辑的"错位"所致。康德注意到了一元逻辑的中断、失落；柏格森强调了一元逻辑的落实，活生生的内容与机械动作的不一致；叔本华则说："笑的产生每次都是由于突然发觉这客体和概念两者不相吻合。"[⑤]正因为这些大师的权威，"不一致"理论仍然是西方现当代幽默学的核心，也正是这种单一逻辑束缚了西方现当代幽默学的发展。

幽默的笑，不仅仅是由于单一逻辑的不一致导致期待的落空。落空只是按一条思路或逻辑的惯性，道理暂时讲不通了，可是如果就在这条思路落空之时，另一条思路或逻辑又

① 康德著，宗白华译：《判断力批判》，商务印书馆 1987 年版，第 180 页。

② 柏格森著，徐继曾译：《笑——论滑稽的意义》，中国戏剧出版社 1980 年版，第 30 页。

③ 柏格森著，徐继曾译：《笑——论滑稽的意义》，中国戏剧出版社 1980 年版，第 27 页。

④ 柏格森著，徐继曾译：《笑——论滑稽的意义》，中国戏剧出版社 1980 年版，第 19 页。

⑤ 叔本华著，石冲白译：《作为意志和表象的世界·世界作为表象初论》，商务印书馆 1982 年版，第 100 页。

冒了出来，道理又讲通了，或者说又落实了，这时的笑就提高了层次，就很幽默了。这种落空与落实的交替说明：幽默逻辑与通常的理性逻辑不同，它不是一元逻辑，而是二重复合逻辑。这种二重逻辑的交错，违反了理性逻辑的基本要求——概念和思路的一贯性（或者“同一”律）。康德、叔本华和柏格森都注意到了内容歪曲的不一致的方面，却忽略了模式上的巧合。

五、模式上的密合与内容上的悖谬

这里还有一个很重要的特点，就是幽默逻辑“错位”的严密，是形式上的严密，在内容上是不能讲究严密的，哪怕它是荒谬的，只要在模式这一点上讲得通，其他方面再大的矛盾都可忽略不计。

运用这种方法，关键不在于导致荒谬的程度，而在于二重“错位”模式密合的程度。

有个阿凡提的故事，说的是一个脚夫在一家客店吃了一只鸡，店主人后来要他百倍地偿还，理由是鸡能生蛋，蛋能孵鸡。这自然是一种歪理，内容上绝对荒诞：蛋固然能孵鸡，但煮熟了的母鸡就不能生蛋，即使别的鸡生了蛋，要孵小鸡，还要人工、饲料，要许多成本。这种推理不但内容荒诞，而且混乱。如果运用幽默技巧反驳：第一，不能直接从内容上去纠正对方；第二，不能从形式上去指出对方的漏洞，恰恰相反，要把对方片面的逻辑模式接过来，成为自己推理的模式。阿凡提就是这样做的，他自告奋勇替脚夫打官司。

到了那天，阿凡提故意迟到，法官追问原因，阿凡提说：“我明天就要种麦子，可是我的麦种还没有炒呢。”法官骂他疯了。他说：“既然炒熟的麦种不能种，难道吞下肚的鸡还能下蛋吗？”阿凡提的成功在于：抓住对方的话头，不管它多么荒谬，多么不合事实，都不去反驳，而是顺着它的逻辑模式往下推，设计出一个与对方模式相同的荒唐结果来。

我在《幽默谈吐的自我训练》一书中，曾经说过幽默与逻辑荒谬成正比，这只讲了一个方面，现在看来要发展一下，应该说幽默与逻辑错位的幅度和“错位”模式巧合的严密度成正比。

对于一般作家来说，在一条逻辑线上导致荒谬，让逻辑离开本来的思路并不太难，难的是在错位之后又让两种逻辑的模式在“错位”点上严密地巧合起来。二重逻辑，顾名思义，我们常把它当成两回事，但是在幽默中它是一回事，关键是在一个交叉点上会合了两个方面。有这样一幅外国漫画：父亲在房间里吹气球，把每一个都吹得圆鼓鼓的，在房间里飘浮着，吹到最后一个时，已经筋疲力尽，一点力气也没有了，他还是吹。从一元逻辑的惯性来说，想象这样做的后果，无非是吹完了，他趴下了，满脸通红，得了心脏病。这有点怪异，但还不够荒谬。如果说，他把肚肠都吹出来了，这就够夸张的了，但是不够幽默，太残酷了。按照大幅度的逻辑错位和精致的逻辑模式巧合的原理，外国漫画发展出这样的后果：他肚子里的气都吹完了，成了真空，而饱和的气球里的气压大，就自动倒回他肚子里，他自己变成了个气球，在屋子里飘浮了起来。这就幽默了。

这里不仅是逻辑上的荒谬，气球不管吹得多鼓，肚子不管多瘪，气都不可能倒回肚子里去，从这一点来说，气倒流回肚子里是荒谬逻辑。但是光有单方面的扭曲还不能构成幽默，还得有个巧合。气倒流回来把肚子变成了气球，人在房间里飘浮起来。这个肚子的形状、功能和气球的形状、功能巧合了，也就是非常偶然地、非常意外地重合了。这个巧合和前面的逻辑荒谬是同样重要的。没有这个巧合就不可能形成“错位”逻辑的启发与冲击，对读者的刺激量就不够，幽默的潜在量就不能充分发挥出来，相反会受到窒息。因此，善于幽默的作家一般都把两方面结合起来，一方面就是要逻辑尽可能地歪，另一方面是到最后却要尽可能地正，尽可能在逻辑“错位”模式上密合，而不管内容有多悖谬，都能歪打正着。

当然，并不是说这样的思路错位是唯一的，这只是一种可能性，艺术创造的可能性是无限的，真正的艺术家能在别人已经发现过“错位”的地方，发现新的“错位”。

逻辑错位还有一个特点，那就是当它从一条逻辑向另一条逻辑过渡时，不能是公开的，公开了就不免粗糙、有悖幽默之精致了。它应该是隐蔽的，没有这种隐蔽的过渡，幽默的逻辑错位就不可能构成，读者的心理预期就不会失落，微笑中的顿悟也就无从寄寓，幽默感也就不会产生。有一部喜剧电影叫作《意大利的草帽》，说是有一顶草帽被马吃掉了，要买到同样的草帽非常困难，人们就不惜代价去弄，每当快要到手时，草帽总是不翼而飞，主角和配角东奔西颠的，都失败了。后来却偶然地在客人的礼物中发现了一顶相同的草帽，总算解决了问题。

这个结尾得力于草帽的巧合，这也可以说是模式吻合，不过这个模式是一个道具，正是这个道具成了情节的动因和结果。但是在我看来，有一个缺点，那就是草帽已不是原来的草帽。如果草帽就是原来那顶，原封不动，模式巧合变成了重合，也就更能促使惊奇和惊喜的自然会合。

契诃夫有一篇短篇小说《艺术品》和这个模式类似，其情节核心是一个道具——裸女花瓶。有个卖古董的老太太，孩子得了一种疑难病症，被一个医生治好了。老太太知恩图报，正好收购到一只裸女形体的花瓶，十分精致，便拿去送给了医生。医生自然很喜欢，但考虑到自己的母亲和妹妹看见不雅观，便转送给一位当律师的朋友。这位律师也感到在客人面前有伤风化，又送给了一个演员朋友。这位演员也不敢放在客厅里，就把它卖给了古董店，店主恰恰就是那位老太太。老太太觉得与她原来送给医生的那一只乃天生的一对，送给医生，岂非锦上添花。当她的儿子把花瓶送到医生面前时，医生却说不出话来了。

这个裸女花瓶的逻辑“错位”结构比之意大利的草帽更为严密，原因不仅仅是巧合，而且是重合，因而幽默感更强了。

这是一个规律：模式的重合胜于巧合。

所以，在幽默方法中有一种方法叫作歪打正着，起初是越打越歪，可是只要模式严密巧合，甚至到重合的程度，就变成了越歪越正。

六、提炼严密的错位模式

对于一个作家来说，最重要的不是了解幽默的一般原理，而是驾驭幽默的“错位”模式。两条思路各自独立存在，这是二元逻辑的天然状态，不用人们去伤脑筋，但是要把两条思路弄到一起来却很难，难在如何找到一个严密的交错模式。

西方有一则幽默故事说：一位总统觉得他的演讲特别重要，要求电视台把他的演讲插在最精彩的节目之中。讲完以后，他问有关人士，听众对他的反应如何。有关人士答：“非常满意，人们说如果没有总统的演说，大家就都没有机会上厕所了。”

这里的“非常满意”就是两条思路的交错点。不仅仅是巧合，而且是重合，它接通了两种思维的走向。第一种，对总统的演说无限赞赏。第二种，对总统演说前的精彩节目特别欣赏，连上厕所都舍不得去，同时又是对总统演说的极端贬低，只有在总统演说插入，导致精彩电视节目中断时，才舍得去厕所轻松一下。

这个故事比小学生做算术的故事更幽默一些，因为其在逻辑结构上更紧凑，在“非常满意”中包含非常不满意的暗示，一方面落空和另一方面落实不是两件事，而是同一瞬间的同一词语。“非常满意”比我们前面讲到的那个小学生做算术的“结果怎样”引申出“挨了一顿揍”更严密，因为这是一种重合，而不仅仅是巧合，因而内涵也更丰富。总统演说的好处（提供上厕所的机会）同时也是坏处（人们根本不愿意听），在那短暂的一刹那，读者或听者的思路就经历了落空的困惑和落实的顿悟的双重冲击，这种逻辑交错逆行的情感和智慧的冲击力，本来就比单纯逻辑的要强，何况又几乎是在同时发生的。

这里有着相当普遍的规律：那就是，越是把两条思路压缩在接近的甚至相同的词语中，幽默的意味就越是深长，最好是那种几乎是合二为一的。例如有这样一个传说，说的是德国大哲学家康德有一次遇到他的一个朋友带着一位女郎，说是刚刚订婚，康德表示惊讶，那个朋友说："你惊讶我的选择吗？"康德说："我惊讶的是她的选择。"

同样说是"惊讶……选择"，但是恰恰包含完全相反的指向和意味：本来是那男士自以为屈尊了，可是同样的词语被康德重复了一下，就变成这位男士高攀了。

七、显性逻辑与隐性逻辑的转化

幽默之妙，就妙在两条思路一齐共处在同一个词语或同样一个事物之中。不过在叙述的开始，作者强调了一条思路，尽可能地吸引听者或读者的注意力，同时又尽可能地隐蔽另一条思路，让它不引起注意，甚至让它成为第二条思路的背景材料，或者是看来可有可无的道具；而最后让那被淡化的思路突然冒出来，使全部情节得到一种新的解释，而原来那占据注意中心的思路倒很自然地被推向注意力的边缘，成为不起眼的背景。如果可以把第一条思路叫作"显性逻辑"的话，那么第二条思路则可以叫作"隐性逻辑"。到了结尾，则恰恰相反，隐性逻辑变成了显性逻辑，而显性逻辑变成了隐性逻辑。美国得克萨斯州理工大学的麦克费教授在他写的《幽默及其来源和发展》中举过这样一个例子：

> 一个原子能工厂的工人经常推着一辆手推车经过门卫的面前。这个工人总是说，车子里除了细木刨花以外没有什么别的东西；而门卫则威胁说如果他再不老实交代偷了什么东西，他就会被列入有偷窃行为嫌疑的名单，遭到监视。最后，这个工人不得不承认他一直偷的就是手推车。

这个笑话之所以有味道就是因为第二条思路——隐性逻辑（偷手推车）埋伏得很好，它冒出来取代了中心思路——显性逻辑（偷的可能是藏在刨花下面的什么东西），并且过渡很自然。读者和听者在接受这两条逻辑线索的对调时，不但一点也不感到勉强，而且体会到一种快感，也就笑得很自在；如果不是这样，第二条思路不是很自然、很巧妙地埋伏在原来的思路之中，就显得很粗糙，因而也就谈不上幽默感了。

侯宝林、郭启儒在相声《醉酒》中，说醉鬼倒在马路上，自行车来了，劝他起来躲躲，他不躲；汽车来了，又劝他，他还是不躲；消防车来了，人家不劝他，他却躲了。

这里有两重逻辑：一重是显性的醉鬼逻辑，自行车来了，汽车来了，他都不躲，因为他醉了，就不知道危险了；第二重是隐性的，根据显性逻辑推断，以为消防车来了，他同样不躲，然而他却躲了。这时，本来是潜在的另一种逻辑冒出来了：消防车不像一般车那样压了人要偿命；他再不让，如果被压死了，就不幽默了，不好玩了。让他主动爬起来，说明这个家伙根本不是真正的醉，而是装醉，本来显性的逻辑变成隐性的，而本来隐性的逻辑变成显性的，这么一“错位”，就幽默了。

这正可以说明显性逻辑和隐性逻辑是有机地结合在一起的整体，而不是各自独立的。

八、阿 Q 转移了思路为什么不幽默

鲁迅的《阿 Q 正传》描写阿 Q 在面临严峻的挑战时，他常不拘泥于一条思路，时时冒出另一条思路来。但是阿 Q 毫无幽默感，原因是阿 Q 的第二条思路不是事先有意埋伏在那里，然后巧妙地浮现到表层上来的，而是临时拉来欺骗自己的。这不是二重复合的错位逻辑，而是二元逻辑。比如，他的头上有癞疮疤，他过分强的自尊心使得他忌讳人家说“癞”，推而广之与之有关的“光”“亮”“灯”“烛”等都不能容忍。在估量了对手之后，“口讷的他便骂，气力小的他便打”，但总是吃亏的时候多，后来就改为“怒目而视”，然而还是阻止不了人家嘲弄他，以后每逢有人故意谈到他的头很亮，如保险灯时，他没有办法，只好转移思路：“‘你还不配……’这时候，又仿佛在他头上的是一种高尚的光荣的癞头疮，并非平常的癞头疮了……”

虽然阿 Q 在不遵守同一律、任意转移思路方面和幽默的“错位”逻辑有某种共同性，但是这不是幽默。这是因为：第一，阿 Q 的思路并非自由转移，而是被迫转移，被迫忍受屈辱；第二，幽默者是明知其虚幻而故弄玄虚，阿 Q 却是认真的，不是玩笑，不是和对方交流情感，而是自我麻醉；第三，最重要的是阿 Q 的逻辑结构是互相独立的，而不是统一在一个错位的二重逻辑之中，隐性逻辑并未事先埋伏，事后取代显性逻辑，因而不具备幽默逻辑的“错位”功能。

与阿 Q 的逻辑相近的是强词夺理的逻辑，也就是根本不讲逻辑，连一重逻辑都不讲。例如《狼和小羊》中狼的逻辑，他要吃小羊，起初说小羊把水弄脏了，小羊说，狼在上游，自己在下游，不可能弄脏狼要喝的水。狼就转移思路，说去年小羊在背后说他的坏话。小羊说，去年自己还没有生下来。狼在理屈词穷之后，说：“说坏话的，不是你就是你妈妈，反正都一样。”这也是一种转移思路，但和阿 Q 一样，也是二元逻辑。狼后来的思路不是事先埋伏好的隐性逻辑，也没有通过“错位”逻辑的模式交错，自然地和原来的思路结合在一起，而是生硬地强加于人。

狼和阿 Q 说的都是歪理，都有思路的变化，但不是思路的错位，因而也就没有落空与落实、困惑与顿悟的转化，不论在结构上、功能上都与幽默无缘。

九、康德关于笑的定义和相声艺人的“理儿不歪，笑不来”

康德说的“笑产生于紧张的期待的落空而造成的感情爆发”是不周密的。紧张期待的落空，并不一定导致笑的爆发，有时可能是哭，是愤怒。例如，球迷看足球比赛，本来期待自己国家的球队胜利，结果却输了，于是感情爆发，输了的球队队员当场就哭了，球迷也可能大打出手。报纸上还报道过，有一个球迷发了神经，把老婆扔出窗外去了。这就太不幽默了，因为思路太僵化、太不自由了。只有一条思路无论如何是幽默不起来的，要幽默起码得有另外一条思路包含在同一动作中。例如，才把老婆扔出手，就后悔了，赶紧趁老婆没有落地的时候，跑出去把她接住。

两条逻辑线索一交错，就有了幽默的味道。康德的定义讲的是笑，已经不完善了，用来解释幽默，更显得捉襟见肘。在我看来，从幽默心理学观点来看，幽默的笑是产生于期待的失落和意外的落实或者顿悟。之所以如此，是由于幽默逻辑的特殊规律：它包含着显性和隐性两条逻辑的交错。显性逻辑引起了期待的失落（或困惑）；而向隐性逻辑隐秘转移，却获得了意外的落实或顿悟。这两方面的内涵“不一致”导致怪异，便有了情不自禁的笑，这种笑由于与顿悟或新的发现结合在一起，在不一致中又有某种一致，笑起来就不是肤浅的，而是意味深长的了。

我国相声艺人曾经总结过一条经验叫作“理儿不歪，笑不来”。康德是从心理学的角度提出问题的，而我国艺人则是从逻辑学的角度提出问题，二者相得益彰。康德是说期待的失落，为什么会失落呢？我国相声艺人回答说，因为理歪了。那么理是怎样歪的呢？他们没有回答。用我的话来说，就是逻辑被错开了，显性逻辑被隐性逻辑篡夺了（我把这种现象叫作“错位”）。因而光有失落，即使笑了，也不一定是幽默；只有在另一条逻辑上顿悟了，把失落（不一致）和顿悟（一致）在两条逻辑的交叉点上暂时统一起来，这时才有幽默的笑。

幽默研究之难在于：第一，囿于西方权威的心理学定式；第二，即使是从逻辑学出发，也往往不得要领，原因是总以理性逻辑的框框去套，不由自主地以理性逻辑的一元化（同一律）去抹杀幽默逻辑的二重复合性，因而就看不出幽默逻辑的“错位”规律。20 世纪，一个研究幽默的学者提出幽默的结构：悬念——渲染——顿悟——发现。这其实是一般情节结构形态，从推理小说到言情、武侠小说都是如此。从逻辑上看，也是从原因到结果的一元结构，这是亚里士多德的悲剧情节因果（所谓“结”和“解”）的翻版。用来解释一般的文学作品的情节都不太合适，因为它并没有分清理性的因果性和情感，也就是审美因果性的巨大差异，用来解释幽默就更加外行，连起码的错位现象都没有涉及。理性逻辑的权威长期统治，使得许多理论家产生了自卑感，因而我国的幽默研究一直在幽默的大门外徘徊。不从一元理性逻辑的思维当中解放出来，就不可能抓住幽默的特殊矛盾。

附：

漫画分析

图 12–1　父与子・父亲输了

通常人的思想要一贯才好，而幽默的逻辑却要不一贯才好。它往往有两条思路、两种逻辑纠缠在一起。当两种逻辑分别存在、不相联系的时候，各自都是一贯的。比如有这么两件事：一是儿子下棋赢了父亲，父亲无可奈何；二是父亲因为某件事情打了儿子。这很平常，也不幽默。然而图 12-1 把这两个逻辑放在一起：儿子下棋赢了父亲——读者本期待父亲无可奈何，但是这个期待落空了——父亲却因此打了儿子一顿。这是很不合下棋的逻辑的，然而又是很符合父亲的自尊心和权威主义的。由于下棋的常规逻辑的落空和父亲的情感逻辑的突然落实，就产生了笑和顿悟，笑的意味就深长了。

图 12-2　歌德的作品

图 12-2 是更典型的逻辑错位。起先读者期待的是孩子对经典作品的胃口极大这一现象，后来却发现，经典作品转化为孩子摘果子的垫脚，两条思路（爱读书与馋嘴）在书本这个交叉点上会合，却走向了不同的方向。这一幅之所以比上一幅更幽默，是因为两条思路在厚厚的经典著作这一道具上错位幅度更大又更自然，更隐秘。

图 12-3

图 12-3 中，吹气球吹到肚子瘪了，还吹，其结果是气回到肚子中，把肚子鼓起来，最后肚子竟像气球一样爆炸了，而气球却仍然完好。这幅漫画的构思与正文中吹气球故事的模式相类似，关键在于肚子与气球在形状与功能上的相似，幽默效果却有天壤之别。

图 12-4

图 12-4 中，两个人做的两件事在模式上相通的是：裤子的裂口和皮肤的裂口在外部形状上是一样的。有了这个巧合的一致，才可能自然地从没有任何痛苦的缝衣服过渡到很痛苦的皮肤缝合。要注意的是这幅画还有一个更深层次的巧合——屁股上的伤与裤子上的裂口可能是同一次伤害造成的，因而也在同一时间修补。

第十三章

幽默逻辑结构的两大类型
——错位和平行

我国相声艺人的朴素经验“理儿不歪，笑不来”，具有很丰富的理论意蕴，可惜没有人深入研究。深入的关键在于什么样的道理才是歪理，逻辑错位固然是一种，但歪理绝不仅仅只有这一种。

一、表层歪理和深层的意会之理不和谐地平行反衬

其他形式的歪理也有其二重性，例如在西方幽默理论中很著名的“不一致”理论。不过西方强调观念与对象的不一致，似乎较少注意到逻辑的不一致。有许多幽默产生于逻辑的不一致、逻辑的不通顺，或者用我国通俗的话来说：没有道理。比如小孩子调皮的顺口溜：“冬瓜西瓜你傻瓜，傻瓜的娃娃抱妈妈。”这可以叫作“悖理”，这样的悖理形式的儿歌多得很，再如：

反唱歌，倒起头。

爹十三，娘十四，哥哥十五我十六。

记得外公娶外婆，我在门前打大锣。

这种儿歌之所以有趣，就因为是绝对不可能的，每增加一句，其与现实的距离就扩大一步，这种背离是递进式的。还有一种干脆就是没有道理的小孩子的胡闹：

因为所以，科学道理。

没钱买米，放屁有理。

好像故意和逻辑作对，才有了一点趣味、一点天真和调皮。第一首儿歌是明显的无理：冬瓜、西瓜之“瓜”和傻瓜之“瓜”不是同一种事物，而在这里却把它们不伦不类地并列了。显而易见的任意性，没来由地骂人傻瓜，任意地把妈妈抱娃娃变成了娃娃抱妈妈，而且还是“傻瓜的娃娃”抱妈妈。从成人的逻辑来看这绝对是语无伦次，然而在这背后却表现出儿童的调皮，不是在生活上的任性，而是在逻辑上的任性，正是在这种任性逻辑中透露出一种童真。第二首是关于年龄的儿歌，也是在故意跟逻辑捣乱中显示出孩子的任性之趣。

由此可以看出，在这些儿歌中动人的不仅是表层的逻辑混乱，而且还有它深层的天真任性，可以说它的结构不是一元逻辑而是一种二重复合逻辑，表层的歪曲逻辑是直接讲出来的，而深层的天真任性是读者意会到的。本来“因为”和“所以”是表示因果的，但后面的话毫无道理，这样的无理，是只有在儿童身上才有的任性之理。这种任性之理就是它的深层逻辑。

在幽默散文中，最为常见的就是这种平行反衬的结构。鲁迅在自己的书信中，反复提到自己的孩子：

> 我们都好，只有那位“海婴氏”颇为淘气，总是搅扰我的工作，上月起就把我当敌人看了。
>
> 致增田涉
>
> 1934 年 6 月 7 日

这里，在用词上明显有一种反衬。从表面词义上，“海婴氏”“敌人”，都不合常情。将“氏”放在名字后面，一般是对学术、流派、专家、人名或宗教人士的称呼，是一种尊称，然而这里却用来称呼小孩子。而“敌人”，则更是不合儿子之于父亲的身份。但是，这种平行反衬的语义最大的特点是不和谐。正是平行反衬的逻辑强化了不和谐，诱发了谐趣，又恰当地表现了鲁迅对自己孩子的不同于成人的天真的欣赏和调侃。

再看几个例子：

> 海婴这家伙却非常调皮，两三日前发表了颇为反动的宣言，说：“这种爸爸，什么爸爸！”真难办。
>
> 致增田涉
>
> 1934 年 8 月 7 日

这里的幽默感，全在“反动”和“什么爸爸”之中。反动本是政治性的，在这里，孩子的情感被夸张到政治的高度上去。“什么爸爸”，隐含的反衬是不和谐的，而在小孩子不懂事的心灵中，又是自然流露，二者不和谐的幅度越大，幽默感越强。

但我这里的海婴男士，却是个不学习的懒汉，不肯读书，总爱模仿士兵。我以为让他看看残酷的战争影片，可以吓他一下，多少会安静下来，不料上星期带他看了以后，闹得更起劲了，真使我哑口无言，希特拉（孙按：今作“勒”）有这么多党徒，盖亦不足怪矣。

致增田涉

1935 年 2 月 6 日

这从成人逻辑来说，自然是荒谬的，希特勒有众多党徒的原因显然和孩子的顽皮相去甚远。深层逻辑显示的是，鲁迅对于自己孩子的无奈而又爱怜，二重逻辑不和谐，构成幽默。最有趣的是下面这段文字：

代表海婴，谢谢你们送的小木棒，这我也是第一次看见。但他对于我，大多是一个小棒喝团员。他去年还问：“爸爸可以吃么？”我的回答是：“吃也可以吃，不过还是不吃罢。”今年就不再问，大约决定不吃了。

致萧军、萧红

1934 年 12 月 20 日

吃人这本来是十分可怕的事，何况又是儿子吃老子。但是说得这样轻松，这样无所谓，好像吃不吃没有什么严重后果似的。二重逻辑的不和谐反差如此之大，语气又如此之从容，充分表现了幽默感与豁达的结合。这当然是比较单纯的幽默，因为这是私人书信。到了文学作品中，就比较复杂了。鲁迅的《南腔北调集》中有篇文章的题目叫作《由中国女人的脚》，由中国女人的脚推定中国人之非中庸，又由此推定孔夫子有胃病。这在表面上看，完全是歪理歪推的逻辑，但是在这背后，恰恰隐藏着鲁迅对现实乃至中国人某种无理成见的讽喻：

而女人的脚尤其是一个铁证，不小则已，小则必求其三寸，宁可走不成路，摆摆摇摇。慨自辫子肃清以后，缠足本已一同解放的了，老新党的母亲们，鉴于自己在皮鞋里塞棉花之麻烦，一时也确给她的女儿留了天足。然而我们中华民族是究竟有些“极端”的，不多久，老病复发，有些女士们已在别想花样，用一枝细黑柱子将脚跟支起，叫它离开地球。她到底非要她的脚变把戏不可。由过去以测将来，则四朝（假如仍旧有朝代的话）之后，全国女人的脚趾都和小腿成一直线，是可以有八九成把握的。

这里从缠小脚到高跟鞋，当然没有什么逻辑的错位，但也构成了某种幽默，这种幽默来自于显而易见的荒谬，而荒谬来自不合理、不和谐的极端：第一，是小脚与走路的极端矛盾；第二，在缠足陋习废除了之后，又流行高跟鞋之极端不可思议。这里特别把高跟鞋极端化为“一枝细黑柱子将脚跟支起”，这已经与走路极不相称，还要加上“离开地球”这样的极端逻辑，已经够怪异的了，鲁迅还不过瘾，又讲未来可能“全国女人的脚趾都和小腿成一直线”，这种表层逻辑与隐含的正常逻辑之对照就更为极端，幽默感也就更加强烈。这个例子比较文雅，比较深邃，但不够通俗。这是因为鲁迅的文章属于过于严肃的精英文化。其实在大众文化中这样的情况更普遍，下面这个笑话可能更鲜明一点：

一人排长队上厕所，总算前面只剩一人了，他说：“憋不住了，能让我先上吗？”前面的人半晌挤出一句：“你他妈至少还能说话！”

很明显，这个笑话之所以好笑，就是因为“憋不住了”，这一点本来已经极端的不和谐了，没有想到还有更为极端的不和谐，极端到不能讲话的程度。但是，实际上这话他还是讲出来了。所有这类幽默均来自表层逻辑与深层逻辑之间的反差。如果以上的论据还不能充分说明问题的话，我们再以安徒生童话《丑小鸭》中一个片段为例：

到天黑的时候，他来到一个简陋的农家小屋。它是那么残破，甚至连向哪一边倒塌都决定不了——因此它也就没有倒。

这段话中，有一个因果逻辑，结果是没有倒，原因是不知道往哪边倒。这个因果逻辑显然是荒唐的，但又是正面表述得清清楚楚的，而其荒唐性质却是隐含着的，在读者的想象中感受的。因而这里就有了两个极端的逻辑：第一个是浮在语言表面上的（小屋为何不倒），可以称之为表层逻辑；第二个就是由于小屋不倒的原因不能成立（它没有意志，因而它不能决定自己倒或不倒，抑或倒向何方），恰恰暗示着它是随时都可能倒塌的，这可以称之为深层逻辑。这二重逻辑是互相反衬的，但是两者并没有发生交叉或者错位，它们在互相平行中互相反衬；深层逻辑是表层逻辑的言外之意，从这个意义上，它可以说是表层逻辑的影子；而这言外之意又否定了表层逻辑的结果，从这个意义上说，表层逻辑又成了它的形式。二者遥遥相对，息息相通，但就是没有发生直接的接触，因而也就没有发生“错位”，没有从表层逻辑向深层逻辑转移的现象。

这种二重平行逻辑的特点不是错位，而是反衬。这种平行反衬，不同于西方的“不一致”理论，叔本华说的是主体的观念与客观事实的不一致，有一点接近于我们所讲的语义错位。这里讲的是逻辑的不一致，它与我说过的二重逻辑错位也有所不同。

二重逻辑“错位”的特点是它的戏剧性，因而它与戏剧性的对转联系在一起；而二重逻辑平行反衬则往往是缺乏或者回避戏剧性对转的，因而一些幽默风格更温和更含蓄的作家，往往采取二重逻辑平行反衬的方法，给读者留下更为广阔的空间和思考的自由。

鲁迅在他的散文《阿长与〈山海经〉》中把这种方法运用得出神入化。他写他家的保姆长妈妈向他讲述长毛（太平军）造反的故事：那时全家人都逃走了，只留下门房和煮饭的老妈子。后来长毛来了，那老妈子就向他们诉说她的饥饿，长毛就笑着扔过来一个人头，那恰恰是门房的头。从此以后，一提起此事，那老妈子就吓得面如土色。鲁迅接下去写道：

我那时似乎倒并不怕，因为我觉得这些事和我毫不相干的，我不是一个门房。但她大概也即觉到了，说道："像你似的小孩子，长毛也要掳的，掳去做小长毛。还有好看的姑娘，也要掳。""那么，你是不要紧的。"我以为她一定最安全了，既不做门房，又不是小孩子，也生得不好看，况且颈子上还有许多灸疮疤。

"哪里的话？！"她严肃地说。"我们就没有用处？我们也要被掳去。城外有兵来攻的时候，长毛就叫我们脱下裤子，一排一排地站在城墙上，外面的大炮就放不出来；再要放，就炸了！"

这里的幽默感首先来自于表层逻辑，好像它的因果性很强，每一个结论都有原因，但每一个原因又都极不可靠，却被当作十分可靠的前提，振振有词地层层推演下去，弄得越来越荒谬。表层逻辑的第一层次：鲁迅说自己不怕，其原因是自己不是门房。这个理由不能成立。首先，即使那个故事属实，也只是一个特例，并不意味着每一个门房都会遭到这样的命运；如果不是每一个门房都可能遭到这样悲惨的下场，则"不是门房"和"不怕"之间就没有因果关系。其次，即使每个门房都一定会遭杀身之祸，也只是在长毛造反之时，而不是长妈妈讲故事的时候，所以因不是门房而不怕的推理就更不能成立。这种推理已经漏洞百出了，而长妈妈居然还拿它作为接下来立论的前提：虽不是门房，但小孩子、大姑娘也要掳的。这就构成了第二层次的荒谬，更加好笑了。而鲁迅又把这极端荒谬的结论当作了推理的前提：长妈妈不是门房，不是小孩，又不是姑娘，应该没有危险了。但是，长妈妈认为，还是有危险，这是第三层次的荒谬了。接着，第三层次的荒谬又被当作理由引出第四个层次的荒谬来：长得不好看的女人还有破坏敌人大炮的功能，这是极端荒谬的又一个制高点。这样的荒谬和潜在的对长妈妈迷信的嘲弄，形成反差已经很是可笑了。可鲁迅还是不过瘾，就又以这样的荒谬作为前提，推演出了一个更为荒谬的结论：

这实在是出于我意想之外的，不能不惊异。我一向只以为她满肚子是麻烦的礼节罢了，却不料她还有这样伟大的神力，从此对于她就有了特别的敬意……

迷信和愚昧，明明是越来越显而易见了，却来了一个"伟大的神力""特别的敬意"。经过多个层次的叠加，反衬到了高潮，荒谬感越是明确，和正常逻辑的反差也越是鲜明，这样的递进，使幽默感也达到了高潮。这种连锁性的多重荒谬推理的特点是以谬导谬，这是浮在表面上的逻辑，而随着它荒谬性的递增，恰恰推动着读者从看似逻辑层次井然的推断中悟出长妈妈的愚昧和成年鲁迅对她的调侃。

荒谬逻辑和调侃逻辑的反衬越是强烈，读者越是能够心领神会，幽默妙趣就越是深邃。

二、反语的内在机制——肯定的语气与否定的意向

上述这种对比的特点是默默的，不见诸语言文字的。表面的文字恰恰是对长妈妈的赞美：其中的“伟大的神力”和“特别的敬意”都是反语。事实上，反语是幽默逻辑中平行反衬结构的重要形式，其特点是形式上的肯定和内容上的悖谬，二者之间形成对比——表层的语义悖谬和心照不宣的共识之间的反衬。鲁迅在杂文中常常用这种模式来表达他对社会、人性的批判，他特别善于用反语中的语义的变异来强化平行逻辑的反差，形成强烈的幽默感。

三、用控制反语中形容词的强度来控制幽默与讽刺的程度

反语是一种很重要的表达方式，其特点是故意使语义和意向发生矛盾；正反两极对立十分强烈，越是对立，其隐性意味越是显露，讽刺性越强。在西方，所谓反讽其实就是反语。鲁迅每当用反语时，往往也就是讽刺的锋芒比较锐利的时候。例如他在《论辩的魂灵》中说：

> 你说甲生疮。甲是中国人，你就是说中国人生疮了。既然中国人生疮，你是中国人，就是你也生疮了。你既然也生疮，你就和甲一样。而你只说甲生疮，则竟无自知之明，你的话还有什么价值？倘你没有生疮，是说诳也。卖国贼是说诳的，所以你是卖国贼。我骂卖国贼，所以我是爱国者。爱国者的话是最有价值的，所以我的话是不错的，我的话既然不错，你就是卖国贼无疑了！①

由于显而易见地违反了充足理由律，以绝对主观的不成逻辑的逻辑将对方层层加码为“卖国贼”，其荒谬之处和人类正常理性构成尖锐对照。表面上的层层推理，好像头头是道，实际上层层放大了武断和荒谬。这种肯定式的推断，实际上是递进式的反讽。肯定语气越是坚决，其荒谬的效果越是强烈。字面上越是振振有词，否定的意向越是鲜明。表面上逻辑的坚定与深层嘲讽意向同步递增。

这和一般的“不一致”不同，一般的“不一致”不一定是正反两极的鲜明对立。有时只是名不副实，有时只是语义的错位，既有重合的，也有不同的，二者相去不一定很远，无非就是有些不伦不类罢了。

① 鲁迅著：《鲁迅全集》（第3卷），人民文学出版社2005年版，第31—32页。

反语的鲜明性与尖锐性成正比。如果不是用来指向敌方，而是用来针对同道者，则难免有失宽厚。但在表达某种愤激或某种必要的讥诮时，却有其特有的力度。钱锺书先生在散文和小说中，往往喜用尖刻的反语。在《围城》中，主人公方鸿渐和他所钟爱的唐小姐之间有误会，方鸿渐连忙解释说他是“闹着玩的”，唐小姐立刻反唇相讥：

方先生人聪明，一切逢场作戏，可是我们这些笨蛋，把你开的玩笑都看得很认真。

在这里唐小姐把对方说成“聪明”，不是奉承，而是藐视；把自己说成是“笨蛋”，不是谦语，而是反语。这不是自我调侃，而是克制不住的愤激。她把对方放在绝对聪明的位置上，把自己放在绝对愚蠢的位置上，这明显是在顶牛。明着（显性逻辑）是恭维对方，实质上（隐性逻辑）则恰恰相反。非正即反，别无选择，把一切可能周旋、妥协、缓解的余地都堵死了。可见这种双重平行逻辑的反语，其功能取决于表层逻辑与深层逻辑之间的反差强度，反差强度大，则回旋余地小，则讽刺意味强；反差强度弱，则心灵空间大，则幽默意味强。

鲁迅在《两地书》给许广平的信中，自称“好用反语”，每逢他用反语时，往往情绪相当愤激，讽刺意味甚强。例如他在《我之节烈观》中说：

总而言之：女子死了丈夫，便守着，或者死掉；遇了强暴，便死掉；将这类人物，称赞一通，世道人心便好，中国便得救了。[1]

一用强烈的反语，议论的锋芒就尖锐了，就带着讽刺的意味；如果不用反语，就可能含蓄得多。如果把鲁迅这段文章的最后一句“中国便得救了”改得稍稍不那么坚决，不那么武断，而是留有一点儿余地，如：“中国的前途就可能光明一点了，也说不定。”这同样是反语，但留下了一点儿余地，其中隐性的逻辑就温和多了，表层的反差就不那么强烈了，攻击性、讽刺性就弱化了许多，而幽默的意味则强了许多。

故反语在日常社交中可用，但不到一定程度，最好少用强烈的不留余地的反语，以免讽刺意味太强，把气氛搞得剑拔弩张。但是到了紧要关头，要给对方一点颜色看看了，就不妨提高反差程度，把形容词用得凶一些，讽刺意味就强化起来。

四、用不设置对立面的办法使幽默软化

留有余地，是幽默地对待对手的基本原则，不仅仅是为自己，而且是为对方的参与留下空间。看到不合理的事把道理都捅出来，当然没有幽默感，把这种不合理用强烈的语气

①　鲁迅：《鲁迅全集》（第 1 卷），人民文学出版社 2005 年版，第 122 页。

与意向反差表达出来，最好在万不得已的时候再使用，最好是像北京人讲的“悠着点”。鲁迅在写杂文的时候，好用反语，不怕锋芒毕露，但在写小说、散文的时候就不同了。对于那些残酷野蛮的旧风俗、旧礼教，他自然是痛恨的，但他并不把愤怒放在字面上，也就是显性逻辑上；相反，他在字面上倒是很温和了。例如在祥林嫂被抢亲、改嫁、死了丈夫和儿子以后，又回到鲁镇。这时，鲁迅用了单独一行写道：

大家仍然叫她祥林嫂。

好像漫不经心、并无深意的一句话，可为什么要用独立的一行来强调它呢？这是在暗示读者，原来祥林嫂没有名字，她的名字是她从属于第一个丈夫的标记，可后来她第二个丈夫贺老六又死了，这就产生了一个问题：她该从属于谁呢？该叫她“祥林嫂”，还是“老六嫂”？这在逻辑上是个没有解决的问题。正因为没有解决，才产生了柳妈的迷信：到了阴间被阎王劈成两半分给两个男人。可是对鲁镇的活人来说，这个问题早在潜意识里给她解决了。“大家仍然叫她祥林嫂”，那就是不管后来怎么样，她都只能属于她的第一个丈夫。显性逻辑和隐性逻辑的对比是如此微妙，如此不着痕迹，如此潇洒，以致某些粗心的读者甚至批评家都把其中深沉的幽默感忽略过去了。

为什么这样的幽默会给人一种悠游沉着的印象呢？因为在这里，话语是正面的，并没有明确的针对性。不像唐小姐把方鸿渐捧为“聪明人”而把自己贬为“笨蛋”；也不像鲁迅在另一篇文章中说，死了丈夫的中国女人便该死，从一个极端（女人死得好）到另一个极端（中国便得救了），这样心理之弦就绷紧了，气氛也就紧张了。而在“大家仍然叫她祥林嫂”中，幽默本来很深刻，但由于没有直接针对某人、某事而软化多了。这往往是幽默文学的上乘表现。这就产生了另一种途径，那就是不设置对立面，不把对方和自己放在两个直接反对的极端上来，构成比较优哉的幽默感。

契诃夫有一篇小说叫作《脖子上的安娜》，写一个 17 岁的穷苦姑娘因欲解救家庭的经济危困状况，只好嫁给了一个 50 多岁的老官员。到了结婚那天，老头子把胡子刮得光光的。契诃夫写了一句：“他那剃得光光的圆下巴看上去像脚后跟。”这个比喻的讽喻性很强烈，强烈得几乎变成了讽刺。一般读者不费劲便可以感觉得到。但下面几句，粗心的读者就不一定感觉得到其中真正的意味了：“他风度尊严，动作从容，态度温和。”其实，这里的幽默感更强，不过更加不动声色。一个 50 多岁的老头子娶一个 17 岁的姑娘为妻，本来是件残忍的事，如果老头子是个正常的人，在大庭广众之下，多少应该感到一点不自然、紧张、心虚，甚至狼狈。但是他没有，甚至连掩饰一下的痕迹都没有，可见这个老头子，仅仅因为有钱就连人类最起码的羞怯之心都没有了。古人说：“无耻之耻，是耻矣。”这就是这几句话后面的隐性逻辑。

但是契诃夫对此不但没有正面道破，甚至连侧面暗示都没有，这和前面把下巴比作脚后跟属于不同的幽默风格。把下巴比作脚后跟明显地表露出对抗意味；而把老头子的“尊严”“从容”和“温和”加以突出，则是隐蔽着批判情绪。故同样是幽默，前者硬而后者软，前者较浅，而后者较深。后者的幽默可以说到了炉火纯青的境界。在这种境界里，叙述者即使在叙述着令人发笑的事情，也是平静得很的。

没有达到欣赏这类幽默的水平，也就很难在日常生活中提高幽默谈吐的水平。

对这类作品欣赏多了，潜移默化，积以时日，日常谈吐就会比较有深度了。

五、和普通情节的单线因果律划清界限

光是能欣赏一些幽默作品的片段而稍有心得，对于全面提高自己的幽默素养是不够的，更重要的是从逻辑上去掌握一部或一篇比较大的作品的总体特点。有些经典性的幽默作品，如果孤立地去分析它的句子或者段落，几乎看不出它有什么逻辑错位或平行反衬，但是在整个情节及其因果关系中却存在着这种逻辑特点。

有一种理论说：幽默的结构是先有一个悬念，然后是渲染一番，再后来就是一个高潮，最后则是一个发现，一个顿悟。这种理论本来出自古希腊亚里士多德，他说一切悲剧的情节都是一个“结”（结果）和一个“解”（原因）加上“对转”（高潮）。西方小说理论家把它发展了一下，用来解释一切情节。福斯特在《小说面面观》中说：

> 我们对故事下的定义是按时间顺序安排事件的叙述。情节也是事件的叙述，但重点在因果关系上。“国王死了，然后王后也死了”，是故事，“国王死了，王后也伤心而死”，则是情节。①

这从逻辑上来讲是一元逻辑的因果律。20 世纪 50 年代苏联的文学理论教科书把这个因果变成了开端、发展、高潮、结局，反而把其间逻辑因果联系取消了，因而变成了现象的罗列。我们一些理论家在新时期结合我国相声艺人的经验，恢复了其间的因果性，而且又加了一个国产的“顿悟”进去，总算有了一点进步。这个公式看起来挺有道理，但是它并不是幽默的逻辑结构，而是一切情节的逻辑结构。比如有这样一个故事：一个经理被暗杀了，凶手已经逃走（这是悬念）。于是许多人都成了怀疑对象，气氛很紧张（这是渲染）。后来证明杀死他的就是他的妻子（这是高潮）。原因是这个风流女人另有所爱（这是一个顿悟或发现）。可是这里面根本就没什么幽默，这不过是一个普通正剧的情节模式，包括西方

① E.M. 福斯特著，苏炳文译：《小说面面观》，花城出版社 1984 年版，第 75—76 页。

的侦探电影和琼瑶的言情小说都离不开这个情节模式；其中没有任何喜剧成分，也不存在什么幽默感，因为它缺乏幽默感所必需的双重逻辑的错位或者平行对照。

现在我用已经举过的那个啤酒杯里发现苍蝇的例子，来分析其情节结构的内在机制。

一个人来到酒吧间，要了一杯啤酒，发现啤酒杯里浮着一只苍蝇。（这可以说是个悬念了）故事说，起初来者是一个英国人，他温文尔雅，耸耸肩膀走了。后来来了一个德国人，德国人是很讲究卫生的，他把这杯啤酒倒了，免得病菌传染。接着来了一个日本人，日本人是很讲究严格管理的，便让服务员把经理叫来，大训了一顿，要他好好查查经营管理方面的漏洞。跟着又来了一个俄国人，俄国人很讲究实际，他想苍蝇固然携带细菌，但是酒精却可消毒，于是他把苍蝇拿掉，把啤酒喝了。（上述这一切，可以说是渲染）最后来了一个美国人，美国人是很讲究幽默之道的。他与众不同，他平静地对服务员说："我给你提个意见好不好？"（这可以说接近高潮了，谜底要揭晓了）他说："以后你最好把苍蝇和啤酒分别放在不同的杯子里拿给顾客。"（这不但是高潮，而且顿悟全在这里了）

很显然，这个故事非常幽默。同样是悬念——渲染——高潮——顿悟的结构，有的幽默，有的不幽默，可见它还不是幽默的规律。

关键在那个转换。如果是按常理转，也就是一本正经地推理，逻辑是一贯到底的，一元化的，不歪曲的，甚至是很科学的（如推理小说），那就不可能幽默。如果不按常理，逻辑不一贯了，错位了，也就幽默了。在啤酒和苍蝇的故事中，前面几个人的几种处理方式都是按常规的逻辑一贯到底的，几个人考虑的大都挺现实，处理的方法也比较实际，因而不够幽默，可是最后那个美国人，却突然从这样的逻辑中解放了出来，转到另一条思路上，以另一种逻辑行事。把苍蝇和啤酒分开拿给客人，这是不可能的，他说这话并不是真想让人家照办，而是交流情绪。

人家本来以为他会按常理提出正经的处理方法，而他却出了个荒谬的主意，所以逻辑的期待落空了。期待的落空只是幽默心理特点的一个方面，另一个方面是落实。待你稍稍想一下以后，他精神放松，感情悠然，心态自由，你就都领悟到了，美国人正话反说的智慧，使他的目的最终必能实现，在这一点上使读者的期待又落实了。

六、契诃夫的情节错位逻辑和毛泽东的自我调侃

契诃夫有一篇并不著名的小说叫作《没有题名的故事》。说是在一片沙漠里有一个修道院，里面住着圣洁的方丈和虔诚的修士们，他们从来没有经历过人间的纷扰，也没有目睹过城市的繁华。修士们最大的欢乐就是倾听方丈的祈祷和弹风琴，还有就是写拉丁文的诗

歌赞美上帝。有一天来了个醉汉说了些昏话，指斥他们不能光是满足于拯救自己的灵魂，应该到城市里去拯救那些沉湎于声色、没有信仰的人的灵魂。于是方丈便出行三个月，一回来以后形容憔悴，失声痛哭，向修士们描述城市中人类生活的堕落和罪孽。方丈说：在那里，有钱的人吃啊喝啊，没有限度，成日寻欢作乐，饮酒唱歌，既不怕上帝，也不怕魔鬼，更不怕死亡，凡事只凭欲望指引。方丈说着流下了愤怒的眼泪，特别令他痛苦的是有一个女人，居然半裸着身子，站在摆满酒杯的桌子上。那个年轻、妖媚、迷人的女人，不肯把她的美丽的肉体藏在衣服里，而是一心要让它露出来；只要谁表示需要她，她就投入谁的怀抱。那些修士目瞪口呆地听着他的话。

第二天早上方丈开门一看，修道院里一个修士也没有了，他们全都赶到城里去了。

这是一个很幽默的故事，它之所以幽默，就是因为：在 90%的篇幅里都好像只有一种禁欲主义的逻辑，然而就在长老声色俱厉地指斥城市人类的纵欲主义之后，另外一种逻辑，亦即人性中不可阻挡的追求现世幸福的肉欲逻辑却在最后一句突然占了上风。

契诃夫的许多短篇小说都采取这样的情节模式，欧·亨利那些在结尾部分发生突然对转的小说（如《警察和赞美诗》）也属于这种模式。当然，光是提高欣赏水平不是最后的目的。欣赏水平再高，在生活中发挥不出来也是白搭。这就需要刻苦地自我训练，持之以恒，把幽默的知识转化为随时能幽默起来的能力。尤其在处境不十分顺利的时候，甚至在非常严峻的场合，不管外部环境有多么不利于幽默思路的转移和逻辑“错位”，也要能熟练地驾驭。

1975 年基辛格和老布什访华，毛泽东以一种哲学家的达观轻松地说：“我不久就要升天堂了，我已收到上帝的请帖。”基辛格笑着说：“请不要接受这请帖。”

毛泽东的幽默就在于他用一种表面的悲观表达了内在的达观。基辛格说得也很幽默，从表层逻辑看，上帝的请帖不过是个比喻——命中注定，那就不存在接受不接受的问题；但把请帖孤立起来看，既是对方的邀请，就有接受不接受的自由，这在另一层面上是讲得通的，这就是深层逻辑了。就在这两重逻辑的对比中表现 出了基辛格的友好态度。

毛泽东接着说：“我接受博士的命令！”毛泽东的逻辑很巧妙，表面上是屈尊被动地接受，深层逻辑上却是在领受对方的好意。双方这样巧妙地在二重逻辑上对应起来，幽默才精彩。

毛泽东的幽默之所以可贵就在于他常常在外交国务活动中用自我调侃来缩短双方的心理距离，创造友好的气氛。而在这种场合，其他一些领导人常常是幽默不起来的，即使周恩来那样的外交家，也很少用自我调侃的办法。毛泽东和基辛格在这里用的幽默逻辑是连锁的，这样的幽默比之一次性的更有递增的效果。

附：

漫画分析

敲击膝盖是医生检查神经反射的一种常用方法。如果你很健康，反应很正常，就没有什么幽默感可言；只有你的反应不正常了，才可能逗人笑。以下的漫画所表现的是几种类型的不正常。

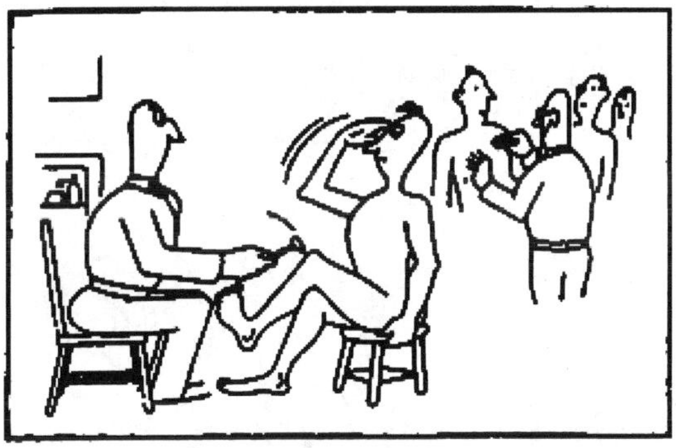

图 13–1

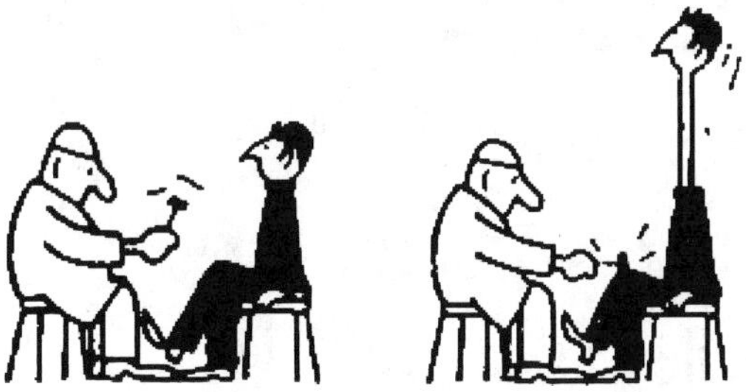

图 13–2

图 13–3

图 13-1 至图 13-3 都是表现被检查者反应的不正常。

图 13-1 是机械化了的不正常，好像不是人的关节，而是某种连动的金属机械在起作用，敲膝盖导致手臂上举。

图 13-2 也有一定的金属机械特点，好像膝盖成了某种很敏感的压力机的开关，一敲就把脖子拉长了。因而这里有两重的逻辑反衬：一重是人的“肌体逻辑”——关节神经的异常反应，按这种逻辑，医生一敲，脖子就伸长了，这是荒唐的。然而在这背后还有一重逻辑，那就是“金属机械的逻辑”，对于图 13-1 是联动作用，对于图 13-2 是连通作用，摩擦力是那么微小。这两种逻辑构成了反差，就好笑了。

至于图 13-3，它的特色在于，不是人的身体机能和金属机械的机能，而是人的身体机能和某种橡皮软管性能的反差。这里反差更大，由于橡皮软管可以做反关节方向的运动，而人的四肢关节是不可能做两个方向运动的。荒谬的程度和幽默的效果成正比。

图 13-4

图 13-5

图 13–6

图 13-4 和图 13-5 都是表现击诊效果的，其特点是不可控性，虽然是人体，但表现为机械性的意外事故。人给击得腾空翻转，甚至飞出窗外。机械性能被夸张了，而人的灵活、人的自我防御功能被大大地淡化了。二重逻辑的反差如此强烈，令人忍俊不禁。

至于 13-6，从脸上贴着橡皮膏的医生到绑住小腿的被检查者，都很可怜。这种可怜相是荒谬的，与正常情况形成的反差是显而易见的。

第十四章

“错位”逻辑和偷换概念

——用什么方法从一种逻辑过渡到另一种逻辑

幽默逻辑的一种形式是两种逻辑的“错位”，但是要“错位”得自然，人家才能舒舒服服地“上当”，如果不自然，就叫人难受了。为了自然地从一种逻辑向另一种逻辑过渡，或者把一种逻辑掩藏在另一种逻辑之中，就需要一个过渡的跳板，最方便的办法就是偷换概念。

一、偷换概念的两种方法：同音异义和同语异义

在日常生活和科学研究中，偷换概念是不容许的。正常的、科学的和严密的思维要保持概念的一贯性、一元化，不能在对话过程中把语义随便歪曲。比如说，阿Q把辛亥革命时期出现在未庄的“自由党”误解成“柿油党”，因为按吴语方言，“自由”与“柿油”是同音。由于同音，导致概念转换，是文化水平极低的人可能犯的错误，也是愚昧无知的表现，算不上偷换概念。即使是有意曲解，也不过是低水平的偷换概念。

比较高级的偷换概念常常不这样明显，表现形式之一便是概念形式没有变换，但概念的内涵却变化了。就以阿Q弄混的“自由”为例，它的内涵非常丰富。首先，它是一个政治法律概念。相对于专政而言，公民享有自由的权利。其次，它是一个行为的自主性范畴。相对于纪律而言，自由不能无限，只能在纪律限制以内，以不妨碍他人和公共秩序为限度。如果你在熄灯以后自由唱歌，就违反了纪律，因为别人因此失去了安静睡觉的自由。再次，它是一个伦理观念。相对于责任而言，一个结婚并有了孩子的人就对其配偶及孩子有了责

任，因而就没有了任意恋爱的自由。最后，它是一个哲学概念。相对于必然而言，人在与自然斗争和社会的交往中，必须认识到必然，才能有自由。例如，你去游泳，就必须在头进入水中时吐出空气，在头露出水面时大口吸气，你认识到这是必然的规律，并照这种规律去调节自己的呼吸和运动节奏，才有了在水中的自由，否则你就失去了水中的自由，只能溺死。

在讨论问题时，对于自由这个题目，你必须遵守逻辑一元化的规范，弄清原来是从什么角度提出的，不得转移。比如说，五四运动以前郭沫若在日本留学老想自杀，原因是他本来在中国已经结了婚，虽然没有爱情，但也还是有了合法的妻子。而到了日本，他又与日本姑娘安娜同居，而且生了孩子。因而他自己说，他时时感到在“自由”与“责任”的矛盾之间不得解脱。在五四运动爆发以后，他感到了精神的解放和自由，这种自由应该是伦理的自由，而不可误解为政治的自由。相反，鲁迅在20世纪30年代和宋庆龄等发起组织的“自由大同盟”，所争取的是政治的自由而不是恋爱的自由。平时，有些朋友自由散漫，那只是不守纪律而已，如果把他们算作“资产阶级自由化”，那就是偷换概念了。同样，如果有些破坏纪律的人，引用马克思的“从必然王国走向自由王国”为自己辩护，那是把纪律观念偷换成哲学概念。只有概念不被偷换，问题才能持续不断地研究下去，成果才能积累；否则讨论无法进行，变成了聋子的对话。在公共关系中，经常遇到这种一词多义的情况，因为词语本身几乎没有可以感觉到的变化，而概念却转移了，所以要特别警惕。

二、防止核心概念向相邻内涵转移或者外延膨胀

在日常对话中乃至在公开的辩论中，如果不能坚持概念的一致则很难避免论题的转移。有一次福建师大的学生举行辩论大奖赛，辩题是“念大学期间谈恋爱弊大于利”。正方和反方各执一词，分别述说理由。当反方一位发言人论述到真正的爱情是十分珍贵的，一旦它来到心上，就该不顾一切地把它抓住，而不管别的。这时正方突然提出一个问题：如果对方虽风度翩翩，然而家境贫寒该如何呢？反方立即说：家境贫寒挡不住真正的感情。正方又说：你这样可能仅仅是一时冲动，等到日后生活的现实向你逼来时，你难道不会后悔吗？这样就不知不觉地把论题从大学生谈恋爱的利和弊，转移到谈恋爱时选择的标准——家境贫寒和人品学问的关系上去了。之所以发生这样的论题转移，是因为论题的核心概念被转移了。核心概念一般并不是容易转移的，一旦动摇，最容易转移到相邻或者相属概念中去。例如这里的核心概念本来是念大学期间谈恋爱的利与弊，其相邻或者相属概念是择

偶的标准，光看风度或者光看贫寒与否的利与弊。经过推演，原本的论题被遗忘了，择偶的标准成了论述的中心，大学期间谈恋爱的利与弊则变成了对象的家境和风度之间的利与弊了。

这种转移不易被觉察，要发现它必须要有辨析毫厘的能力才成。有时，不是论题核心概念的内涵被转移，而是外延。如一次大学生辩论会，辩题是“中小学教师从事第二职业弊大于利”。反方在论述时，举出了一些大学著名经济学教授在企业兼职的例子，正方立即指出论题是中小学教师，举大学教授为例是偷换概念，弄得反方十分狼狈。而反方在论述时又说到中小学教师为学生补课并非弊大于利的问题。正方立即指出补课不属第二职业，而是第一职业的延伸，反方又因而狼狈了一番。其实，正方的反驳也有漏洞，双方所犯的错误在性质上是同样的，叫作概念的外延膨胀。这种外延的膨胀，很少在论述的第一个层次发生，常常在远离论点时发生。距离论点越远，概念越容易在外延和内涵上受到论述过程中相邻和相属概念的干扰。

三、两条思路的跨度要大，过渡模式的结合要密

所有这一切都说明，在正常的思维过程中偷换概念是违反基本的逻辑思维规则的，而违反了基本的逻辑思维规则，思维便无法层层深入。思维线索破碎或踏步不前，都是控制不住自己思路的表现。要经过很长时间的训练，才能用逻辑规则控制住自己纷繁的思绪。

但是在幽默逻辑中情况大有不同，它所需要的思维方式与理性思维恰恰相反——思路转移是必由之路。由于理性思维的长期训练，思路的一贯、概念的统一已经有了强大的优势，很难自由转移，于是又得训练自己偷换概念，使思路悄悄地转移。

1993年元宵节，中央电视台“曲苑杂坛”中有一个节目，是让三个演员模仿天津著名的相声前辈马三立。每一个模仿者都不同程度地模仿了马老先生在舞台上的言谈、举止。每一个演员演完以后，主持人都问在场的观众像不像，回答都说像。

后来，马老先生亲自上台有人反倒说不大像了。主持人问马老先生：这是为什么？马老先生说：“因为现在市场上的假货太多了，在真货面前，人们反而不敢相信了。”

这就达到了较高层次的幽默，因为这里不但有可笑的东西，而且有发人深省的顿悟，有对于商品潮冲击下人们心灵的洞察和调侃。

这个节目之所以成功，还由于马老先生运用了一种非常基本的幽默方法，就是偷换概念。本来是模仿人，是“真人”和“假人”的关系。把人变成“货”（如“你这种‘货

色'"），就是偷换了概念了。在这个节目里表演的极大成功就在把"真人"和"假人"的关系变成"真货"和"假货"的关系。

幽默的二重"错位"逻辑，要从一条逻辑过渡到另外一条逻辑线索上去，不能生硬地、公然地跳过去。比如说三个人模仿得都不那么像，或者说只有一个人模仿得挺像，都不能使我们自然地想起充斥在市场上的以假乱真的假货。或者马三立先生上台时，不是说假货那么多，弄得真货倒没人信了，而是说假冒伪劣产品的商标和包装那么多，弄得真正的商标和包装倒反而显得少了。这样说意思差不多，幽默感却大大减弱了。

从第一条思路"真人"不及"假人"向第二条思路"真货"不及"假货"转移，句法结构上是对称的，而且只有一字之差，属于同一模式。在同一模式中，重复性的结构比之变化的词语有力得多。通过基本上重复的结构，带进了内涵变化了的词语，虽然意义发生了巨大的变化，但从接受者（观众）的角度来说，相同的模式造成了较强的心理定式（或心理惯性），因而阻力是比较小的。第二条思路带来的意义变化越大，思维的跨度越大，观众可能产生的心理阻力也越大；两条思路的思维模式越是相同，则过渡越是自然、流畅、隐秘，可以把阻力减少到最低限度，因而引起的惊喜就越强烈。

四、两种语义在同一概念中和平共处

有时，逻辑过渡不仅是模式相同，而且词语也完全相同，这样的过渡就更自然，更有效果。

20世纪60年代，周恩来总理举行记者招待会介绍中国建设的成就，有一个西方记者问："请问中国人民银行有多少资金？"这是一种挑衅，实际上是想讥笑中国的贫穷。对这种问题如果用外交辞令回答"无可奉告"，也不是不可以。但是周总理却说："中国人民银行人民币资金嘛，总共有18元8角8分。"这一回答使满座记者大吃一惊。周总理解释说："中国人民币的发行面值是10元、5元、2元、1元、5角、2角、1角、5分、2分、1分，合计为18元8角8分。"他一讲完，全场立即掌声一片。

这是在为周总理的幽默而鼓掌。周总理用偷换概念的方法使逻辑发生自然的转移，记者问的是银行资金总额，而他答的是人民币面值总额。为了把两种思路不露马脚地结合起来，他找到一个概念，让不同面值总额和资金总额两种意义在其中和平共处。或者说，这个概念包括两种（或者两种以上的）联想方向，既可以顺着第一条思路的表层逻辑发展，也可以顺着第二条思路的深层逻辑自然地发展。

过渡性词语越是统一，越是不着痕迹，两条思路、两种逻辑的反差越大，幽默语言给人带来顿悟的惊喜也越强烈。换句话说，概念被偷换得越离谱，概念之间的差距掩盖得越隐秘，幽默的效果就越强。

五、同音异义和一语双关

从理论上说，要过渡词语密合又要思路有反差是有些复杂，但是在实际中运用起来并不太难。最简单的办法就是只要找一些音同义不同的词就行了。比如，小两口回家，炉子灭了，男的想发火，女的说："你火再大，也点不着炉子呀。"这个"火"字就是偷换概念的一个很好的过渡。同一个"火"字，生火的"火"是化学变化，而发火的"火"则是情绪反应，二者差距很大，可这个"火"字却是同一的，因而逻辑的转移是天衣无缝的。

用同音异义词是比较通俗的方法，稍微复杂些的是一语双关。一语双关在科学研究中是绝对不允许的，它会引起概念混乱，研究无法进行；但在幽默逻辑中，一语双关是一种特殊的偷换概念。一般的概念被偷换之后，原来的意义逐渐消失，被新产生的概念取而代之，而一语双关则是两种概念同时并存。

> 有对夫妻急于要有儿子，在生下第二个女儿时，便取名"招弟"；过了一年又生了一个女儿，便取名"再招"；第三年又生了一个女儿，他们还是不死心，乃取名"又招"；可是过了一年，还是生了一个女儿，他们不得不认命了，只得取名曰"绝招"。

"绝招"是个双关语。"绝招"这个词本来是拿手好戏的意思，而在上述故事中临时产生了终止再招的意思。这两个意思同时并存又互相冲突，才有轻喜剧的幽默意味。

在偷换概念的幽默方法中，一语双关的难度最大。幽默大家在运用双关语时最注意两点：第一，要有恰当的上下文；第二，这双重语义得是"不一致"的，最好是互抵牾的，如果不互相抵牾，则使其互不协调也好。唐朝段成式著的《酉阳杂俎》中有这样一个故事：唐明皇封禅泰山，张说主管其事。按惯例封禅后，官员都晋升一级。郑镒因为是张说的女婿，本为九品，却一下子晋升到五品。在一次盛大的宴会上，唐明皇见到身穿五红袍的郑镒感到奇怪，问他怎么晋升得这么快。郑镒很窘，一时答不上来。当时唐明皇身边有个机智幽默的名演员叫黄幡绰，号称"滑稽之雄"的他一语双关地说："此乃泰山之力也。"

这里的泰山具有双重语义：第一，泰山乃我国东部沿海平原上少见的雄伟高大之山，又是历代帝王，包括唐明皇封禅的对象，"泰山之力"乃非同寻常之力的意思；第二，泰山又是对岳父的尊称，意指与岳父张说的裙带关系。一为人，一为物，二者虽不对立，但也有相当距离，二者互相矛盾又和平共处，因而就可笑又耐人寻味了。

六、接过对方话语中的一个词语，让它带上新的意思

一语双关并不一定是天然存在的，说话者可以利用现场语言环境使一句平常的话带上相反的或者别扭的意义。常见的办法是把对方的一句话接过来，在词语上原封不动，但却让它在意思上变化很大。如一对美国夫妻的对话：

丈夫：你从来不懂得买东西，你总以为任何特价品都是打五折的。

妻子：所以我才嫁给你，你的聪明也是打过五折的。

在这里，“打五折”从物价转向人的智力，变成了逻辑错位的桥梁。

借双关语作桥梁的难处不在于把对方的话接过来，而是把接过来的话组成一个与对手的原意相反的或相错的句子。

锋芒的指向转了 180 度的弯，可是词语却没有变化。这时说话人越是不动声色，语义的反差也就越大。

夫妻吵架、朋友争执，都免不了留下一些话头，在日后如能把它当作某种“典故”来运用，常有特殊趣味。这样的方法有个缺点，那就是一些“典故”的进攻性很强，使用时要慎重。如果进攻性很强最好不要当场使用，以免把空气弄得太紧张。在时过境迁以后再用，即使是反击性的，也可以减缓紧张，反复用几次，对抗性就减弱了。

如果对方的话头并没有太强烈的进攻性，把它接过来送回去，一般就不会直接导致情绪紧张。

有一位党委书记和大学生谈心，学生问他是怎么“一下子”变成党委书记的，他答说：“我先成为党员，然后才成为党委书记的。不是‘一下子’，而是‘两下子’才变成书记的。”

本来“一下子”是很快的意思，“两下子”是“有一手”的意思，这位党委书记不用“两下子”的常规意义，而是把它和“一下子”对比起来，临时给它一个时间比较长的意义。从概念的运用来说，他偷换了“两下子”原来的意思，但从幽默逻辑来说他的思路转移得很巧妙。

这里有两个要点：第一，概念偷换得越隐蔽，听者被蒙蔽得也越是舒服；第二，概念转移的幅度越大，越是离谱，所引起的预期的失落、意外的顿悟越强，他的顿悟也就越过瘾。下面有两个例子提供给读者进行比较。

有人问冰球守门员：“你说踢足球和打冰球，哪一个门难守？”守门员回答说：

“什么门也没有后门难守。”

另一个例子：

问：“请问怎样才能去医院？”

回答：“闭着眼睛横穿马路，五分钟以后保管你到医院。”

这两个例子都是偷换概念。前面一个是球门的“门”换成后门的“门”；后一个是把健康地走到医院变成受了伤住进医院。但是从概念转移的隐蔽来说，两个的水平不一样。本来球门的“门”和后门的“门”是根本不同的门，但表面上讲出来的词语是一样的，概念上的不同，是不讲出来的，是心照不宣的。如果严格地遵循一元逻辑的规范，问运动员什么“门”难守，就得声明：“这是具体有形的、公开的、让人看的、运动员守的、没有门扇的、不是在墙当中可以自开关的那种。”这样说，是比较严密、科学了，可肺活量不大的人也就累死了。后面的例子，也利用了“去医院”的歧义，把它转化成了“住医院”，转换也是很隐蔽的。转换同样隐蔽，转换的距离又同样大，可为什么幽默的效果不大一样呢？这是因为意味不一样，把球门难守转成后门难守不但很俏皮，而且很深刻，孤立起来还可以成为一种哲理。荒唐的逻辑和深长的意味结合起来，幽默的分量就重了。把“去医院”偷换成“住医院”，就只是俏皮，没有更发人深省的东西。

仅仅是开玩笑意思不大，如果在开玩笑以外还有些严肃的东西就好了。当然，也可以设想，要让后一个对话说得意味深长一些，可以往人们的一些缺点上去联系，如这个人平时好一面看报纸一面走路，那就说：“去医院很容易，只要一面看报纸，一面横穿马路，十分钟保准你能到医院。”

偷换概念的要领是不但要隐秘，而且还要挟带观点，把对社会上一些现象的批判带进去，意味就深刻了。偷换概念本是歪理，挟带观点能使它带上正理的深邃性。

偷换概念最难的是即兴发挥，不能放马后炮。因为社交幽默不是做文章，不能在家里打好草稿后再修改，紧要关头，要脱口而出，如果当场说不出来，事后也不能补讲。有这样一个故事，一个人正在演讲，到下结论的关口，忽然有一个听众椅腿折断了，跌倒在地，会场秩序大乱，这位演讲者即兴发挥，故作大言说：“诸位，现在发生的一切，正足以证明：我的理论可以压倒一切。”听众精神大振，一下子气氛就活跃起来了。

这位演讲者用了一个偷换概念的法子，把“压倒一切”的占绝对优势的意思，变成了压倒椅子的意思。

在家里写文章要达到这样的水平也许并不难，但是要做到即兴现场反应，好像不假思索脱口而出的样子，则不是一朝一夕所能练成的了。关于这一点，请允许我推荐我的文章《贵在随机应变》代替漫画分析。

附：

贵在随机应变

20世纪90年代初，我写了一本有关幽默谈吐的书，完全出乎意料的是十分畅销。中央电视台的一位部门领导在香港看到了，就让当时还不十分出名的导演张海潮追踪到了我。1992年，我在中央电视台做了20集的“幽默漫谈”节目。那个节目应该说做得并不怎么样。但是从此以后，我就被当成是对于幽默有研究的人士，经常被一些单位请去做讲座。当然，随便讲讲有关幽默的知识和趣闻是并不困难的，但是听众并不太关心幽默的学问，他们最为关注的是如何在日常生活中使自己的谈吐幽默。有时候现场问题问得很刁钻，而且要马上回答。一次在一个商业学校的礼堂里，条子递上来是：如果你母亲和你太太都跌下了大河，你是会游泳的，你是先救妈妈还是先救太太？请回答，而且要幽默。

这完全是出乎意料，我只能承认，我无法回答，原因是我的幽默还没有遇到过这样严峻的考验。下面发出了一些笑声，虽然其中充满了谅解，但是却不能不使我感到遗憾。讲座结束以后，心里还有一点失落之感。

后来，我在一本西方的幽默书中发现了我所回答不了的题目，原来是有现成答案的：先救太太，因为妈妈会游泳。这是符合我的幽默“错位”逻辑——歪理歪推的理论的。从那以后，我更加苦心钻研，对于幽默逻辑“错位”有了更多的体会。对回答听众递上来的条子，就逐步有了信心。虽然时间很紧迫，但只要歪理歪推，总能对付得过去。

前不久，福州一所高等学校请我去讲幽默。快结束时，递上来的条子是：如果我在听一位学者（或者领导）的报告，忍不住放了一个屁，很响，又很臭，怎么办？

我一点准备没有。读条子的时候，我还不知道怎么回答。我一面念条子，一面就胡诌起来。我说，你可以对坐在身边的朋友道歉：“对不起，报告很精彩，启发性很强，我觉得有许多想法和他交换，但是，他老是讲个没完，我实在憋不住了，发出了声音，还有一点气味。真是不好意思。”

底下哄堂大笑。又有条子递上来：这是什么方法？

我回答：“从幽默的逻辑结构来说，用的是同音异义。憋不住的屁和憋不住的话，都是一种声音。从幽默的心理状态来说，是自我调侃。”

底下报之以鼓掌。

又有一次，一张条子上的问题是：如果请女朋友吃饭，结账时，却发现没有带钱，怎么办?

我的回答是:“你先使劲骂那些请女朋友吃饭而不带钱的家伙。骂得越凶越好，骂得差不多，叹一口气说，我今天全骂自己了。”

事后，我觉得虽然当时听众都鼓了掌，还很热烈，但是总还是有些美中不足。我想可能是幽默的逻辑结构并没有达到密合的程度，要做些修改才好。我想了好久，觉得应该这样说:你骂这种人，是小气鬼、贪吃鬼，没有资格做人，连鬼都配不上，不要脸的鬼。骂得差不多，摸摸口袋，叹一口气:“可是，你(指着对方)今天可真是碰见鬼了。”

我觉得这样可能更幽默一点，因为在二重逻辑反衬中，第一重的“鬼”和第二重的“鬼”同音异义，结合比较紧密。

但是，幽默谈吐是口语的现场交流，在现场不能即兴发挥，事后不管你想出多么好的点子来，也是白搭。

就在写这篇文章的前两天，我应邀到福建省经济管理干部学院去做报告。

一个学生递上来一个条子，说:我们班主任今天本来布置我参加一个会，但是为了听你的报告，我没有去。如果你是我，如何向班主任交代呢?

不知从哪里来的灵感让我的舌头活动起来，我听见自己说:“主任，你也年轻过，当年你是不是也曾经有过为了一个好报告而逃会的历史记录?如果你从来没有，请允许我从明天开始向你学习;如果你也和我一样，逃过会，那从现在开始，让我们互相学习既逃会，又不让班主任生气的经验。”

台下的听众，为我思想的迅速反应而鼓掌欢呼。

这里的幽默是来自“学习”这个概念内涵的变换，当然还要加上时间的诡辩性:如果你和我一样逃会，就在今天互相学习，如果你没有逃会，从明天开始，事实上是今天就向你学习。这是另外一种偷换概念的方法。

当时，我并没有细想其中的奥妙，直到我用自己的幽默理论反复思考了许久，才明白口头表达来自内心的幽默，而内心的幽默是一种自动化的反应。正如我们说话时，无法去想什么语法修辞一样，真正有幽默感的人，并不受什么幽默方法的指挥，相反，幽默方法倒是受幽默感指挥的。如果要说有方法，最根本的方法是，让心灵充分自由，把心交给听众，当双方的互动达到高度的默契时，就能以微笑缩短心理的距离。

第十五章

抒情逻辑和幽默逻辑
——一元极化逻辑和二重复合逻辑

一、有些幽默理论为什么有点可恨

许多人喜欢幽默，但是却不喜欢幽默理论。幽默给人带来欢乐、微笑以及和谐的人际关系，而大部分幽默理论却相反，给人带来不少苦恼。一般来说，那些理论太艰涩，叫人可望而不可即，令人自卑。事情真是怪得很，幽默怪可爱的，可幽默理论在许多人看来，简直是可恨。

这是因为：第一，这些理论不管是中国的还是外国的，都太不周密，漏洞太多；第二，正因为不周密，因而也就没有可操作性。就拿西方幽默理论中一个最基本的观点——“不一致”理论来说，几乎每一本美国的幽默理论书都要引用到，但漏洞也是最多的。

这个理论可能是源于叔本华提出的“笑，不过是人们突然发现他所联想到的实际事物与某一概念之间缺乏一致的现象”。这个笑的定义很有名，被许多理论家引用，也遭到许多非难。概念与实际之间不一致并不一定会使人发笑，一切认识上的错误和商业欺骗，对当事人来说都不觉得可笑。把鹿说成是马以糊弄昏庸的皇帝，钳制众口，或把好人划成右派，都不可笑，而是可悲、可怕。从伪科学的理论到神话，都是很庄的，毫无喜剧性可言。喜剧性的笑只产生于双方都明知其错而故作不真的表达，口头与心头的“错位”比口头与心头一致有更多的意外之情，情外之趣。

概念与实际的不一致，也就是不真，并不一定产生笑。即使某些心照不宣的不真能交流情感，这些情感也不一定是幽默。

二、抒情的不一致和幽默的不一致

传达感情，最直接有力的形式是具有浪漫色彩的抒情诗。比如，拜伦在《雅典的女郎》中说：

雅典的姑娘，我爱你，
在我离别的时候，
请把我的心还我，
如果你不还，
就把我整个人都拿去。

诗中的感情是很强烈的。他爱这个希腊姑娘爱得掉了魂，心都给人家偷去了，可现在要离开雅典了，请人家把心还给他。从这里，我们看到了一系列观念与事实的不一致。第一，心不在胸膛了，还能活吗？第二，心怎么拿去，又怎么还回？这个技术问题在 19 世纪初还没有解决。第三，既然在这么热烈的恋情之中还要走，这说明很有理智，因而才决心把感情（心）收回来，可又说如果心收不回来，就连人都送给人家，这不是取消了要走的念头，明显的自相矛盾吗？看来，他表面上说如果能收回感情就走，但感情是收不回的，因而，实际上是不准备走。其实他真正要说的并非是走不走的问题，而是感情是永远收不回了，爱是绝对不会变的。

这就是不一致了。

浪漫色彩很浓的诗的不一致，就是把感情绝对化、极端化、永恒化、神圣化，而事实上不管多么强烈的感情，都要随着年龄、生活条件、空间距离的变化而变化，任何感情都有高潮和低潮，甚至有消失的时候（如死亡），因而世界上不可能有浪漫主义诗人笔下那种永恒的、不变的感情。其实，拜伦这类诗中的感情只是一种想象的纯粹感情，与实际生活中的感情肯定是有很大距离的。就拜伦本人而言，他似乎是到一个地方就爱上一个姑娘；所以他诗中的爱情和生活中的情感是很不一致的。这种不一致，读者和诗人都是心照不宣的，我们在读这类诗作时，绝对不会产生任何幽默感。这是因为凡是浪漫诗都是抒情的，而感情的冲击力，会使人的感觉发生“变异”[①]，这就产生了“情人眼里出西施”“癞痢头的儿子自家的好”“月是故乡明”“良言一句三冬暖，恶语伤人六月寒”的感知变异现象。

正因为这样，在诗中，人对自己、对他人的感觉都是变异的。白居易写唐明皇第一次

① 孙绍振：《论变异》，花城出版社 1988 年版。

见到杨玉环的诗句："回眸一笑百媚生，六宫粉黛无颜色。"杨玉环回头朝唐明皇一笑，给他的感觉冲击如此强烈，他再去看后宫的嫔妃宫女们，竟一个个面色苍白了。这里显然是观念（感知）和实际情况不一致了，可我们从中感觉到的是抒情的优美，而不是幽默调侃。同样的不一致，有的是抒情，有的是幽默。问题在于：幽默的不一致有什么特点？

三、抒情逻辑的一贯性，幽默逻辑的二重性

幽默的功能是传达感情，它超越现实的真，使双方通过玄虚化心照不宣地交流潜在的情致。而抒情同样也可以通过玄虚化的想象感动读者，这在诗人与读者之间也是有心照不宣的默契的。

因而超越现实的玄虚化还不能说是幽默真正的特点。问题在于它和抒情的玄虚化有什么不同。

抒情通过想象（玄虚化）使情感极端化，不管情况怎样改变，情感总是单向直线地发展下去，哪怕是人死了都不变。如白居易写唐明皇和杨玉环的感情：

在天愿作比翼鸟，在地愿为连理枝。

天长地久有时尽，此恨绵绵无绝期。

"在天"和"在地"，说的是不管人在空间上有何变化，哪怕到了撒哈拉大沙漠，到了北冰洋，感情都不会干涸或冰冻。"天长地久有时尽"说的是，时间本来是无限的，但比起感情来说，却是有限的，而感情才是无限的。即使天荒地老（用苏格兰诗人罗伯特·彭斯在《我的爱人是一朵鲜红鲜红的玫瑰》中的话来说，则是沙子和石头都熔化了），爱情的痛苦仍然是永恒的。从逻辑上加以分析，抒情的思维其特点是一元化的极化逻辑，也就是只承认一个方向，认定一种可能，不管一切条件，只顾推向极端。不管它推向什么样的极端，出现什么样的超越常识或与现实的不一致，它仍然在一条逻辑线上滑行，因而它的效果是情感的一元极化，感知的一元变异。而幽默的不一致则不同，它常常不是一条逻辑往极端方向滑行，而是一条逻辑线索在滑行过程中突然往另一条线索上转移。因而从根本上来说，抒情是单一逻辑，而幽默是二逻辑的复合。

让我们分析一个唐朝的故事：

唐太宗的长孙皇后很贤惠，又很有政治头脑，可惜死得很早。太宗很怀念她，就在宫中搭了一座很高的楼，不时到上面去望皇后的陵墓。一天，太宗带着魏征登楼，唐太宗指给他看远方皇后的陵墓。魏征说，我老眼昏花了，看不到皇后的陵墓，只看到高祖皇帝的陵墓。唐太宗听后，不久就把望楼拆了。

这是因为唐太宗听出来，魏征话中有话，在表面逻辑之外还有一个逻辑。

逻辑本该是客观的、理性的，唐太宗能够看到皇后的陵墓，魏征也能看到，如果因为老眼昏花而看不见皇后的陵墓，那么也就看不见高祖皇帝的陵墓了。但是，他却看到了。在表层上，唐太宗的逻辑的预期失落了，而其深层还隐藏着另一条逻辑：对什么有感情，就能看到什么；不重视什么，对它感情淡，就看不见。这是二重逻辑的“错位”。在同一座楼上，魏征说自己只看见唐太宗父亲的陵墓，看不见皇后的陵墓，这是抒情逻辑。唐太宗看到自己老婆的陵墓，而看不见自己父亲的陵墓，则是另一种抒情逻辑。这两种逻辑如果分别独立存在就都只会有一种诗的感染力，然而在这个故事中，两个人不同的抒情逻辑，在同一座望楼上，一个只看见长孙皇后的陵墓，一个只看见高祖皇帝的陵墓，于是逻辑“错位”了，诙谐的意味、幽默感就产生了。

唐太宗意识到魏征的抒情逻辑与自己的不同，这说明他很有智慧，马上把望楼拆了，则说明幽默感也有特殊的社会功利作用。魏征运用幽默感取得了很大成功，既达到了目的，又没有把自己和皇帝的关系搞坏。

魏征这个人很耿直，他经常因为坚持“国家大法”的原则把唐太宗对某个人恩赐的批示顶回去，有时甚至在朝廷上顶撞唐太宗，唐太宗因此很是恼火。在长孙皇后去世前，唐太宗有一次回宫以后竟对她说：魏征这家伙老是顶撞我，总有一天，我把这乡巴佬（田舍翁）杀了。幸亏长孙皇后很机智地穿起吉衣朝服向唐太宗表示祝贺说：君明则臣直，今天魏征这么直率，说明你很英明。唐太宗的气才消了。

长孙皇后的逻辑与唐太宗的逻辑是逆向的。唐太宗的逻辑是魏征批评他，是丢他的脸——因而是坏事，要杀掉这个乡巴佬。长孙皇后的逻辑是：魏征批评皇帝，说明皇帝一贯英明大度，他才有勇气，所以是好事，应该祝贺皇帝。唐太宗的逻辑是很情绪化的，长孙皇后的逻辑是很理性的，二者在价值取向上相反，但没有发生交叉，也没有二重化，所以不是幽默逻辑。实际上这种对话没有开玩笑的余地，它是很严肃的，弄不好魏征就要人头落地。

由此可以得出一个结论：两个故事中包含的逻辑都是观念与现实的不一致，但是魏征的故事有幽默感，因为是二重逻辑的“错位”交流了心照不宣的情感；而长孙皇后的故事很理性，两条逻辑线索各自独立，所交流的不是情感，而是理。

不管是抒情的还是雄辩的逻辑，只要是二重的，且在同一对象上纠缠成一个“错位”结构，幽默感就产生了。

四、二重平行逻辑之间不和谐的、默默的反衬

1991 年电影百花奖和金鸡奖的最佳男主角奖都给了影片《焦裕禄》的主角李雪健。李

雪健在得奖后说："苦和累都让一个好人焦裕禄受了，名和利都让一个傻小子李雪健得了。"这两句话中前面那一句，"苦和累都让一个好人焦裕禄受了"，很绝对、很极端，因而抒情味很强烈。因为逻辑是一贯的，没有其他的逻辑介入，充满了赞美的诗意。而后一句"名和利都让一个傻小子李雪健得了"则不同，这句话的逻辑复杂些。首先是"名和利"，本来指个人自私的追求，有不光彩的意思，奖项的意义主要不在个人名利的得失，而是对创造性功绩的表彰。其次，"傻小子"也不符合李雪健本人的特点，这个奖也不是傻小子能拿得到的。傻小子能得到这种崇高荣誉，崇高荣誉又变成了个人自私的名利追求，这一逻辑和前面的苦和累都让焦裕禄受了这一绝对化的逻辑形成了反衬，就让人觉得挺好笑，幽默的意味就产生了。李雪健真诚地觉得，做焦裕禄的比演焦裕禄的苦得多、累得多，而演焦裕禄得到的荣誉却容易很多。幽默感的奥秘就在这双重逻辑之中。

敏感的读者可以隐隐感到这样的二重逻辑和前一章的逻辑"错位"似有不同，那就是它没有发生交错，没有导致一种逻辑向另一种逻辑的转移，既没有显性逻辑和隐性逻辑的"错位"，也没有隐性逻辑向显性逻辑的转化。

这样的结构和抒情为什么有不同的功能呢？

的确，这里没有逻辑错位。但是幽默逻辑的特点是二重逻辑的复合，这种复合逻辑有两种形态：一种是二重逻辑"错位"；一种是二重逻辑的反衬。抒情固然有观念（感知）与事实不一致之处，但它的表层和深层是一致的。例如"苦和累都让一个好人焦裕禄受了"，它与事实的不一致，只是从程度上引向极端，都是肯定赞美焦裕禄的意思。而"名和利都让一个傻小子李雪健得了"，这里也有不一致，但这种不一致也只是在程度上强调得很极端，是抒情的逻辑的特点。这两个不一致，在逻辑上表现为二重的（表层的和深层的）、强烈的反衬，就显得怪诞可笑，正如魏征和唐太宗的逻辑，单独分开是抒情，二者反衬，就显得怪异而意味深长一样。如果不是这样反衬，而是说，真受苦受累的反而不如演受苦受累的，这是对现实的理性表述，是一元化的逻辑，因而没有幽默感可言。如果光说，演受苦的而不受累的，反而得了不配得的好处，也是一元化的逻辑，充其量不过是愧不敢当的谦虚语言。然而把这二者放在一起，就有了反衬作用，就有一点怪异，但是，光这一点怪异性的反衬，还是比较理性的，还不能说完全是情感上的心照不宣的沟通。不能忽略的是，这里的关键词，有两个，一个是"傻小子"。这是带着贬义的词语。这就不是理性的语言，"傻小子"是情感意义上的。这种幸运是偶然地、莫名其妙地落到了一个没有心眼的人头上。还有一个关键词是"名和利"。落到这个"傻小子"头上的，又并不完全是福气，而是带着贬义的"名和利"。二者在逻辑上，在褒贬的意味上是不统一的，两条逻辑线索互相反衬，是不和谐的，这就有幽默感了。这种不和谐在复合逻辑的反衬中，显得十分饱和，既是自我贬低的，又是十分欢快的。

五、即兴套用过渡模式和分化过渡词语

其实这些区别，只有在理论上才显得重要，真正具有幽默气质，又经过一点幽默训练的人，往往能自发地把二者结合起来运用。如果不是心领神会、兴之所至地信手拈来，弄到临场需要幽默时，再去考虑你要用的幽默属于哪种类型，那本身就很幽默了。高尔基在一篇文中说：假如有一个人掉在坑里，旁人把一根绳子放下去，让他紧紧抓住，好拉他上来，可是他却说："请你先把绳子的定义告诉我，否则我绝不上来。"这可以说是对教条主义的绝妙讽刺。

西方谚语曰："布丁的证明就是吃。"对于幽默来说：关键在于在生活中的实践，利用幽默谈吐中的模式加以即兴的发挥。这些模式往往是与具体的情景和精彩的过渡联系在一起的，经过长期自我训练的人是不难套用的。福建师范大学85周年校庆时，我偶然遇上一对老朋友，男的个子挺高，女的个子很矮，男的官儿大，女的官儿小。10多年没见了，女的老远就叫："你还认得我们吗？"我本想幽默一下回答说："烧成灰我也认得。"话还没有出口，便觉得心里有点不舒服，凭直觉感到用语太凶。好久没见面了，这样讲多少有点冒失。突然我想起魏征对唐太宗的话，灵机一动，便说："我只认得个子高的，级别高的。"我没有说，不认识她，只认识她的丈夫，但是这样意思完全传达了。事情过了很久，中央电视台请我去制作幽默节目，在写脚本的时候，我才把这两句话分析了一下，原来幽默就是在二重逻辑不和谐的反差中产生的。表层逻辑的意思是：我很势利，而深层逻辑则是：老朋友了，互相了解很深，我就不担心你误解我。

幽默二重逻辑的反衬的特点是不和谐的反衬。

她一下子听出我的幽默，领会了我的情感信号，就说："你这家伙还是那老样子，当年也不知道为这贫嘴吃了多少亏！"有了个好开头，心态也自由了，我就顺水推舟接着说："我吃亏早已吃饱了，现在该轮到你们上我家去把我吃剩下的拿去享受享受了。"——我是在邀请他们到我家赴宴。事实上我已经把统一的逻辑分化（错位）成二重逻辑了。

我运用了"吃"作为逻辑分化（错位）的关键，由于我吃亏"吃"饱了，所以不吃了，因而请你们去"吃"剩下的，但不是剩下的亏，而是饭菜，逻辑就这样转移了。这时的幽默已从二重逻辑反衬变成了二重逻辑"错位"了。那位高个子丈夫一下子也幽默起来了，说："不去了，不去了，都是你吃剩下的，我们还是到别人家去吃新鲜的。"这位朋友本来级别挺高，不苟言笑。可这时，他也幽默起来了，他也在即兴套用我利用"吃"字的多义

性作逻辑分化的幽默模式。

学习幽默谈吐，要善于自我琢磨，琢磨的要害就在过渡模式上，一是即兴套用，二是自分化，运用关键词义的分化，把潜在的逻辑可能表现出来。

附：

漫画分析

图 15-1　父与子 · 一年以后

图 15-1，表面看有一点抒情的味道，其实这当中有很深刻的幽默逻辑的特点——那就是两种思路、两种逻辑的反衬。

第一种逻辑是，为了测量孩子身高上升的速度，父亲在树上钉了一个记号，本以为树上那一点是固定的。

第二种逻辑是，第二年再去量，钉子反而比小孩更高了，好像小孩不但没有长反而变矮了似的。

原来是树长得比人更快。两种逻辑平行反衬，甚为怪异，幽默感就产生了。

第十六章

精确的比喻和混乱的比喻
——不伦不类和牵强附会

一、优美的比喻和幽默的比喻

为了把话讲得生动一些，人们常常求助于比喻。比喻的妙处在于准确。准确的比喻，易于传情达意；不准确的比喻，会给人以不伦不类的感觉。在一般的语境中，比喻贵在准确、精致。比如说，你面前有一条小河，是新开的人工河，它很直，不像天然的河道那样弯弯曲曲。根据它笔直的特点把它比作琴弦。这个比喻挺有诗的抒情性。但是把它比作电线杆子或棍子行不行呢？不行，有点滑稽、可笑。为什么呢？因为琴弦不但直，而且和优美的乐曲联系在一起，而电线杆子和棍子却没有这种美妙的联想。要追求比喻的诗意，不但在外表形态上要准确，而且在联想和暗示意义上要和谐，稍不注意就会不伦不类，大煞风景。

但是如果你不追求诗意而追求幽默感的话，不妨比得不伦不类。如把小河比作棍子、筷子、电线杆子，可能引起会心的微笑，比作琴弦就不能给人带来欢乐了。又如，把孩子的脸比作苹果，如果要更准确一些、更优美一些，可以加一点形容说：只是比苹果多了两个酒窝。要来点幽默的趣味就不要这么精致，而应该往不伦不类的地方去想，例如说：孩子的脸红得像红烧牛肉似的。

在人们的心理定式中，比喻的美妙倾向通常占着优势，因而很少有人往不伦不类上去费心思。比如说，你对学习演讲的听众说，演讲应该短小得像智慧发出的火花，这是很有诗意的，没有什么了不起。但林语堂用过这样一个不伦不类的比喻：“演讲像女人的裙子，越短越好。”因为不伦不类，就有点令人忍俊不禁了。

有一次，我参加毕业学生的联欢会，被安排在会场的中央就座，学生们是出于尊重，但实际上却阻断了我和学生的交流。我很想说这样不好，把我安排在当中好像众星捧月一样，但星星和月亮却无法对话了。转而一想，这样太抒情了，于是我改用一个不伦不类的比喻，说：“我希望今后开联欢会不要把我们这些老头子安排在会场中央，因为这太像婚礼中的新郎和葬礼中的死尸了。”我一说，大家都笑了。

事后，我分析自己的语言，觉得有不对劲的地方，那个“葬礼中的死尸”，虽然不伦不类，但是自我调侃变成了自我丑化，在分寸上有点过分。因为这是个联欢会，大家又很尊重我，而我却这样不自重，把大家的尊重看成可怕的事，这有一点煞风景，这个比喻不成功。前面一个比喻，把自己比作新郎，然与作为老教师的身份不一定和谐，但拉开的距离不大；如果把“新郎”改为“新娘”，拉开的距离就更大了，反差幅度更大，因而也就更可笑了。

由此可见，不伦不类的比喻之所以具有幽默意味，就是因为它不和谐、不相称、不一致，因而要尽可能拉开距离，以扩大这种不和谐，所以“新娘”比“新郎”来得幽默。但距离也不是可以无限扩大，如新娘令人联想到婚礼，这与当时现场的联欢气氛又是一致的、和谐的，而葬礼中的尸体，虽同为注意的中心，但是与联欢的气氛却不和谐，无法自然过渡。可见，幽默感不仅仅来自表层的不一致，而且和深层的一致密切相关。

可以说，幽默感的精致，就在于一致和不一致的统一。

因而不伦不类不是绝对的，表层“错位”，深层却是“复位”，不和谐中又有和谐。在一个层次上拉开距离，在另一个层次上又能缩短距离，这就是不伦不类的比喻的结构特点。幽默是一种复杂的高级精神交流，如果光是表面的不伦不类，就太简单、太低级了。对幽默过分简单地理解，可能使幽默降格为滑稽。

人们通常在诗中倾向于追求美化，比如一个人在唱歌，恭维他一下，可以用诗的比喻、美化的方法。例如，唱得好，好像小溪流水，又像春风细雨。但幽默则相反，往往以“丑化”见长。你可以说：好什么呀，驴叫似的。于两者太不相称了，这种不和谐的反衬，至少有一点滑稽的味道了，当然还不够幽默，太尖刻了，太不友好了。比喻的距离虽然拉开了，心灵的距离却不能缩短。

二、尖刻的幽默与温和的幽默

运用不伦不类的比喻是很容易的，但也要有比较不同凡俗的意味，如果意味太俗，就难免停留在滑稽的水平上。许多评论家都曾指出，鲁迅的散文、小说很幽默，也有不少评论家指出钱锺书的《围城》也很幽默，但二者风格不同。鲁迅的幽默往往来自于歪理歪推，我们前面已经说过不少了。钱锺书的幽默则往往来自不伦不类的比喻，在《围城》中几乎凡有幽默感之处，差不多都有不伦不类的比喻。例如，在《围城》第一章，钱先生通过从欧洲留学归国的苏小姐的眼睛（自然是带一点成见的）去看风骚的鲍小姐：

> 她只穿绯霞色抹胸，海蓝色贴肉短裤，漏空白皮鞋里露出涂红的指甲……苏小姐觉得鲍小姐赤身露体，伤及中国国体。那些男学生……有人叫她“熟食铺子”（charcuterie），因为只有熟食店会把那许多颜色暖热的肉公开陈列；又有人叫她“真理”，因为据说“真理是赤裸裸的”。鲍小姐并未一丝不挂，所以他们修正为“局部的真理”。

这里的比喻之所以幽默，首先是因为本体与喻体之间的不伦不类，把风骚女人的肉体比作熟食铺的肉和真理。两个比喻，从俗气和典雅两个极端上拉开距离，由于逻辑的复合性的反衬的效果，显得极端不和谐。其次，对于这两个比喻的解释所提出的理由也是不和谐的，熟食铺的肉是动物的肉，是死的；真理的“赤裸裸”，是不用掩盖之意，并非指肉体。最后，这里的意味，不仅在于对风骚的鲍小姐的讽刺，而且也在于对苏小姐带有成见、嫉妒、挑剔的女性眼光的讽喻。

钱先生在《围城》中运用这种不伦不类的比喻太多了，很多有十分明显的居高临下之感，因而过分尖刻的也屡见不鲜，故钱先生的幽默感不够宽厚，不免时时被辛辣的讽刺所淹没。如在《围城》第二章，写方鸿渐留学四年，回到家乡小镇，他的感觉是：“所碰见的还是四年前的那些人，那些人还是做四年前的事，说四年前的话。甚至认识的人里边一个也没有死掉。”这就非常刻薄，好像巴不得那些思想麻木、停滞、陈腐的乡亲死掉。鲁迅在《祝福》中，写他回到故乡鲁镇，也是厌恶人们思想没有任何变化。但是，鲁迅只是写人们没有什么变化，对于封建礼教的代表鲁四老爷的描写也只是：

> 他比先前并没有什么大改变，单是老了些，但也还未留胡子，一见面是寒暄，寒暄之后说我“胖了”，说我“胖了”之后即大骂其新党，但我知道，这并非借题在骂我：因为他所骂的还是康有为。

同样是厌恶思想意识的麻木和陈腐，同样是很幽默，但鲁迅的幽默就温和得多。因为这里，没有钱锺书那种恨他不死的愤激，有的只是对其沉浸在自己愚昧而陈腐的观念中的可笑可怜的洞察。

钱锺书在散文集《写在人生边上》中，有一篇讲到《伊索寓言》中蚂蚁和蟋蟀的故事：蟋蟀在冬天向蚂蚁借粮，蚂蚁不借，蟋蟀就饿死了。据说作家就是蟋蟀的化身。钱先生由此推断，作家活着时那些亲戚和朋友都是不借粮的蚂蚁，而死后却借作家的名字来赚钱，如写回忆怀念文字之类。这就几乎把所有写悼念文章的人一棍子打死了。又如把那些没有艺术欣赏力的批评家比作身在后宫美女之中的太监，“虽有机会，却无能为力”，这都是刻毒有余的。而鲁迅除了在某些杂文中用语尖锐，在散文中，特别是在回忆自己童年时代有所交往的人物，其幽默常常很温厚，这是因为他常常把自我调侃的成分渗入牵强附会的类比和推理之中。如《父亲的病》中，一开头就写了这样一个中医：

> 他出诊原来是一元四角，特拔十元，深夜加倍，出城又加倍。有一夜，一家城外人家的闺女生急病，来请他了，因为他其时已经阔得不耐烦，便非一百元不去。他们只得都依他。待去时，却只是草草地一看，说道“不要紧的”，开一张方，拿了一百元就走。那病家似乎很有钱，第二天又来请了。他一到门，只见主人笑面承迎，道，“昨晚服了先生的药，好得多了，所以再请你来复诊一回。”仍旧引到房里，老妈子便将病人的手拉出帐外来。他一按，冷冰冰的，也没有脉，于是点点头道，“唔，这病我明白了。”从从容容走到桌前，取了药方纸，提笔写道：
>
> “凭票付英洋壹百元正。”下面是署名，画押。
>
> “先生，这病看来很不轻了，用药怕还得重一点罢。”主人在背后说。
>
> “可以，”他说。于是另开了一张方：
>
> “凭票付英洋贰百元正。”下面仍是署名，画押。
>
> 这样，主人就收了药方，很客气地送他出来了。①

这是人命关天的事，可是鲁迅却写得十分含蓄，一点愤激之情都不直接流露出来；特别不直接写病家如何悲痛，而是强调医生的可恶，着重突出病家的从容，医生的狼狈，但是也狼狈得从容而可笑。幽默心态和讽刺心态最大的不同，就在从容与否上。

三、契诃夫的幽默为什么不尖刻

为了减少不伦不类比喻的讽刺性、攻击性，一些幽默大师对所嘲弄的对象给予同情，写出他们的善良。如契诃夫在《宝贝儿》中写那个有个性的女人，她跟上什么男人，就用什么男人的职业语言讲话，闹了许多笑话，但对于自己的尴尬并不感到委屈。契诃夫还把幽默和自我调侃结合起来运用，攻击对方的锋芒可能因自我调侃的趣味而钝化。

在文学史上，作家和评论家的关系向来不和谐，因而作家对评论家常有不客气的尖刻比喻。例如，评论家是寄生在作家身上的虱子。这样的比喻太凶了，把评论家当作吸血自

① 《鲁迅全集》(第2卷)，人民文学出版社2005年版，第294页。

肥者。有新闻记者问契诃夫对评论家的看法。契诃夫说：作家是马，正在耕田，而评论家则是一群牛虻，它们不断地去叮马的屁股，弄得马不得不停下来用尾巴把它们赶走。契诃夫把评论家比作牛虻，虽然也是吸血的，但是，并不太尖刻。这不仅是因为牛虻有翅膀，比虱子总要体面些，还因为契诃夫把作家也比成了动物，也是很无奈的。

这两个比喻之所以不显得尖刻，原因在于契诃夫在这里降低了作家的心理优势（也是动物），增加了作家的可怜相，双方无声的对抗缓和了，幽默的品位就提高了。

中国作家中长于讽刺者多，长于幽默者相对较少。运用不伦不类的比喻最容易走火，不但钱锺书先生之幽默有过硬之嫌，连鲁迅也自谦说，他的《故事新编》有时失之“油滑”。不过《故事新编》不伦不类的幽默虽然甚多，但是大多不出自比喻，而出自把古代人的生活、环境、食物和现代人的语言、心态，甚至现代文化人有案可稽的故事扯在一起。例如，让古人说当时在知识分子中所流行的英语“OK”“How do you do”，让神话人物说出一个著名学者考证出来的“禹是一条虫”，嫦娥过着经常打牌、上饭店的太太生活，这都显得不和谐，因而也就显得滑稽而谐趣了。

四、突然把不相干的东西扯在一起

所谓牵强附会，也就是突如其来地把本不相干的东西硬扯在一起，或者在逻辑上不恰当地并列起来。姜昆在相声《虎口遐想》中，说到他掉到动物园狮虎山里以后，向老虎保证：“你放我出去，我一定好好活着，咱们听领导的话，好好干工作，在家里孝敬父母，尊重弟妹，出来咱遵守交通规则，不随地吐痰。”观众在听到不随地吐痰的时候无不忍俊不禁，这是因为他把不能并列的东西并列到一起了。和老虎谈判，是个生死攸关的问题，随地吐痰在这里显得微不足道。

在逻辑上有个规则：把事物加以分类，必须用同一标准。小学生做练习，老师出的考卷上写着苹果、梨、香蕉和水果，要求把不同类的概念划去。绝大多数小学生会把水果划去，因为水果和苹果、梨、香蕉不是同一级概念，而与干果才是同一级概念。违反这个规律就叫不伦不类。

这种任意并列的方法和不三不四的比喻一样能产生不伦不类的效果，在日常生活中运用起来也是很容易的。如果要贬低一个人，就把他和一个公认的坏人硬拉在一起，比如说：“我一生只讨厌两个人，一个是西门庆，第二个就是阁下了。”也可以反过来，你要出什么人的洋相，就说：“世界上英语水平最高的除了莎士比亚，就是阁下了。”我有一次演讲时为了活跃气氛，便说我的演讲风格一共受过三个人的影响，第一个是孙中山，第二个是印尼第一任总统苏加诺，接着我停了一下，让听众有一个期待的时间，清了清喉咙，环顾了一下四周，说：“第三个就是我七岁的女儿。”底下哄堂大笑起来。

这里的幽默感来自不伦不类，虽然并不是把三个人笼统地相比，而是把他们之间的一点（说话风格）拿来比，但是由于前面两个都是大政治家、著名演说家，而我的孩子显然不能与他们相比，因而听众期待失落，怪异之感顿时产生，我的自我调侃很顺利地为听众所感悟，感觉就迅速沟通了。

牵强附会、不伦不类所构成的幽默，在相声中用得最多。比如说把许多不同的歌曲唱成一首，还有串调，把不同歌曲或者戏曲的曲调混唱，还有把不同影片名字串起来斗嘴，不过这都有些落入俗套了，难得有个把出新的节目。给人耳目一新之感的就是中央电视台1990年元旦晚会的小品《换大米》了。它把电影《红高粱》中著名的歌曲和换大米的叫卖声扯到了一起。一个是很艺术的，有很高的审美价值；一个却完全是实用的喊叫。这两种东西牵强附会地扯到了一起，不伦不类之感就十分强烈了。除此之外，还有一些更耐人寻味的东西，就是现代歌曲的通俗化和美声唱法之间的错位，大众艺术和严肃艺术的错位，所以这个节目的幽默意味很深长。

五、语言风格错位和庄词谐用

造成不伦不类之感的规律很多，其中语言风格的转移，或者语义错位的方法也很普遍。比如说庄词谐用就很普遍。所谓庄词谐用的意思，就是把一个本该在庄严、正式、宏大场面或语境中用的词，用到日常语言中来，让它产生一种不伦不类的趣味。通常我们作文、说话都十分讲究用词准确，不但中心意义要准确，而且联想意义、引申意义、比喻意义都要准确。有时词义基本相同，只是褒贬色彩不同，也不能混淆。即使你把本该用“结果”的地方用成了“后果”，语文老师也不会轻易地放过你。如果你把雄鸡说成男鸡，把没有生过蛋的母鸡说成是没有结过婚的母鸡，就是大笑话了。

然而，在构成幽默语言时，就怕你不敢用这样的错位语言。1993年春节期间，福建省体育馆从香港请来的一个海豚表演队带来了两只海豚，一雄一雌。表演队的讲解员非常幽默，他先说一只海豚是雄的，接着补充说，“也就是男的”，另一只是雌的，“也就是女的”，观众开始活跃起来；他又说，两只海豚还没有正式结婚就非法同居了，说到“非法同居”时，几千观众就一下子哄堂大笑起来。把明明是属于人的属性的词语用到了动物身上，一方面好像降低了人的地位；另一方面又好像抬高了动物的地位，语义的错位构成了诙谐的趣味。一方面是用词不当；一方面又明明是故作傻言，心照不宣的观众与讲解员之间产生了一种沟通。心灵距离一缩短，观众就笑了。

这位讲解员的妙语连珠的确幽默。他说海豚是哺乳动物，一胎只能孕育一个胎儿。这本来是很枯燥的科普知识，而他却说：它不像鱼，一下子能生成千上万的“蛋”；它更像人，尤其像中国人，懂得“只生一个好”的道理。这些按正常逻辑来说，都是用词不当，可是按幽默感的产生来说，却是出奇制胜。

这种幽默语言的特点就是明知在正常情况下是用词不当，可在追求特殊效果时，却利用这种用词不当构成谐趣。作家王朔的语言以幽默著称，他曾经说过：现代京味语言有个特点，就是在日常生活中借用政治术语，用挺严肃的词儿来说自个儿生活中那点挺小挺可笑的事儿。譬如，当我们表达对某件事，哪怕是排队买鸡蛋这样的小事有信心的时候，再也没有用毛主席语录“前途是光明的，道路是曲折的”来表达更有力的了。当人们都认同“家是幸福的港湾”“人生的避风港”时，他却说“家就是你大便最舒畅的地方”。诗化比喻和俗化语言构成不和谐的反差，幽默感油然而生。

其实，这种幽默不是王朔所专用，就连毛泽东也不时运用一下。解放战争期间，胡宗南的先头部队打进了延安城，已经听到枪声了，可毛泽东还是不着急撤离延安。当周围工作人员劝他及早撤离时，他却说：“别忙着走，看看他们是个什么鬼样子。”口语中的轻松成分与当时的严峻形势是那样不相称，气氛一下子缓和了，大家都忍不住笑了。

在该用庄重文雅的语言时用了轻松的口语，该用口语时却用了庄重的古语，这是构成幽默奇趣的常用手法。在《镜花缘》中，一个酒保招呼顾客说：“要酒一壶乎，要酒两壶乎？”其之所以好玩，就是因为他的文言词语让读者对日常的口语词汇的期待落了空。台湾作家余光中先生在《牛蛙记》中写牛蛙难听的叫声，起初用颇为典雅的比喻——像两头牛“对吟”；继之用很俗的口语“牛魔王”“鬼推磨”；后来，又用音乐术语，说它像“鲁钝的男低音”；接着又用军事术语“阴沟里的地雷”“地下游击队”。最奇妙的是，当他对牛蛙的叫声无可奈何时，他说他和妻子“相对苦笑”，两个互慰了一阵，准备“用民主元首容忍言论自由的胸襟，来接受这逆耳之声”，这个暗喻又把政治术语用到蠢笨的牛蛙身上去。由于这么多的语义错位既有庄词俗用，又有俗词雅用，就构成了极其丰富的幽默意趣。而香港作家梁锡华在《花街柳巷漫徜徉》中居然把妓女和他自己的姑姑、嫂嫂强相比附，这种比附因不伦不类而富有温厚的幽默之趣。鲁迅也曾写过一首打油新诗——《我的失恋》，所用的办法也是不伦不类，在该用庄重的词语的文体中突然插入了不伦不类的口语，在抒情的古典诗境中杂入煞风景的日常俚俗之语：

我的所爱在山腰；

想去寻她山太高，

低头无法泪沾袍。
爱人赠我百蝶巾；
回她什么：猫头鹰。
从此翻脸不理我，
不知何故兮使我心惊。

我的所爱在闹市；
想去寻她人拥挤，
仰头无法泪沾耳。
爱人赠我双燕图；
回她什么：冰糖壶卢（葫芦）。
从此翻脸不理我，
不知何故兮使我胡涂（糊涂）。

我的所爱在河滨；
想去寻她河水深，
歪头无法泪沾襟。
爱人赠我金表索；
回她什么：发汗药。
从此翻脸不理我，
不知何故兮使我神经衰弱。

我的所爱在豪家；
想去寻她兮没有汽车，
摇头无法泪如麻。
爱人赠我玫瑰花；
回她什么：赤练蛇。
从此翻脸不理我，
不知何故兮——由她去罢。

一九二四年十月三日

鲁迅在《〈野草〉〉英文译本序》中说：作此诗的目的是“讽刺当时盛行的失恋诗”。鲁迅在《三闲集·我和〈语丝〉的始终》一文中谈到本篇时说：“看见当时‘阿呀阿唷，我要死了’之类的失恋诗盛行，故意做一首用‘由她去罢’收场的东西，开开玩笑的。”鲁迅自称这是“拟古的新打油诗。”拟古，这里是模拟东汉文学家、天文学家张衡的《四愁诗》的格式。《四愁诗》共四首，每首都以“我所思兮在 ××”开始，而以“何为怀忧心 ××”作结，故称“四愁”。

原文如下：

我所思兮在泰山。欲往从之梁父艰，侧身东望涕沾翰。

美人赠我金错刀，何以报之英琼瑶。路远莫致倚逍遥，何为怀忧心烦劳。

我所思兮在桂林。欲往从之湘水深，侧身南望涕沾襟。

美人赠我琴琅玕，何以报之双玉盘。路远莫致倚惆怅，何为怀忧心烦伤。

我所思兮在汉阳。欲往从之陇阪长，侧身西望涕沾裳。

美人赠我貂襜褕，何以报之明月珠。路远莫致倚踟蹰，何为怀忧心烦纡。

我所思兮在雁门。欲往从之雪雰雰，侧身北望涕沾巾。

美人赠我锦绣缎，何以报之青玉案。路远莫致倚增叹，何为怀忧心烦惋。

这组诗，为张衡做河间王相的时候所作，表面上是爱情诗，但实质上别有寄托：因郁郁不得志，所以“效屈原以美人为君子，以珍宝为仁义，以水深雪雰为小人。思以道术相报贻于时君，而惧谗邪不得通”。不管是爱情还是向君王献忠心，文风都是非常典雅华美的，感情是非常执着的。而《我的失恋》却在多方面与之反衬。一是，情感的游戏性，庄重的古典抒情与现代的爱情至上之间的反衬；二是，华美的经典意象和油滑的现代口语的反衬（使我胡涂，不知何故兮，由她去罢）；三是，意象的戏谑性，古典雅言（泪沾袍、泪沾襟、泪沾耳、双燕图）和现代日常用语（猫头鹰、冰糖葫芦、发汗药、神经衰弱、赤练蛇）之间的不伦不类的反衬；四是，反复重现的句尾的感叹词“兮”，具有明显的古语色彩，却又反复用之于充满现代生活细节的句式（不知何故兮使我神经衰弱，想去寻她兮没有汽车），多层次的不伦不类，就构成了多层次的谐趣。

附：

漫画分析

图 16–1

图 16–2

图 16-1，把蒲扇当作车轮，还比较类似，没有什么太强的逻辑错位，因而抒情味比较浓，一片童真。

图 16-2，把鞋子穿在凳子脚上，就有点不伦不类了，所以幽默感就较强了。

图 16–3

图 16-3，把人的围巾和保护树的围绳扯在一起，就更加不伦不类，幽默感就更强了。

第十七章

清醒的与执迷不悟的自相矛盾
——以痴为美和以智为美

一、清醒的自相矛盾——抒情的极化逻辑

人们研究学问、思考问题都要遵循逻辑规则。同一律、排中律、矛盾律这三条规律是从正反两方面要求概念的确切，保持概念的一贯、稳定，不让它含糊，防止在讲话、思考问题时，陷入自相矛盾或模棱两可。一旦陷入自相矛盾，说话就不攻自破了；如果模棱两可，不但对人没有说服力，而且自己也没法思考与论证下去。

《韩非子》上有一篇寓言：

> 楚人有鬻盾与矛者，誉之曰："吾盾之坚，物莫能陷也。"又誉其矛曰："吾矛之利，于物无不陷也。"或曰："以子之矛，陷子之盾，何如？"其人弗能应也。夫不可陷之盾与无不陷之矛，不可同世两立。

卖东西的说世界上没有什么东西能够刺穿自己的盾，没有什么刺不透的自己的矛。先夸他的盾后夸他的矛锋利无比，以子之矛，陷子之盾的反驳，说明立论不得自相矛盾。但这是科学地思考问题的规律，而不是幽默的规律。幽默的规律恰恰相反，它不但可以自相矛盾，而且越是自相矛盾，越能出奇制胜。在这一点上幽默与理性思维是不相同的，但与抒情有一点接近。抒情和幽默同样是传达感情的，而感情则有一种模糊含混的特点，有时甚至是自相矛盾，例如臧克家的《有的人》：

> 有的人活着

他已经死了；

有的人死了

他还活着。

这是公然的自相矛盾，从逻辑上看完全与“小逻辑”的矛盾律作对。但是它一点也不幽默，这是因为虽然它自相矛盾，可一点也不荒谬，读者完全可以在第一时间把其中省略了的成分补充出来。完整的思绪应该是这样的：有的人活着，因为他与人民为敌，所以他实际上已经死了；有的人虽然已经死了，但他为人民的事业而献身，所以他永远活在人民心里。在这里，最突出的是诗人一以贯之的强烈感情，对人民事业的奉献精神是绝对的、永恒的，至于个人的生死则是可以忽略的。从这里，我们还可以感到某种哲理的高度概括。所有这一切都是十分深刻、十分严肃的。

我们再来看辛弃疾的《丑奴儿》：

少年不识愁滋味，爱上层楼，爱上层楼，为赋新词强说愁。

而今识尽愁滋味，欲说还休，欲说还休，却道天凉好个秋。

这里的自相矛盾有三个层次：第一，少年时代，明明不知愁却要装出一副愁态来；第二，老年时有愁却不作愁态，反作通达态；第三，少年时代无愁作愁，而老年时代有愁而通达，双重的自相矛盾形成一个对称结构。这里自然不能说一点幽默也没有，但并不太强烈，因为这种自相矛盾已经被作者清醒地认识到了，而且用明确的语言表达出来，因而也就不显得怪异和不协调了。作者把这种矛盾的变化，把人世沧桑、心灵通脱都讲清楚了，这种清醒的意识与幽默的虚幻性是不相容的。一切都交代清楚，没有逻辑的断层留给读者去补充，还有什么幽默的顿悟可言呢？特别是下半阕，矛盾在作者心目中已经调和了，什么样的忧患生涯都体验过了，因而与世无争，感情十分超脱了。就幽默感而言，由于矛盾淡化，消解得几乎已经不存在了。

由此可见，自相矛盾并不是构成幽默的唯一条件。自相矛盾首先要显得不协调、不自然，其次要显得不清醒、不自知，才能有幽默感。如果很协调、很清醒，那只能是抒情。

二、不协调、不清醒的自相矛盾——幽默的洋相逻辑

不协调、不清醒的自相矛盾在相声中用得很多。相声有一种“吹牛”模式，一上来就拼命吹牛，或者说自己本事大得不得了，或者说自己会说多少种外语，结果一试，驴唇不对马嘴。如果试下来，他本事的确了得，那就不是幽默了。幽默往往是吹得越响，洋相出

得越厉害；或者是外语说得谁也听不懂，只有他用中文去解释才懂；或者夸自己胆子大，能舍己救人，危机一来倒求别人救自己了。当场现原形，最能显示其不和谐，最能产生一种趣味。这样的自相矛盾，就和抒情分了家，而走向幽默了。

但光有不和谐的自相矛盾，也只是耍贫嘴的滑稽而已。这种出洋相，往往不太经得起欣赏，正因为这样，一些相声演员的表演叫人发腻，这是因为，这种自相矛盾太肤浅了，太表面了。

要从滑稽上升到幽默还得深刻些，即不能是表面的自相矛盾，而是积淀在人类心灵深处的矛盾。例如老作家孙犁在一篇散文中讲自己分了房子，装上了保险锁，但每每忘了钥匙放在何处，因而闹到不得不请人从窗子爬进去，把自己弄得很狼狈。这引起了他深深的思索：明明自己家中并没有什么让小偷眼红的东西，但还是甘心忍受种种不便。由此，他得出一个自己莫名其妙地把自己锁进一个小世界，给自己找麻烦的结论。

孙犁在这里强调自己可笑、可怜，同时又以此揭示了一个很有普遍性的道理，那就是人往往不是去驾驭习惯，而是反过来被习惯所奴役。这就使得他的幽默感十分深邃。

在流行的相声节目中，能达到这样深度的作品是很罕见的。这不仅仅是相声演员的局限，而且很可能是相声本身的局限。相声本身是倾向于滑稽的，过分深刻的幽默并非相声之所长，所以侯宝林先生不主张不加分析地把幽默引入相声。也正是因为这样，相声的容量有限，所以这几年遭到对之期望过高的观众的苛求。

三、着迷到感觉不到自相矛盾

著名的小品演员，如陈佩斯、赵本山、宋丹丹、黄宏、郭达所演的角色，都有自相矛盾的特点。这些角色几乎无一例外地都处于令他们十分尴尬的矛盾之中。在品格上，他们是赖皮而又善良，自私而又天真。他们被生活甩出了正常轨道以后，力图恢复甚至提高自己的社会地位和自己的自尊，但是，他们的智慧和能力不高，可偏偏又十分自信，自作聪明；其结果是他们越是执着于自己的小聪明、小诡计，越是置自己于尴尬的境地。这些气壮如牛的胆小鬼、见多识广的土老帽儿，常常在自以为得逞之时自食其果，或在飞来横祸中碰上飞来鸿运，或在自讨苦吃之时却自得其乐。

小品的好处就是角色处于矛盾之中而表面上不自觉，傻就傻到底，土就土得掉渣，他们活在尴尬中却感觉不到尴尬。他们往往有一点着迷的感觉，这种感觉，使得他们把痛苦当作欢乐，把失意当成得意。他们越是着迷于自己的清醒，观众却越是看到他们的荒谬。

他们的可爱就在于被自己的着迷迷住了。优秀小品演员的幽默感之所以比较深刻，就是因为他们一直沉浸在那种着迷的境界，享受着美妙的错觉，把理性审视的任务留给了观众。以广受观众喜爱的陈佩斯而言，他所演的角色就是一个典型：那就是赖皮、傻蛋，智商很低，可又得意于掩饰自己的丑事，想出风头，充好汉，甚至当英雄，可是每一回都被他自己的积习、心理定式和动作模式所破坏，但他的动人之处恰恰就是他的“执迷不悟”。

为什么这种“执迷不悟”能够使我们深受感动呢？

这是因为，当我们被逗笑时，我们笑的不完全是他们的愚昧，不完全是他们的麻木，而是人类共同的弱点。几乎所有的人，都有过某种争取超越他人的冲动，不管这种冲动是多么渺小，他们都是百折不挠。上升到哲学的高度来看，这是十分可笑的。当我们看喜剧演员弄巧成拙的时候，我们感到了自己的优越，但是，在发出笑声的同时，也让我们感受到人类的局限。因而，我们笑的不仅仅是角色，而且是自己，是人类共有的弱点。正是因为这样，像赵本山、陈佩斯他们演的角色尽管干的好多都是坏事，诸如卖假货，当小偷，甚至当汉奸，但是我们并没有把他们当罪犯看待，从他们身上，我们看到了人类共同的弱点。因而他们并不太可恨，相反，时时显得可爱。

意识到自相矛盾，就不是着迷，就不荒谬了，也就不幽默了，就可能变成抒情的想象。中国古代诗歌中这样的例子很多，“近乡情更怯，不敢问来人”，这是一种矛盾的心情：本来那么想家，可到了家乡，由于长久在外，又不敢问家里人情况如何，唯恐家里有什么噩耗。自己已经意识到自己的矛盾，就很有道理，很清醒，不荒谬了，因而就不是什么幽默，而是抒情。又如：

闺中少妇不知愁，
春日凝妆上翠楼。
忽见陌头杨柳色，
悔教夫婿觅封侯。

这是很矛盾的，但又是很清醒的，早知如此，虚耗青春，还不如不让丈夫去投身仕途。读者从这里感觉不到什么幽默，只有抒情。如果这个少妇不这么清醒，而是着了迷似的把自己的幻想当真，效果就不同了。

金昌绪是这样写的：

打起黄莺儿，
莫教枝上啼。
啼时惊妾梦
不得到辽西。

这就好笑了，你不怪自己，不怪自己的丈夫，怪黄莺干什么？这种着迷的感觉就不清醒了。黄莺的鸣叫，并不该是它挨打的充足理由，因为：第一，它不知道你正在做和丈夫相见的梦；第二，在梦中相见毕竟虚幻，即使打了，也不能改变丈夫远在边地的现实。打黄莺是无理的，然而这个小媳妇却觉得理由很充分，她是不会笑的。这就形成二重逻辑的反衬了。读者、旁观者看出了矛盾才感到了幽默。读者和人物拉开距离，心理发生错位，在同一事情上不同心理意向的交织才有了幽默的效果。和这首诗差不多意思的敦煌曲子词中的一首《鹊踏枝》，可能更通俗一点：

巨耐灵鹊多谩语，

送喜何曾有凭据？

几度飞来活捉取，

锁上金笼休共语。

比拟好心来送喜，

谁知锁我在金笼里。

欲他征夫早归来，

腾身却放我向青云里。

这就更着迷了，不但少妇着迷了，而且鸟雀也着迷了。原来的矛盾、怪异、不统一、不和谐都感觉不到了，在他们的感觉世界里变得很和谐了。这就达到了一种幽默的艺术境界。

真正的幽默大师，总是能通过真诚的着迷感使矛盾统一在和谐的动作和语言之中。

像卓别林，他的自相矛盾，可以从以下两个方面来看。

首先，从他的动作上看，他两只脚八字大开，走路很笨，连最起码的动作都做不好，可是在特殊情况下，他又能做出高难度的伶俐动作来，真是笨得要命又聪明得要命。他走路时把拐棍夹在转门里是很笨的，可你看他反应的速度和机巧又常常连优秀运动员都赶不上。可以说，他在小的方面是最机灵的，在大体上又是最不灵活的。

其次，从他的装束上看，他戴着绅士的礼帽，又留了小胡子，说明他很有自尊心，很虚荣，可是他那破烂的燕尾服和破皮鞋，反使他显得分外的寒碜。他的社会地位低，自尊心时时受到打击，但是他自我着迷到感觉不到有什么矛盾，着迷到极端不醒悟，一片喜气洋洋、自得其乐的神情，这才能把显而易见的矛盾统一起来。

有一个西方故事说：

小两口吵架，老婆忍不住说：“我要跟你吹，收拾东西回家永远不回来了。”

丈夫说："好，车费在这里。"

老婆把钱接过来数了数，突然说："那么回来的路费呢？"

这话是情不自禁的，是从潜意识里冒出来的，着迷得连刚说的话都忘了。如果不那么天真地着迷呢？那就很糟。有一个所谓的"幽默故事"说：

有一个医生得病，自知快死了，躺在床上大叫："哪一个医生能把我救活，我送家传的长生不老丹给他，让他吃了长命百岁。"

这就不是天真的幽默，而是欺骗，不但不可爱，而且可恶。幽默是天真的，是不由自主地从心底里、从潜意识里流露出来的，是不可控制地冒出来的。

四、以痴为美——从一点着迷到执迷不悟

自相矛盾与一般观念和现实不一致不同，它相当强烈、尖锐，很容易阻断思考的过程。要在自相矛盾中幽默起来，没有一点痴劲，没有天真的着迷，而且是着迷到极端是不成的，只有达到执迷不悟的程度，才有可能把矛盾的两极统一起来，成为和谐的感觉。而同时，处于旁观地位的读者和观众与人物心理的反衬幅度就扩大了。反衬幅度越大就越有趣。清朝的《笑林广记》中有一个《瞎子吃鱼》的故事：

一伙瞎子从来没吃过鱼，一次商定打平伙吃鱼。鱼少人多，只好用大锅熬汤。水一热鱼都蹦到锅外去了，瞎子也不知道。他们围着锅喝着清水汤，一起称赞"好鲜的汤"。有一条鱼蹦到了一个瞎子的脚上，他们才知道鱼不在锅里。这伙瞎子感叹起来："阿弥陀佛，亏得鱼不在里头，如果真在锅里，我们都要鲜死了。"

着迷于主观的感觉，完全不顾客观事实。明明喝着清水，可仍然觉得挺鲜，这是一种特殊心情冲击下的错觉。待到发现鱼不在锅里，本可以揭露矛盾了，可他们的着迷点并没有解除，反而执迷不悟，得出了幸而免于一死的结论。

这种执迷不悟的痴劲与日常理性的反差扩大了，也就更加好笑了。再加上由于谜底的昭然，读者处于更清醒的状况，就更加强化了读者与书中人物逻辑的反衬，幽默就更精彩了。这样，读者欣赏的就不再是他们的傻，而是他们的天真、他们的自我迷惑了。在文学作品中，固然有以智为美的诸葛亮、吴用，但也有以傻、以痴为美的程咬金、李逵、猪八戒。因为他们傻得天真，傻得彻底，傻得和谐，傻得意味深长，傻得叫人心疼，傻到发痴的程度，所以也就傻得美、痴得美了。

五、一脸聪明相不如一脸傻相

明代曲作家、曲律理论家王骥德说过："善说笑话者，不动声色，而令人绝倒，方妙。"而现在的相声，不知怎么搞的，都把逗人笑的决心端到了脸上。相声要改变当前的危机，有许多工作要做，除了脚本以外，最切实的，就是心理要放松。不以"聪明才智"取胜，而是以糊涂取胜。即使违反了常识，即使自相矛盾了，也要无动于衷，因为你着迷了，进入角色了，别的都不知道了。幽默感中有个规律，你的谜底或者说你的"包袱"是埋伏在那里的，是要听众用"错位"的逻辑去悟出来的，观众越是感到蹊跷，你越是要傻乎乎，这样才有玄虚之感，才能激起观众的好奇心去猜想，去参与，去投入，去追求顿悟的乐趣。你一脸聪明相，你都不痴迷，观众就没有什么好着迷的了，无非就是等你告诉他，这就不是他的顿悟，也不是双方的共享，而是你的灌输了。马克·吐温在《怎样讲故事》中就说过这个道理，对于任何可笑的傻事，讲故事的人要不觉得好笑，要像个乡巴佬似的，讲到人家笑了，他还不笑。如果他一边讲一边笑，虽然听众也笑了，可马克·吐温仍然认为他讲故事的才能是平庸的。

这不仅仅是笑与不笑的问题，而且是心态自由不自由的问题。别人已经笑得弯腰岔气，捂着肚子了，可是你仍然沉浸在自己迷迷糊糊的感觉之中，这才有二重逻辑的强烈反差，才过瘾。一个小孩子在海边上看到一只小船，他对他爸爸说："爸，这只船是不是刚刚生下来的？"他爸爸问为什么，他说："因为它那么小。"他这样说的时候，自然是很认真的，他是不会笑的，而听的人却觉得很可笑，笑他孩子气的天真。如果他嬉皮笑脸地说，让你感到他是说着玩，那么听的人就没什么可欣赏的了。

很可惜，我们不少喜剧演员就不学天真的小孩子，偏偏装作嬉皮笑脸的小孩子。

附：

漫画分析

图 17-1 中父亲要给儿子做个不怕疼的榜样，但还没有开始就害怕起来。他的动人之处，在于他对自己的自相矛盾一点都感觉不到，他和他孩子一样痴。

图 17-1　父与子・好的榜样

图 17-2　父与子・有趣的书

图 17-2 中父亲去叫儿子回去吃饭，儿子回来了，父亲自己却被书迷住了，儿子又来叫他。

这个父亲之所以可爱就是因为他的自相矛盾，他像他儿子一样天真，除了他脸上的胡子和他的光头以外，他和他的儿子在心灵上，甚至外形上没有什么两样。

图 17-3　决心

图 17-3 是华君武的经典之作，作品妙在自相矛盾，“戒烟者”的烟斗还没有丢到楼下，他就后悔了。更妙的是，他奔到楼下，居然把烟斗接住了，这就把自相矛盾的过程压缩到瞬间了。由此更加突出了这里的自相矛盾集中在“决心”上。戒烟“决心”的软弱，继续抽烟“决心”的坚定，表现出这个人又可爱、又可笑。

第十八章

荤幽默和素幽默
——带性暗示的幽默的分寸感

根据不同的标准，可以把幽默分成各种不同的类别。例如，根据社交功能划分，就有戏谑性幽默（即软幽默）和讽刺性幽默（即硬幽默）；根据幽默在情境上的不同，可分为谈吐幽默和艺术表演幽默；根据幽默在逻辑上的特点划分，就有逻辑错位的幽默和逻辑平行反衬的幽默；根据主体评价的不同，有故作大言的幽默和自我调侃的幽默；而根据幽默与人的本能和生命的关系划分就有“黄色幽默”和“黑色幽默”。

黄色幽默也可以笼统称为荤幽默。荤幽默涉及人的性本能。一般说，幽默要超越人的生理需求。所谓“食色性也”，这是人类生存、延续的根本，因而其刺激性很强，而生理刺激过强可能把思路固定在人的动物性冲动上，不利于心态的自由和情感的超越。

一、美国荤幽默如何淡化性刺激

幽默必须超越生理本能的刺激，主要是性刺激，而不是全部生理的刺激。人们可以把食品放在橱窗里，让人参观选购，而不能把裸体的人放在橱窗里。当然，德国的汉堡和荷兰的阿姆斯特丹开辟了红灯区，把妓女放在橱窗里，成为世界奇观。尽管如此，这些妓女仍然不是裸体的。同样，涉及性事的幽默，也不能是赤裸裸的，而要加以比较严密的包装。

在涉及性事的幽默中，所谓“荤幽默”就是指性暗示比较强烈的幽默，而“黄色幽默”则指那些性刺激比较露骨的幽默。

这种划分在观念上比较容易，而在实践上则很难。因为，其标准在不同历史时期有所不同，不同民族则更加不同。

一般说，荤幽默在西方比中国多。但即使在西方，也是口头比书面为多。一位美国中学的职业指导主任告诉我：“美国的幽默书，是全世界最厚的，但如果没有荤幽默（sex humor），美国就没有幽默了。”美国亚利桑那大学一位教授在一篇论文中说：“从使用频率来说，性暗示可能是幽默中最大的一类。”这话说得虽然有点夸张，但可以肯定，在现代西方幽默中，性暗示是比较多的，通常也是比较含蓄的。其中逻辑有较多的断层，需要读者有较强的想象力和推理能力加以补充，才能领悟其中妙处。

有一个校园幽默传说是这样的：

在威斯康星大学，最引人注目的名胜是林肯的坐像。据说，每当处女大学生走近时，林肯就要起身致敬。

需要听者补充的是，由于林肯的坐像是根本不可能起身的，因而也就说明在威斯康星大学女大学生中根本就没有处女。

另外一个校园传说是这样的：

在北爱荷华大学的校园中心耸立着一座雄伟的钟楼。每年毕业游行时，只要有一位处女毕业生经过这里，就会有一块砖头从钟楼上落下，这一点屡试不爽，无一例外。有一年，布拉格姆扬学院取消了途经这里的毕业游行，原因是学校里仅有的两位处女中有一个病了，而另一个不愿意一个人走。

这个故事的妙处在于：不愿一个人走。因为只有一个人走过这座塔，立即可以证明她是不是真处女。本来一所学校只有两个女生是处女已经够惊人的了，而在一个病了之后，另一个处女却不敢冒险经过这里，经受这个砖头会不会掉下来的考验，这就更惊人了。而且病了的那个是真病还是装病回避游行，也得打个问号。由于省略了一些推理过程，这样的幽默暗示的成分就曲折了许多。

从这里，可以看出荤幽默的一个特点，就是比较含蓄，通向逻辑空白的推理比较曲折。这当然是淡化性刺激的必要。

一般说，美国大众传媒都有一些荤幽默。美国电视节目的主持人好用双关语把太强的刺激性掩盖起来。一位特邀演员在《高就是漂亮》的独白中，回忆她少女时代放弃接力赛训练，而改学橄榄球的经历。她说，她成了美国小姐评选中唯一的“橄榄球的中心运动员”。“中心运动员”（hooker）这个词同时有娼妓的意思。这些性幽默都无伤大雅。

性幽默大多是把性事尽可能地淡化，以含蓄来追求文雅。

有一个美国故事叫作《痛苦分配器》。说是一个男人带着他怀孕的妻子到医院去分娩。医生告诉他们，他发明了一种新的器械，能够把妻子的痛苦分配到孩子父亲的身上，让妻子分娩时减轻一些痛苦。这一对夫妻觉得这个办法挺好，就同意试试。医生开始把指针设置在了10%，并告诉丈夫这10%的痛苦可能已超过他所能承受的极限，但是，这位未来的父亲却很惊奇地发现一点也不痛苦，要求他继续增加。医生就陆续增加，直到100%，他还是没有感觉到一点痛苦。分娩完毕，妻子没有一点痛苦，那位“父亲”也为一点痛苦都没有而感到惊奇。当他们把孩子带回家，却发现给他们家送信的邮递员，死在他们家的台阶上。

这里的逻辑空白中有这样的暗示：确实是孩子的父亲才会感到痛苦，根本不感到痛苦的，肯定就不是孩子的父亲；而那个邮递员死了，唯一可能的原因是，他就是那个孩子的父亲，他疼死了。那么，这个产妇，则肯定是和这位邮递员有奸情。这样的幽默，是标准的美国式的干幽默，其中隐含的智力成分多于情感成分。

稍稍露骨一点的，如有人问兽医：“为什么老鼠比兔子多？”兽医回答：“你可曾想过在树上做爱吗？”更为放肆一点的如：“在出钱购买性和免费享受性之间有很大的差别，即出钱购买性的花费常常少得多。”这句话出自1985年第2期的《花花公子》(Play Boy)，意思是不出钱的性享受，也就是正式结婚的性享受，与出钱的相比要付出更多的金钱。这样，正式结婚的性关系，就很昂贵。这就意味着从经济角度看，嫖妓比结婚合算。这样的二重逻辑反差是很大的，内涵很有一点恶毒，果真有“花花公子”的味道，在我们中国人看来，就过分出格了。

二、太荤的性暗示和幽默互相矛盾

过分露骨的性幽默，最大的缺点就是粗野，而幽默却是一种高雅的精神活动，因而从根本上来说，二者不能相容。因此那些十足粗野的性幽默大多见不得文字，能够被记载下来的，常常是比较隐晦的、淡化了荤性的。完全超越了性暗示，又不太像荤幽默了。

有这样一则对话：有一个西方人告诉他的朋友：“太太和我要庆祝一下，我要买一瓶香水给她。”问他庆祝什么，说是“第11个孩子出世”。这位朋友说：“尊夫人要的可能是‘拒绝’，而不是香水。”这里“拒绝”说得比较含蓄，要是按原来的意思，原原本本地讲出来就是“尊夫人要的可能是拒绝与您做爱，而不是香水”，那就粗野了。

在一般人印象中，中国人的幽默很少是与性暗示有关的，特别是在正统诗文作品中，主角大都是政治地位很高的帝王将相或文化水平很高的才子佳人，性暗示对他们来说是有失身份的。即使男女有所调笑，也大抵是素的。但地方戏曲和白话小说中，性暗示就不那么稀罕了。一些丑角的插科打诨，往往就直接涉及性行为。如《窦娥冤》中，张驴儿向父母请安。一般的都是“父母大人在上”，而张驴儿却说“爸爸在上，妈妈在下”，问他为什么这样讲，他说，小时候床上见的。这就有点荤了。再如，《西厢记》中写到张生与崔莺莺私会，有这样的唱词，“周身通泰，不知春从何处来”，这还算比较诗化的。也有比较露骨的，“但着些麻儿上来”“露滴牡丹开”之类，这就不仅仅是超越了幽默的限度了。“三言”“二拍”中的某些篇章，以及正面描写性生活的《金瓶梅》，其性泛滥的程度可以说是世界之最了。感官刺激太强，荤得不能再荤，幽默感都被淹没了。

这也许是一个规律，性刺激和幽默处于矛盾的统一体中。一方失去限制，必然导致另一方的消失，二者必须处在某种平衡状态中。中国通俗文学中某些性泛滥，荤得没有谱，和正统的禁欲主义同时并存。美国哥伦比亚大学夏志清教授在《中国古典小说·导论》中指出，《水浒传》中的英雄在超人的食欲方面绝不亚于法国拉伯雷的《巨人传》中的庞大固埃，而对于女色方面则绝对禁绝，常常被视为破坏英雄气概的祸根。也许正因为一方面禁得太厉害了，另一方面则有某种放纵的倾向。

这和西方有所不同，由于西方有文艺复兴和个性解放运动，人们对性的本能看得不是那么神秘，认为肉体的欲望并不是罪恶，索性公然面对，反倒拉开生理刺激的距离，对之加以幽默的调侃。意大利薄伽丘的《十日谈》和我国的“三言”“二拍”不同，它不是正面地去描写性本能，而是用逻辑“错位”的办法，偷换概念、无类比附地把性行为的强烈刺激淡化为可笑的、天真的、欲盖弥彰的痴愚。例如，一个商人欲出远门，其妻子为了表达她的爱情，要变成一头驴子同往，求教士在教堂做法事成全。教士念念有词地做完法事后说大功告成，唯一的不足是，驴子还缺一条尾巴。妇女遵命趴伏，教士乃以阳具入之。此时，该女子丈夫曰：“这样装尾巴，也该是我的事啊！要你来干什么？”

《十日谈》中，此类荤幽默甚多，大都是在关键处，对性事作调侃性的表现，荒谬可笑的借口和真实的内心冲动构成一种不协调的反差，幽默由此而生。由于回避了直接描写性事，故幽默感并未从根本上受到扼杀。

三、中国古代民间为什么有荤幽默泛滥的现象

中国人的荤幽默在日常生活中使用的频率可能并不是太少，可一般来说，荤幽默是上不了台面的。荤幽默口耳相传的比较多，记载在文字上的比较罕见，但也不是绝无仅有，这主要是在冯梦龙的《笑府》中。这本书中的一部分可能是太露骨了，以致在中国失传。直到“五四”以后，才由周作人从日本找回。不过周作人并没有把它全部印出来。直到1992年，一家出版社才把绝大部分印了出来，可还是有27则只印了题目，编者声明，是由于“猥亵太甚”才删去的。有的看题目就有点令人吃惊了。即使这样，保留下来的还有个

别不甚雅观。由于直接写到性，已经没有什么幽默可言，不过是一种恶趣而已，没有什么可以使听者与谈者心领神会的雅趣。有些篇章有一点讽刺意味，但幽默味又不足。能在调笑与意味之间有所平衡的如：

一儒家女新婚，交欢之际，阴道先至。此女忽穿衣、下地，整容向床万福。夫惊问故，答曰："僭先了。"

这一则题目叫《女道学》，它活脱脱地勾画出做什么事都把男先女后的顺序放在最重要的地位，以致在这种时候还这样形式主义，真是可叹。但是这种幽默往往太荤，许多稍有精彩意味的既不便引，又不便解释。这说明荤幽默或者带荤的幽默有很大的局限性，用之于私人交往，难免有失身份；用之于大庭广众之下，容易引起尴尬。即使有些人能够体会其中奥妙，也不便表现出太强烈的兴趣。倒是民间，往往有能够把性刺激与性趣调节得比较平衡的。例如：

青年河中裸泳，邻女突至。问何故，曰：得父家书，苦于目不识丁，恳请代读。青年曰：身裸，一丝不挂，恐不便。邻女曰：不妨，有碍观瞻处，吾代为捂之。青年乃如其言。支支吾吾，读良久未毕，邻女曰：愿速速读，恐捂不住也。

从某种意义上说，这个故事有两点成功之处：第一，将性事做间接的表述，避免了直接表述的刺激性；第二，这是最为主要的，其中隐含着邻女的痴，对性事的无知亦至于此。其荒谬性与此女之天真无邪昭然若揭。

四、荤幽默的淡化方法：在性质上转移

但是荤幽默经过淡化以后，用之于比较亲近的朋友之间，既有某种突破禁区的惊险之感，又能增加生活情趣。我在德国看到，一个德国女大学生问教授为什么不愿乘她的车一起去大学，那位教授说，因为我不想让你的男朋友和我决斗。说话时那姑娘的男朋友就在身边，我看到他们三个人都笑了。

这样的幽默由于远离了性刺激，因而淡化得很得体，可在中国就不一定了。中国人在日常谈吐中，尤其在师生之间、上下级之间是没法让幽默沾上一点荤味的；但是也不可一概而论，有时连皇帝都会和大臣开一开有荤味的玩笑。《世说新语》上有一则故事：

（晋）元帝皇子生，普赐群臣。殷洪乔谢曰：皇子诞育，普天同庆。臣无勋焉，而猥颁厚赏。中宗笑曰：此事岂可使卿有勋邪？

皇帝生了儿子，大为高兴，遍赏群臣。大臣殷洪乔有点傻乎乎，十分谦虚地说：皇子诞生，普天同庆。我没有什么功劳，厚赏到我头上，愧不敢当。皇帝本也可以一本正经地

解释，但他却开了一个玩笑说："这种事，怎么能让你有功劳呢？"这个玩笑本来很荤，但晋元帝把它素化到逻辑空白中去了。只可意会，不可言传。想象力再强，也不会想到很具体的性刺激上去。已经到了边缘，又适可而止，这种幽默的火候，叫作荤素调匀。这种幽默的分寸感很重要，用得好，能创造一种特别融洽的气氛；用得不好，不但失去分寸，还会把场面弄得很尴尬。

荤素调匀有个起码的标准，那就是不能直接表达或挑逗性官能的刺激，一旦性官能的刺激在读者的想象中被挑逗起来了，再严肃、正经、高雅的意味也就落了空。淡化性刺激，最根本的方法就是转移问题的性质。下面一则古代笑话之所以不太荤，就是因为它把男女之事转化为重男轻女的传宗接代的观念。

有一个妇女即将分娩，很痛苦，对丈夫说："以后不许近身，宁可一生一世没有儿子，再也不干那事了。"丈夫说："好，遵命。"后来生下是一个女儿，不太满意。夫妇俩商量取名字，妻子说："取名'招弟'吧。"

"招弟"的意思是再招一个男孩子来做弟弟，那就把前面的决心打破了。

严肃文学和艺术作品中，中国人比西方人更趋向回避性暗示。这一点直至今日还占着主流，但改革开放以来情况也有一些改变。1990年中央电视台春节文艺晚会上有一个《打麻将》的喜剧小品：一个人的老婆是赌鬼，丈夫怕她，被老婆打得到处借钱，后来听从了母亲的劝告，有意喝醉酒，醉醺醺地写了一纸文书，把老婆租给同台主持节目的李默然，而且这纸文书还是这赌鬼老婆在台上当众念出来的。这是1949年以来，第一次在电视屏幕上出现带荤腥的幽默，起初观众愣了一会儿，很快爆发了掌声。显然这种程度的性暗示，他们还是能接受的。但是小品的编剧还是怕太荤了，在后面加了一句：租给李默然——做保姆。

性刺激的风险性越大，荤幽默的成功率就越大。

西方人有时为了避风险，就把性暗示放到侧面去。我看到一家广告公司的广告说："做生意不登广告，就好像在黑夜向美丽女郎眨眼睛。"这句话，看起来不荤，因为它本来就只有调情的意思，离性暗示还很远。再看下面这句话："商业活动好比性生活，有了它兴旺无比，没有它也不是不可苟活。"这句话已经淡化了性暗示，所用的方法就是转移角度，它的话题不是性生活，而是商业活动，只是把性生活拿来作喻体，构成一种不伦不类的荒谬。这样的比喻在西方还是可以被容忍的，甚至被称赞，但在中国社交活动中还是避免为好。

附：

漫画分析

图 18–1　赏心悦目

黄色漫画在西方多如牛毛，由于不想玷污读者趣味，这里只选一幅比较高雅的。图 18-1 是讽刺普遍存在的男性的性心理。表面上道貌岸然，可是在一位异性经过时，眼睛却背叛了一本正经的外表。艺术家把许多男性掩盖得很深的潜意识拿出来示众，妙在只通过眼睛。

第十九章

死到临头还幽默得起来吗

——关于黑色幽默

一、把情绪的影响控制在微妙的效果之中

幽默是一种愉快轻松的情感交流，但人并不是在任何情况下都能轻松得起来。互相处于对抗的愤怒中固然很难愉快轻松得起来，就是处于自身的困扰中，如果这种困扰的后果比较严重的话，也愉快轻松不起来。只有在后果不太严重的冲突和困扰中，心情才能愉快轻松得起来。亚里士多德说："滑稽的事物，或包含谬误，或其貌不扬，但不会给人造成痛苦或带来伤害。现成的例子是喜剧演员的面具，它虽然既丑又怪，却不会让人看了感到痛苦。"[①] 一个人不小心跌了一跤，没有受什么伤，朋友们可能哄堂大笑，还可能说几句调笑他的话。例如："又没有过年，干吗给我拜年呀？"又如："地上没有糖，干吗去和它亲嘴呀？"但是如果这个人跌断了腿，或者有了生命危险，这时就没法开玩笑了。在这种情况下，如果有人开玩笑就很残酷了。

事情的后果并不严重，但引起的情绪的后果却很严重，这时同样很难轻松地转移思路。例如小两口吵架，往往是一件很小的事，弄得婚姻破裂，不要说现场很难有足够自由的心态，就是在事后，也很少有人敢贸然提起。有志于幽默者，一方面应凭借理性审时度势；一方面也应凭良好的直觉避免幽默的不适当运用。

鲁迅在《祝福》中这样描写"我"和鲁四老爷的见面：

---

① 亚里士多德著，陈中梅译注：《诗学》，商务印书馆1996年版，第58页。

一见面是寒暄，寒暄之后说“我胖了”，说我“胖了”之后即大骂其新党，但我知道，这并非借题在骂我：因为他骂的还是康有为。

表面上是听长辈骂人，而且可能是在骂自己，事情有点僵，但事情很小，也没有什么严重性，在情绪上也没有造成严重的后果，因为至少在表面上鲁四老爷并没有骂“我”。其次，他所骂的“新党”早已不新，而是成了旧党——保皇党。在这种没有情绪对抗的情境中，“我”才不忙着用全部心力去对付他的气势汹汹，而是用剩余的心力去玩味他自得其乐的落伍和自相矛盾的颟顸。这种幽默感是很微妙、很精致的。

情绪上不紧张，才可能有细致而微妙的感觉和情感交流。20世纪60年代有部电影叫《李双双》，表现妇女解放，反对大男子主义。农村妇女李双双的聪明伶俐超过她丈夫喜旺，可是喜旺却有一种大男子的优越感。那时村里办了公共食堂，李双双很高兴地告诉她丈夫说：“听说，公共食堂还是恩格斯想出来的呢！”喜旺觉得这么大学问让老婆占了上风，心有不甘，就说：“不，是姓马的。”喜旺的意思是指马克思。喜旺犯了两个错误：第一，根本不是马克思先想出来的；第二，马克思也不姓马。观众自然明白，他为了表现自己比老婆更聪明，没想到更加暴露了他的无知和大男子主义的虚荣心。

作家的才气并不表现在指出喜旺犯了错误，而是把这个错误对李双双的情绪影响控制在很有限的程度上。如果不加控制，让李双双大笑起来，或者大火起来，都可能有损于幽默的精致和微妙。很可喜的是，作家的分寸感掌握得很好，他只让李双双并不十分有把握地问了一句：“是吗？”这就行了。大男子主义的虚荣心并没有引起妻子在情绪上的反感，也没有影响到她对丈夫某种程度上的盲目信赖；相反，倒使妻子对自己的正确观点有了一点点犹豫。这就把微妙的反差留给读者去从容领悟了。

只有微妙的心理效果才能让读者、听者有心灵的余裕去从容领悟。

太强烈的心理效果，往往使幽默显得粗糙。

二、在生理病痛很强烈时还能幽默得起来吗

情绪不好心态就自由不起来，生理上有了严重的病痛，那就更难以有自由的心态了。

如果在事件后果很严重，甚至身体受了伤害、生命受到威胁的情况下，仍能幽默得起来，那就是幽默大家了，因为这需要情绪有更大的超越能量。20世纪50年代相声大师侯宝林的《妙手成患》是讽刺外科医生的：

有人患了盲肠炎，医生开了刀，盲肠是割了，针也缝了，可没多一会儿，医生就回来要求病人拆线，原因是医生把一卷纱布落在病人肚子里了。取出纱布，重新缝好，

可没过一会儿，医生又回来要求病人拆线，原来剪子又忘在病人肚子里了。又拆线取出剪子，刚要给病人缝，病人说："你甭给缝了，最好你给我安个拉锁，落下什么东西你拉开随便找！"

这个病人是很有幽默感的。在一般情况下，幽默是一种美感，同时也是一种快感，但这不是一种生理上的快感，和吃了一顿好东西那样的生理快感是不同的，而是一种精神的升华。有时太强烈的生理快感反而不利于精神的升华。当你闻到苹果的香味，或闻到菠萝的香味，看着它的形状和颜色，是很有美感的；一旦你口水流出来，而且把它吃了，那只是一种口腹之欲得到满足的快感，而与美感无缘了。但是如果你肚子很饿，且又很馋，而你又不能去享用它，这就可能产生痛感。这种生理痛感越强，也就越难幽默得起来。如果这种生理的痛感再强烈些，不是馋的痛苦，而是身体的一部分受到损伤，那就更难超越，因为人在这时候思路就很不自由了。你得把生理的病痛淡化到零的程度，才能获得思路的自由：把拉锁拉来拉去很方便，一点也不痛苦，将它和痛苦地反复拆线联系起来。这种超越有两难：一难是把眼前的切身痛苦忘掉；二难是把不相干的东西扯在一起。化痛苦为幽默最难，苦中作乐在幽默感中属于高级幽默。一般的幽默是和情不自禁地笑联系在一起的，一旦事情严重了，就恐怖起来，就很难超越了。可是病人在这么严重的关头，还说这么多傻话，就形成了一种反差，观众就忍不住要笑了。但是这里有一点要注意，那就是这里的病人的建议（安拉锁）是想象的、假定的，因而才能超越了生理的病痛，好像在肚子上安拉锁一点儿也不疼似的。这一点非常重要，幽默的情感交流，并不是现实的交流，而是一种想象的交流。在想象中，可以自由地消除生理的痛感。

三、到了绞刑架下还能幽默得起来吗

如果现实中发生了这样的事，一个人面临被处决的危险，而且可能马上就要执行，不管他是好人还是坏人，一般是笑不起来的。如果真笑起来，那也不是幽默的笑，而是恐怖的笑，令人毛骨悚然的笑。到了这种地步还幽默得起来，就属于西方文学中所表现的黑色幽默了。

笑有多种多样，有开怀大笑，笑弯了腰、岔了气；也有在恐怖和危难中令人毛骨悚然的笑。即使死到临头，还是有幽默的用武之地的。西方所谓"绞刑架下的幽默"，有一个例子很有名，是弗洛伊德最先引用的：

一个人已经被判绞刑，他走到绞刑架下，面对着头上那在风中飘动的绞索看了好久，他不是显出一脸恐惧，反而是问刽子手："那绳子会不会断掉啊？"好像他真的担心那玩意儿断了对他不利似的。

在场的人也许会笑起来，这种笑可能有一点轻松，但同时又很恐怖，这样的恐怖的幽默与黑色幽默有点接近。

美国有位名叫布曼的作家专门收集了一些死刑犯临刑前与刽子手开玩笑的事例。其中一些比较突出的事例如下：

死囚特拉西被押解到绞刑架前，身上穿着一件宽大的外衣。行刑官觉得对行刑不便，就问他是否愿意脱下这件外衣，他说："不必，我担心会感冒。"

死刑犯的脖子上已套上了绞索，行刑官照例问他还有什么要说，他说："我确有话要说，但不是现在。"

一个叫查列斯的死刑犯正在享用最后的丰盛晚餐时，通知来了，他的死刑改为缓刑。他不但没有快乐的表情，反而有些失望地说："照你这么说，我就不能享用这么丰盛的晚餐了？"

第一则故事的荒谬是显然的，临刑在即，拒绝配合的理由是感冒，生命好像不是马上要结束似的。但是，这却表现了受刑者心境的悠然，是令人发噱的。第二则，"现在"就是生前，有话是可以说的，"不是现在"就是死后，就是有话也没法说了。明明知道这样，还是要荒谬一下，心情超越了现实的严峻。最后一则，明明是好消息，死亡可以避免了，可是却好像舍不得死前的那一顿饭似的。这样的心态无疑是幽默的极致了。

似乎只有把幽默看得比命还重要的西方人才会在这种境地还能幽默得起来。其实中国人也有这个水平。清朝有个大学者叫金圣叹（就是那个把《水浒传》120 回删改成 71 回的），他后来得罪了当权者，要杀头。有一个传说是他在临刑前送给刽子手一个挺重的小包，请他"做"得好看些，刽子手以为是一包银子，便把刀磨得挺锋利，事情做得很利索。待到执行完毕，回家去偷偷打开一看，原来是一块砖头，还有一张条子，写着四个字："好快刀也。"这就是"落地的人头——好快刀"典故的由来。这当然是个民间故事，更为可靠一些的是这样的记载，是鲁迅在《论语一年》中引用过的：他留下一个条子，说："杀头，至痛也，而圣叹以无意得之，大奇！"关于金圣叹此则故事，还有一个版本是这样的：临别，两儿询问父亲有何遗嘱。金圣叹叫他们附耳过来，悄声说："花生米与五香豆腐干同嚼，有火腿味道，千万不要让那些刽子手知道，免得他们大发其横财。"

这说明，中国一些杰出人士，在死到临头的时候，其幽默感一点也不逊于西方人，即使在要掉脑袋的时刻还能超越人生最大的痛苦，乐观的心理能量还能超越生命行将结束的恐怖，使思路转移到轻松愉快的玩笑上来。关于金圣叹面临死亡还能从容幽默的传说，还有一则是这样的：金圣叹被处决时，正值山河淡妆素裹，雪化冰消之际。他翘首苍天，触景生情，立就一首自悼诗，并高声吟诵道："天生悼我地丁忧，万里江山尽白头。一时太阳来吊唁，家家户户泪珠流。"吟罢，金圣叹人头落地。那头颅滚出数丈，从耳内抛出两个纸团，监斩官将纸团打开一看，一纸团上写的是"好"字，另一纸团上写的是"痛"字。

这里的幽默感，在于人头落地之"痛"与一般生理之痛的反差。本来人头落地了，也就无所谓痛不痛的了，可是传说中的金圣叹却留下了"好痛"的感慨，完全是开玩笑。拿死亡开玩笑，就是把死亡的痛苦淡化到等于零的程度，使之转化为轻松的一笑。鲁迅所反对的把屠夫的凶残化为大家的一笑，可能典出于此。有人以为，国难当头的历史背景，不得不如此。但人生是丰富的，不见得因为国难当头，就没有幽默的可能了。就是在抗战期间，钱锺书、林语堂、梁实秋、王了一，不是也写出了经典性的幽默散文吗？同样，鲁迅自己的《故事新编》和大量杂文，其中的幽默不也是写在国难当头之际吗？从另外一个角度说，越是面临严峻的现实，不是越应该有超越苦难的自由心态吗？大难临头的应对方针，可以是愤而抗争，大义凛然，也可以是作英雄语，面对死亡放声大笑，这些都是精神强大的表现。但是，人性之美并不因此而穷尽，采取调侃的姿态，也应该是一种美好的风格。

事实上，我们国家虽然是实用理性精神非常强，但是也并不缺乏金圣叹这样的奇人。

有一个故事说，有一个县官个子很矮，后来城池被起义军攻占，他被抓住要杀头。他就求人家不要杀他。理由呢，就是："我本来个头就矮，你们把我的头再杀掉不是太矮了吗？"逗得起义军一笑，就饶了他一命。这说明要幽默得起来，精神要特别自由，不管看来多么严重的事，都不要把自己自由活泼的天性闷死。也可以说，情况越是严重，精神越是要放松。美国第40任总统里根曾被行刺者击中。他对他的夫人南茜说：我本来应该是可以及时躲避的。脱险后，记者问起此事，他说再也没有比子弹飞过鼻尖更令人兴奋的事了。幽默的关键就在于不把生命危险当一回事，彻底地放松。

不要以为只有外国人、古人才能在这样的危机中幽默得起来，而现代国人，面临死亡就不可能进入这样的境界。我有一个学生叫陈国英，他整理了一个散文集，让我写序。几乎所有的内容我都忘记了，只有其中一个故事，我却一直记忆犹新。故事是这样的：

> 一个战友要上前线。临行时，把他一些带不走的东西托我保存，并交代，如果他一去不复返，请我处理遗物。不幸，战友后来没有回来。我去整理遗物，发现战友留下一个信封。打开一看，里面有一张纸条，还有一支香烟。条子上有一句话：谢谢你为我整理遗物，请抽烟。

只有高度自由的心态，才能在这种情况下，进入幽默的境界。

事实上，你不自由也于事无补。不自由，拘泥于当时的紧张，不如自由、放松。据说，丘吉尔临终时，护理人员问他还有什么话要说，气息奄奄的丘吉尔还不无幽默地说："我已经准备好去见上帝，不管上帝是否已经准备好用酷刑审问我。"

如果在死亡面前不能这样超脱，那病床边上的人，就只能和他相视无言，默默流泪了，一流泪就跟幽默无缘了。

四、追求既荒唐可笑又阴森恐怖的文学流派

应该注意的是，黑色幽默本来并不属于日常幽默谈吐的范畴，它原属于20世纪的一种文学思潮。文学中的黑色幽默，所表现的恐怖并不像我前面所说的那样来自某种具体的、看得见、摸得着的现实，而是由于人生陷入不可解释的、束手无策的绝望境地。在黑色幽默作家看来，整个世界和全人类都已经糟到了不能再糟、荒谬得不能再荒谬的境地。

美国学者莫里斯·迪克斯坦这样说："而黑色幽默则把调子定在破裂点上，一旦达到这一点，精神上的痛苦便迸发成一种喜剧和恐惧的混合物，因为事情已经糟到了你尽可放声大笑的地步。"[①]黑色幽默所表现的内容大致可以概括如下：第一，是对人类和世界的绝望；第二，这种绝望与一般的绝望不同，一般的绝望是悲剧，而这种绝望是喜剧。奥尔德曼说："它要求同它认识到的绝望保持一定的距离；它似乎能以丑角的冷漠对待意外、倒退和暴行。"[②]面对绝望，不是感情泛滥而是冷峻以对，从悲剧中看出可笑，甚至毫无忌惮地放声大笑。

黑色幽默文学的代表作是美国作家海勒的长篇小说《第22条军规》。其中主要的情节是：在第二次世界大战期间，一支美国空军驻扎在一个虚构的小岛上。上尉轰炸手索林怕死，觉得人人都想陷害他，千方百计地保全自己的生命，逃避去轰炸德国的基地。根据第22条军规，只有精神错乱的疯子才能获准停止飞行，然而这条军规又规定停止飞行必须由本人提出申请，可一旦本人提出申请，又恰恰证明他不是疯子；头脑清醒，那就得继续飞行。他最后终于醒悟，这条可笑的第22条军规是自己恐惧的根源。

第22条军规后来就成了人类生存状态中既无望解脱又可笑挣扎的象征。在黑色幽默作家看来，人类的生活就像第22条军规那样荒唐可笑而又阴森恐怖，无端地被置于绝望境

---

① 莫里斯·迪克斯坦著，方晓光译：《伊甸园之门——六十年代美国文化》，上海外语教育出版社1985年版，第97页。

② 陈焜：《西方现代派文学研究·黑色幽默——当代美国文学的奇观》，北京大学出版社1981年版，第4页。

地。所有真理的追求都被第22条军规式的悖论变成一场残酷的玩笑。

20世纪60年代以来，西方新一代作家力图以他们绝对自由的意志论打破一切偶像和一切现成的礼法、传统的规范，但这又是不可能的，因而他们就有点绝望。这就使他们感到人类生活不是由人自己所左右，而是被一种悖谬的成见所控制。从这个角度来看，人的一切奋斗都是可笑而又可悲的西绪福斯式的徒劳。

这就是西方文学中黑色幽默的本来意义。

我们这里不过是借用这个术语并赋之以新的内涵：超越生理的病痛乃至死亡威胁的，在死亡面前还能开玩笑的幽默。我们所追求的是情感在任何灾难情境中的自由飞翔，我们所说的黑色幽默，哪怕是在最悲惨情况下也是乐观的，与西方黑色幽默作家对生活的悲观在根本观念上是不同的。如果不是把人生当作西绪福斯式的徒劳，生命不是一种荒谬的悖论，而是值得为其理想的实现而奋斗的历程，那么面对死亡的时候，就可以幽默起来，但并不是荒谬的，而是理想主义和英雄主义的。

爱尔兰作家伏尼契的《牛虻》中，写到牛虻就义的场面，非常具有震撼力量。一方面是受刑者一直“面带微笑”；另一方面是执行者被惨烈的场景震撼得“呻吟颤抖起来”，枪在他们手中不停地抖动，难以瞄准，甚至“被突如其来的恐惧抓住”，连指挥执行的统领都“打了个冷战”；而受刑者牛虻，身体伤残，几乎难以站立，还是平静地面对枪口，神态自若，居然还能对刽子手们发表演说，而演说的内容又是充满了对他们的挑衅和调侃：

早上好，先生们，

这次会面可比上一次愉快多了，是不是？

情境是悲剧性的，但是悲而不惨，悲中有壮，壮中有烈，壮烈中又有喜剧性的幽默感。这比义正辞严地斥责敌人，其精神优势要强大得多。悲剧性的受刑，愉快的“会面”，二者的反差构成了幽默，但这不是一般的幽默，而是带着蔑视的讽刺。这是一种冷峻的幽默感，不像一般的幽默感中蕴藏着温情、同情，这是批判，是进攻性的。牛虻的壮烈和冷峻的反讽、嘲弄、开玩笑的语气结合在一起，这种幽默可以叫作“冷幽默”。

牛虻对敌人总是采用一种嘲弄的语气，不但嘲弄他们精神上的紧张，而且嘲弄他们的枪法。当他们向他射击，但未打中时，他嘲笑说，“枪法太糟糕了，伙计们”，声言自己要来“调理他们”，最后竟然是他向执行者发出向自己开枪的命令。但是敌人还是射偏了，又遭到他的嘲弄：

又射偏了，再试一次！

好像敌人的枪法准确，并不增加自己生命的危难似的，好像不是向他自己，而是向别人开枪似的。最能说明这一点的是他对神父的嘲弄：

神父说："难道你竟要开着玩笑直到上帝面前吗？"

牛虻接过话头来说："当轮到我们收拾你们的时候，我们就会用大炮来代替这半打破旧的马枪的，那时候，就会真正领教我们是多么能开玩笑的。"

值得注意的是，两个"开玩笑"内涵是绝不相同的。在相同的词汇中，隐含着相反的语义，这就构成了冷峻的幽默感。

面临死亡的幽默感，并不一定就是黑色，也可能是红色的、英雄主义的。

附：

漫画分析

幽默是一种精神的自我解放，在困惑时需要，在痛苦中尤其需要。

为了获得精神解放，就必须超越生理的痛苦。如果生理痛苦是微弱的，则易于超越；生理痛苦越强烈，则越难以幽默。如果痛苦到威胁生命还能超越，那就是黑色幽默的一种形式了。

图 19-1 中，美女的耳朵上吊着的并不是耳环，而是两个男人的尸体。但这是虚拟的，并不恐怖，这样的幽默还达不到黑色幽默的程度。

图 19-2 中，熨烫衣服如果不脱下来熨，是很危险的；但是正因为作者超脱了危险，才幽默得起来。这种幽默并不恐怖，也不算黑色幽默。

图 19-1

图 19-2　不用脱下来

图 19-3

图 19-3 中，一个人爬上梯子在墙上写 I LOVE YOU（我爱你），YOU 还没写完人就跌了下来，死前还坚持在墙角写完。在生活中这种死亡是悲剧，然而却被作者当作了喜剧。这样的悲剧与喜剧的交融，使幽默的色调变得有点灰。

图 19-4　您等着

黑色幽默，自然不限于生理的病痛或者死亡，更广义的是给人造成了损害，却无法找到原因。这样的幽默的特点不是叫人轻松地笑，而是叫人苦笑或者哭笑不得，这往往不是漫画所能充分表现的。图 19–4 只是在意味上有点接近黑色幽默：人都快饿死了，还在画饼骗人。不过这还不够黑，不够恐怖，也许叫它灰色幽默更恰当。

图 19–5　引经据典

真正有点黑色幽默的味道的是图 19–5。病人已到了手术台，胸腔已经打开了，医生还在找医药经典。这是很可怕的，也是很可笑的，又可怕又可笑，可怕的程度越大，幽默的色调越黑。

第二十章

幽默理论的学科建构

一、关于幽默理论的建构的对话

客：你本来以研究诗歌理论而引起注意，但是自从20世纪80年代中期以来，你好像在诗歌领域中有点沉默，或者说不大活跃的样子，很想知道你是怎么考虑这个问题的。

主：从20世纪80年代中期以后，虽然我并不是完全没有对诗歌现象做过任何评论，但是真正系统的评论是不多的。比较重要的论文如发在《文论报》（大约在1987年）上的《中国现代诗歌流派嬗变过速问题》和发在同一报纸上的《新诗潮的困窘与出路》（1993年）。在这两篇论文中，我提出当前的诗歌实际上已经误入歧途。把“五四”以来所积累的艺术家底挥霍了不少。由于篇幅较小，又没有连续系统地加以发挥，所以没有引起广泛的注意，这是很自然的事。

客：这样说来你对诗歌是很有一番深思熟虑的见解的，如果你认真地大干一场，也许会像当年的《新的美学原则性在崛起》一样引起轰动的。

主：但是，我总觉得说这种话为时过早，尤其是这种观点与我的朋友们正在坚持的观念之间的矛盾太深，于是我采取了保持沉默的态度。从真理论的高度来看，文字的争论并不是十分重要的事，因为检验真理的标准并不是理论，而是实践。我要看一看，让时间这个最严峻的裁判官来说话更好一些。

客：可那要有很长一段历史时间。如果真如你说的那样，这个历史的弯路就要走到碰壁为止，那样我们付出的代价就太大了。

主：历史是非常严峻的，有时是非付出代价不可的。明明知道是陷阱，可还是要没命地往里跳，这样的事我们见得还嫌少吗？目前我国的诗歌所面临的困境就是明明看到西方诗歌已经陷入困境，还要悲壮地往那条路上去闯。

客：可是，不管怎样，你这种完全冷眼旁观的态度都不能算是最好的选择。

主：是的，从历史的眼光来看，人类所做的选择往往并不是最好的。1980年，当时我还在写诗的时候，我曾经写过一首诗，其中有一句我至今仍然记忆犹新："早发的真理之花，往往孤独地凋零。"对于我这样一个曾经算是一个诗歌评论者的人来说，最好的选择是什么也别说。

客：但是你近来在文论界还是相当活跃，这似乎自相矛盾，你在许多问题上还是说了许多。

主：我承认我有一点不甘寂寞。可是你如果仔细研究一下，就不难发现，我说了那么多，都是关于小说和散文的，除了为我的学生或者年轻人的诗作序或者作评以外，我基本上信守了我对自己的承诺。偶尔对诗发表一些看法，但那绝不是对诗发表什么系统的见解，而是在某一个具体的问题上发挥我20世纪80年代真善美三维错位的理论。这些文章的一部分收在《孙绍振如是说》（香港三联书店出版）中。

客：这似乎并不能说明你近年的全部文学批评成绩。你的工作并不限于阐释你20世纪80年代早已建构的理论。你好像在很长一段时间中把精力放到了幽默理论的研究中去了。

主：没错，从20世纪90年代以后，我的主要注意力集中在幽默理论上。这是因为我有一个非常强烈的感觉，那就是当前我国一般的文学评论过剩，或者说文学评论在结构上失去平衡。光从现象上看，一部稍稍有点特色的作品一出来，马上就有许多评论文章一哄而起，或褒或贬，看起来文学评论队伍很庞大，但并不意味着水平的提高，并没有多少振聋发聩的思想冲击波，或者发人深省的艺术见地，更不可能出现多少像勃兰兑斯的《19世纪文学主潮》那样的经典性的巨著。记得20世纪50年代中期，周扬在北京大学中文系的一次演讲中曾经提出一个很有见地的观点，叫作"时代智慧集中论"。他的这个说法，是在回答一位印度作家的问题时提出来的。那位印度作家问周扬：为什么对斯大林的个人迷信这样一个严重的问题，在苏共二十大上提出来以前，居然没有一个苏联作家在作品中有丝毫的表现，那么作家怎能称得上"人类灵魂的工程师呢"？周扬认为，一个时代，总是把它最高的智慧集中在某一个领域中。如19世纪的俄国集中在文学领域中，沙皇宪兵头子本肯道夫说别林斯基他们是因为不能够在广场上造反，才跑到杂志上来造反的。在我国现代史上，五四时期，民族的精英集中在思想文化领域，出现了一系列的文化巨人；20世纪三四十年代集中在军事领域，出现了大量的军事家；而在20世纪50年代则集中在政治领域。在苏联，四五十年代，时代智慧的精英并不集中在文化艺术界，所以对于个人迷信这样严重的问题，并不是文化大师首先发现并且找到解决的方法的。根据他的这个理论，可以解释我国在20世纪70年代末、80年代初，思想解放运动的特点决定了很大一部分的思想界的精英集中到了文学、文化界，包括文学批评界来了。但是改革开放后，实际上是集中在经济上的，民族关注的焦点正在向经济领域转移。然而，文学批评领域中强大的思维大军还没有来得及相应地转移，这就造成了文学批评力量的过剩。

由此产生了在文学艺术批评当中的不平衡。例如随着经济的迅猛发展，城市建筑日新月异，一座座耗资百万甚至千万的现代化大楼拔地而起。但是作为建筑艺术的成果，却不见有多少真正的建筑美学的批评，致使许多建筑脱离民族传统、盲目照抄西方和港台的大楼，至今仍然引起有识者的呼吁。又如大众文化在兴起，一个个歌星像走马灯似的登场，追星族如痴如醉，却不见音乐评论家现身说法，把提高民族音乐文化的历史使命承担起来。最突出的是小品和相声的大起大落，也不见喜剧批评的相应发展。

其实，中国老百姓目前处于一种对于喜剧的饥渴之中。这使我想起了恩格斯在谈到文艺复兴时所说的，一种社会的需要比一百所大学还更能催化人才的成长。但是奇怪的是，中国的喜剧创作和理论并没有自发地应运而生。对于相声的衰落和小品的颓势，中国过分庞大的文学批评界至今的反应仍可以说是非常迟钝。一种强大的社会需要竟没有得到号称感觉敏锐的文学批评界的迅速响应，这是一大怪事。从理论上说，对于社会需要做出反应还得有一个过程。这个过程可能很长，也可能很短，这取决于文学批评的自我调整的自觉。正是出于这种自觉，我采取了某种意义上的转移。

这不仅出于理论上的考虑，而且出于创作实践的迫切需要。不论在影视作品中，还是在小说、散文诗歌中，喜剧性的匮乏成了一个怪异现象。散文长期囿于抒情，一度导致幽默散文的空白，以至于大陆的散文创作在很长一个时期里落后于台湾，这也是不争的事实。在现代文学史上，20世纪40年代幽默散文长期遭到忽视，林语堂、梁实秋是因为政治上的原因还可以理解，王力先生的幽默散文《龙虫并雕斋琐语》也遭到排斥，实在是匪夷所思。从理论上究其根源，可能是因为幽默作为一种心灵的沟通方式，更超越于实用价值，与强调社会、阶级冲突的传统文学理论和创作有更深刻的内在矛盾。正是因为这样，鲁迅本人作为一个幽默作家取得了相当高的艺术成就，但是在理论上，他却是十分戒备幽默对于文学社会功利价值的消极作用的。这也许是20世纪30年代的历史现实使然，但是到了今天，社会生活的竞争日益紧张，造成了对于喜剧性和幽默感的渴求，已经在逼迫着我们不能再不做出起码的回答了。

客：不过，这些年来，我们大陆的幽默散文也有所发展。20 世纪 80 年代初杨绛女士在《干校六记》中那篇《小趋记情》和孙犁的那些富于谐趣的散文产生影响，以后又由于港台幽默散文的大量介绍，在散文中追求幽默者蔚然成风，不论是张洁、贾平凹、流沙河，还是年青一代的作家（如舒婷、唐敏、陈震）都时有幽默之作。

主：这自然是事实，我还可以为你补充一些更尖端的现象，比如在散文家楼肇明先生笔下还有某种灰色，甚至黑色幽默的文章。但是总的说来，我们的幽默散文是不够发达的。这是因为长期以来狭隘的社会功利主义，多多少少还束缚着我们的作家。有一个相当值得注意的现象可能被忽略了，那就是几乎所有大陆作家的幽默散文总是和某种实用理性和道德理性联系在一起，这自然也可以说是一个长处。但总是不够超脱，在风格上总不及港台散文家那么丰富。其中原因之一就是在理论上缺乏自觉。

客：这可能有一些道理。不过，我相信，你不仅仅是因为散文的缘故才把注意中心转移到幽默理论上来的。

主：是的。我还注意到，最受大众关注的电视小品陷入危机，也与理论上的盲目性有关。中央电视台每年的春节晚会，小品都是主角，但是连续十多年下来小品已经有难以为继的感觉。原因在于，理论上的偏狭。演来演去，都不约而同的是闹剧，好像小品就非得是闹剧不可似的。这是因为陈佩斯和朱时茂以其闹剧小品轰动了以后，不知不觉形成一个模式。差不多所有的小品演员都在舒舒服服往里钻，直到全国的观众开始感到厌倦了，还在这个套子里昏头昏脑地挣扎。

客：从理论上说，其错误何在呢？

主：问题出在对于喜剧理论缺乏系统的了解。喜剧的形态是多种多样的，并不限于闹剧。说实在的，闹剧只是喜剧的一种亚形式，而且是一种比较通俗、比较低级的形式。喜剧的形态至少还有轻喜剧、抒情喜剧、通俗喜剧、冷面喜剧、歌舞喜剧，自然还有像《等待戈多》那样的荒诞喜剧等。对于所有这些基本的美学范畴，我们在理论上还处在盲目阶段。因而要从根本上解决小品的问题，我觉得得静下心来从 ABC 开始。

客：你是不是说从研究基本理论、基本范畴开始。

主：这样说并不完全，并不周密。解决问题首先当然依靠实践，离开了实践去做纯理论的研究是书呆子。理论的探索往往落在实践的探索之后，还是正常现象。但是作为理论工作者，我不认为落后得太远是一种正常现象。我的主张说起来还是一句老话：理论与实际相结合。列宁说过，“没有革命的理论就没有革命的运动”。他讲的是社会主义的群众运动，是不可能自发产生的，是需要一定理论灌输的。这和文艺创作多少有些不同。但是其精神多多少少是相通的。

客：那么在你看来，从理论研究来说，应该从什么地方开始呢？

主：这很难一概而论，各人情况不同，自然有不同的选择。就我本人而言，我觉得从喜剧的基本范畴开始比较好。很明显你要解决闹剧小品的问题，你总不能只在闹剧的概念上打转，你起码得把构成喜剧的几个基本因素弄清楚了，才有希望做比较深入的探讨。比方说，什么是幽默，什么是滑稽，什么是讽刺，甚至于什么是诡辩，什么是雄辩，它们之间的关系如何，是互相转化的呢还是各自独立的。这些问题看来距离实际比较遥远，但是你不弄清它就不可能根本解决实际问题。

客：这么一说就把问题扯远了。所有这些概念都是许多大师几辈子也扯不清的，至少在我们这一辈子似乎没有完全弄清的希望。

主：你说得完全有道理。任何真正的理论的研究成果，都是一种相对真理，不可能是终极真理。所有被某一时期的人认为是真理的理论都不可避免地包含着谬误。但是人类就是在不断克服谬误的崎岖小道上前进的。这是其一。其二，正是由于看到了这点，我的研究采取了一种比较特别的方式。那就是在基本概念的研究中特别注重操作性，也就是不做纯理论的研究，而是把实际的运用放在相当重要的地位上。

客：这使我想起了你在《文学创作论》的后记中所说的“努力当教练员，而不满足于当体育评论员”的说法。

主：是的，强调实际的操作性是我一贯的主张。但是在我写作《文学创作论》的那个阶段，我还比较天真。现在回想起来，我在那时多多少少有点轻视了理论的独立价值。对于文学理论的基本范畴的继承和建构，我并没有十分用功地去钻研。这是因为我在青年时代，也就是一开始为文学吸引的那个时候，我就是为了创作才去钻研理论的。对于那些玄虚的、神秘的概念望而生畏的感觉至今记忆犹新。

客：这是一个全世界都没有解决的问题。在西方，学院派的理论就是为了满足理论本身的需要的，它和创作根本就不搭界。非常不幸的是我国理论界一批非常有才华的年轻学者，从20世纪80年代开始，也多多少少沾染了这样的风气，以玄虚的术语自炫，搞新名词大轰炸。其实生搬硬套，本身就是理论幼稚的表现，而不是成熟的表现。

主：我同意你的说法。我一向认为任何一种外来的理论要成为本国的学术成果，不是在它们被搬用的时候，而是在它们被消化、被改造，有了本民族的创造的时候。

客：这句话说起来容易，做起来则十分艰难。

主：恕我直言，当你在说着“做起来十分艰难”的时候，你也许并没有真正体会到引进一种外来的理论并且对它进行哪怕是点滴的修改，实际上有多么艰难，要付出多少代价。拿引进马克思列宁主义的文艺理论来说，不说五四时期，单从20世纪30年代说起，到现在已经半个多世纪，不止一代的知识精英付出了毕生的心血，甚至为了确立一个并不一定是十分正确的命题，或者为了修正一个明显错误的命题，一些追求真理的先驱往往要付出生命和鲜血的代价。

客：说到喜剧理论的引进，我想和政治性很强的理论不同，它也许并不会重复历史的悲剧。它的困难可能要小得多。

主：我同意你的想法。政治决定一切的时代过去了。但是对引进的理论进行消化，或者说批判，同样面临着压力，虽然不是政治的压力，但是仍然是一种与科学精神相违背的压力，这是一种心理的压力，甚至是一种道德的压力。好像你追随什么东西就是光彩的，批评什么东西就意味着道德上堕落。

客：这种情况，已经使我们付出了惨重的代价。

主：但是这种压力毕竟缺乏学术以外的力量的支持，因而比较软弱。一般说来，道德的压力只要凭着道德的勇气就能加以抵抗。但是，在特殊情况下，抵抗道德的压力比之政治的压力更需要勇气和魄力。

客：这大概是指一种潮流来到的时候，大家都陷入了盲目性，而真正清醒者却需要有难得的自信和抵抗潮流的精神力量了。有时在创作上比在理论上可能更明显，有时则相反。你能不能给我们举一两个例子？

主：我只想提一提比较轻松、比较好玩的例子。例如，在杨朔把诗的追求当作散文的最高准则而事实上被历史否决以后，我们的幽默散文得到了发展。但是，发展的程度是有限的。这是因为杨朔散文的外在框架是粉碎了，杨朔散文的美学追求还残存在作家想象的深层里，好像有一个无形的透明的罗网在束缚着我们幽默散文作家的想象力。如果从理论上来加以解剖，不难发现，杨氏散文的深层里有一个美学原则，它被掩盖在抒情的诗意之下，那就是美化。这在根本上和幽默是矛盾的。幽默并不那样追求美化，有时恰恰相反，它要来一点“丑化”。由于在这一点上我们大陆的幽默散文家是多少有一点含糊的，因而其创造的勇气就不能不受到影响。抒情的美化成为思维定式已久，在程度上降低是很容易的，但是要大胆到丑化，那就要在想象力上有不同凡响的开拓。请允许我以台湾作家柏杨的幽默散文为例说明一下。柏杨在散文中写到过一个在知识分子中相当普遍的现象：借书不还。碰巧我们在余光中、余秋雨的作品中也看到关于借书的题材。但是小余先生是强调诗意的激情的作家，而大余先生虽然有时也很幽默，甚至还不时自我调侃，但即使是自我调侃也是温文尔雅的，煞风景也是有限的。而柏杨则不同，他往往有不怕丑的倾向。他说他要组织一个“死不借书大同盟”，他还说，有一次他的一本书被一个好友借走了，事后死也不肯承认。他在无可奈何之际，终于决定闯入友人家，不声不响在友人书房中“人赃俱获”，当友人要和他说话时，他声称“内急”，溜之乎也。临出门时听到友人在房内惊讶：刚刚放在桌上的名牌打火机为什么不见了？他说，拿走你的打火机不过是“薄施小惩”，以后如果再发生类似事情，你家的金手表都很难保证不会不翼而飞。大陆追求真善美统一的作家往往很难把想象力解放到这种程度。对于一个消极的现象，抒情的作家往往只是限于表示厌弃。这种态度之所以容易被认同，就是因为其美学原则和道德原则是统一的。但是艺术的创造者如果把自己的想象力局限在这二者统一的半径之内，是不幸的，可悲的。我再举一个例子，看到有孩子把甘蔗皮吐在街上，张洁在她的散文中表示了痛苦，并加以分析，这不能完全怪孩子，也不能完全怪大人，关键在于有关部门，没有一定的宣传和设施。但是同样的题材到了梁实秋笔下，则是自我调侃到不惜自我“丑化”的程度。他在《不亦快哉》中有这样一节：“烈日下彳亍道上，口燥舌干，忽见路边有卖甘蔗者，急忙买得两根，一手挥舞，一手持就口边，才咬一口，即入佳境，随走随嚼，旁若无人，蔗滓随嚼随吐。人生贵适意，兼可为‘你丢我捡’者制造工作机会，潇洒自如，不亦快哉！”如果囿于诗意的美化的原则，这种似乎不惜“丑化”自己的想象力是不可能解放出来的。

客：在你看来，我们大陆幽默散文的不足，除了其他一些原因以外，还有一个很重要的原因，就是理论上不明确诗意的美化和幽默的“丑化”之间的关系。

主：这只能作为对现象的解释，但是我追求的不但是解释现象，而且是改变现状的具体操作性理论，究竟这二者在内在机制上有什么样的矛盾，还需要进一步的分析。梁先生这种故作蠢言的姿态为什么是动人的，其内在的逻辑结构有什么样的奥秘，有什么不同于通常逻辑之处，这是一个前人尚未涉及的课题，这正是我觉得要深入加以钻研的。

客：在这方面，西方美学大师应该早已做出过许多贡献了。你这样投入长时期的精力是不是有点冒险？

主：自然，这个问题我是考虑过的。不过据我有限的涉猎，西方美学大师在这方面的成就集中在对于笑的研究和对于幽默心理学的研究上，可是在我看来，由于幽默心理学缺乏定量的准确性，光有定性的概括，总是避免不了有点模糊。当代实验心理学的发展水平，一时还不能给我们提供更精确的成果，因而，我们就不能停留在这些大师的老路上，亦步亦趋。

客：你这个立论很大胆，能不能具体地阐述一下？比如，你对弗洛伊德、康德、叔本华、柏格森等的理论有什么样的评价？

主：这就说到了问题的要害了。我想这是不可回避的，这是一座绕不过去的大山。我们不能不原始要终，从头讲起。

客：那你就先讲康德吧。他在《判断力批判》中就研究过笑，并且说过在西方美学史上相当经典的话，“在一切引起活泼的撼动人的大笑里必须有某种荒谬背理的东西存在着（对于这些东西自身，悟性是不会有任何愉快的）。笑是一种从紧张的期待突然转化为虚无的感情”。

主：这一句话，在另外一些译本上被译成“笑产生于紧张的期待的落空而造成的感情爆发”。这下面还有一句：“正是这一对于悟性绝不愉快的转化却间接地在一瞬间极欢跃地引起欢快之感。”① 康德这一对于笑的定义带着西方古典美学常有的心理哲学色彩，其核心是由于期待的落空（或者译为“虚无”）而突然造成的一种意外的惊奇。康德指出期待的落空是由于荒谬，也就是由于不合乎惯常的理性（或智性），如果合乎理性，期待就不会落空了，也就不会笑了。例如俗语说的“伍子胥过昭关，一夜愁白头”，并不能使我们发笑。但是如果有人告诉你，他是陷于如此的不幸，以至于他的假发全都愁白了，我们自然会被逗笑。康德的理论的核心，表面上可以概括为一个公式：背理——落空。其实这还不完全，在这背后还有一个假定的原则，也就是西方人所强调的游戏的原则。如果不是假定的游戏，那么，不是错误，就是欺骗。因此康德又说，“被欺骗的期待怎能享乐？”而纯粹的错误只能造成“自己比这个无知的人更聪明些的感觉”，② 康德的这个定义的深刻之处，就在于他准确地抓住了心理期待的紧张变为突然的落空这样一个现象，这比之后来的柏格森的笑产生于机械镶嵌的理论涵盖要广泛得多。但是他留下的问题也不少。首先，他实际上并没有分清几个基本范畴：第一，笑与非笑；第二，游戏性的笑与非游戏性的笑；第三，滑稽的笑与幽默的笑；第四，讽刺的笑与幽默、滑稽的笑这四者之间究竟有什么根本的区别。其次，他们没有说清同样的笑料，有时激发了笑，有时恰恰相反，弄得很不愉快。这正是我所关注的焦点。

客：你讲话向来深入浅出，刚才你那一大串引文已经把我弄得有点糊涂了，请你说具体一些，用一些具体的例子来，用生动的感性来阐明你那深奥的理论。

---

① 上海青年幽默俱乐部编：《中外名家论喜剧、幽默与笑》，上海社会科学院出版社 1992 年版，第 28 页。

② 上海青年幽默俱乐部编：《中外名家论喜剧、幽默与笑》，上海社会科学院出版社 1992 年版，第 28 页。

主：这个不难，我可以从身边琐事谈起。比如说，一个人在走路，由于没有看到脚下的坑，跌倒了，人们本来期待他平安地走下去，可是期待落空了，人们，甚至包括跌倒者自己，可能会笑起来。又如，一个人在演说，很起劲，可是忽然打了一个喷嚏；一个中学生，走向黑板，突然停了下来，说是鞋子里有一个石子等等，都可能引起期待落空的笑。然而这里仅仅是可能，必须有一个条件，才能使可能转化为现实，那就是伤害不是很重。如果这个人，身体受到严重的伤害，例如，跌跤导致骨折，演讲的人因有肺癌而咳血，中学生后来因为小石子而造成终生跛足，后果越是严重，越是难以笑得起来。一个最基本的区别就是游戏性与非游戏性。游戏性的，哪怕是再严重的，人头落地，天崩地裂，也不要紧，也笑得起来，因为那是假定性的。如果不是游戏性的，同样是期待的落空，哪怕是稍稍严重的一点损害，都不但不可能引起人的紧张情绪的放松，相反，倒是可能引起人的情绪的更加紧张，不但笑不起来，在某些人那里，哭起来的可能倒是更大。当然，在西方文学中兴起了一种特殊的幽默，叫作黑色幽默。其特点是即使在最倒霉的时刻，哪怕是站在绞刑架下，还能幽默得起来，那是一种非常例外的形态。这种黑色幽默有时被人称之为"绞刑架下的幽默"。最有名的例子是：一个死刑犯来到绞刑架下，对着那将要致他于死命的绞索，凝望了一会儿，说："这玩意会不会断掉啊？"好像他最担心的是绳子的强度不足以置他于死地似的，这样的幽默境界的确不是一般人所能达到的。不过，这是传说，在现实生活中的确也有人收集到真人真事。据香港《新晚报》载，有一个美国死刑犯穿着大衣来到绞刑架下，刽子手觉得那大衣妨碍他执行任务，就建议犯人把大衣脱了，然而那犯人说："不，我怕感冒。"不过这种黑色幽默是十分罕见的，它需要超越生死大限的乐观和轻松，不是我等常人所能做到的，当然，其中有些也并不都是在大难临头时才能表现出来的。眼下西方的黑色幽默文学在思想上表现为受难者找不到刽子手，受苦者无法找到苦因的境地，精神上陷入无可奈何的困境。这种幽默是一种特殊的品种。它没有我们所常见的幽默的那种轻松与愉快，不会有什么会心的微笑，也不可能有人与人之间互相无声的交流，即使有什么笑容也只是孤独的苦笑，甚至是掩饰恐怖得歪曲了五官的笑。在我看来把这种现象归结为幽默，只是一种比喻，从严格意义上来说，就它的功能与性质而言，与幽默相去甚远。要害在于，恐怖和孤独与幽默所持有的轻松情感的共享是不相容的。

如果有谁真的要在刀架在脖子上的时候还要麻醉自己的话，那就可能成为阿 Q 了。在我们中国，几乎没有什么文学评论家把鲁迅写的阿 Q 上刑场当作黑色幽默的作品。在现实的悲惨情境下，幽默会损害悲剧的性质。担心过分的幽默会导致把刽子手的凶残化为轻松的一笑，这也许就是鲁迅当年反对林语堂提倡幽默的原因之一。真正的社会悲剧是不可能超越的，因而是幽默不起来的。幽默在本质上有一种超越利害的游戏性，审美价值超越实用的功利价值，这本是康德自己的理论，但是他却在笑的研究中没有贯彻到底。总的来说，康德在理论上混淆了游戏性与非游戏性的笑，但在实际行文中，他论述的重点却是非游戏性的。例如，他举过一个例子："一个印地安人在苏拉泰（印度地名）一个英国人的筵席上看见一个坛子打开时，啤酒化为泡沫喷出，等英国人问他有何可惊之时，他指着酒坛说：我并不是惊讶那些泡沫怎样出来的，而是怎样进去的。"① 这可能是因为他研究的只是笑而已，因而没有特别注意到假定性的游戏和现实生活中的意外之间的重大差别。而今天，当我们拿它来研究幽默和笑时，就不能不感到其局限了。

它不能周密地解释笑本身。有时候笑并不产生于期待的落空，而是产生于某种逻辑空白的填充。在日常交往中如果人们不把真正要表达的意思说出来，要把它留在上下文的逻辑空白之中，同时在上下文中给出足够的提示，把读者逼到狭窄的逻辑小道上去，让对方和你在那逻辑的空白中无声地会合。即使是你对他的调侃，因为是对方自己在推演中领悟到那留在空白中的意思的，他的思绪也在与你无声的会合之中感到愉快，笑就是这样自然而然地发出来的。举个例子，在美国有位男性问一位女士：为什么至今没有一个女总统？回答是因为没有一个女性愿意承认自己的真实年龄在 36 岁以上。这里自然有做出政治性回答的期待的落空，但是笑之所以能产生主要是因为：留在这个因果逻辑空白之中的意思——美国女性对于青春美貌的重视要超过对政治的参与，这种现象严重到哪怕是年龄到了符合参加总统竞选的标准，也不愿去争取这最高的政治荣誉。再举一个例子，中央电视台有一个喜剧小品表现夫妻吵架，妻子说："嫁给你这样的人还不如嫁给鬼！"丈夫回答说："你放心，婚姻法上规定，近亲不得通婚。"观众立即哈哈大笑。因为在近亲不得通婚的逻辑中，留下了妻子是魔鬼近亲的空白，也就是妻子本身就有魔鬼血统的意思。这种笑，与其说是产生于期待的失落，不如说是产生于失落后的顿悟，准确说应该是失落与顿悟的统一。

许多笑还产生于歪曲性的因果，歪曲的因果自然是不成其为因果，也许可以造成失落之感，但是如果光是歪而无理，只是一种荒谬，并不能引起笑。无理是一种失落，歪得有理，又不完全有理，造成一种顿悟，把这二者结合起来，才能在心理上产生短暂的荒谬和机智的张力，在心理上构成不平衡，造成必要的冲击之后，又突然给以启示，会心的微笑才能由此而生。我国相声艺人总结的一条经验，叫作"理而不歪，笑话不来"。只说对了一半，道理歪了，还不一定引起笑，歪理还得歪而有"理"，才能逗人发笑，俗语叫作歪打正

① 上海青年幽默俱乐部编：《中外名家论喜剧、幽默与笑》，上海社会科学院出版社 1992 年版，第 28 页。

着。这有点像我国古典诗话中说的“无理而妙”，不过属于不同范畴。用我的话来说，叫作歪理歪推，妙在有理与无理之间。

有一回世界围棋大赛，最后聂卫平和台湾的林海峰进入了决赛。双方满怀信心，都要拿到冠军。这时台湾记者们起劲了，他们问聂卫平，对于前两次败给林海峰有什么看法。聂卫平说：“前两回输了，是存款，现在是取款的时候了。”记者又问：“当时林海峰虽然战胜了你，但是最后还是输给了一个韩国人，只拿到亚军。林海峰已经拿过两次亚军了，对这个问题，你有什么看法？”聂卫平说，“中国有句古话，叫作事不过三。林海峰先生如果这次再拿一次亚军，也就是，一共三次亚军，那以后就不可能不拿到冠军了。”这意思就是，这次的冠军要由聂卫平来拿。所有这些聂卫平所提出的自己必然会拿到冠军的理由，按正常的逻辑思维来说都不合逻辑，不是理由，但是，他又不是胡说八道，它在表面文字上，多多少少还有一点牵强附会的因果逻辑，不合逻辑的“逻辑”：以存款和取款的关系来比喻失败和胜利，以事不过三来类推林海峰此番只能得亚军，实际上没有道理，可在表面的字眼上又似乎合乎逻辑。这才是笑产生的根本原因。以上这一切，都可以引起笑，都是幽默的，但在逻辑上都犯了一个错误，那就是偷换概念的错误。聂卫平偷偷地把存款和事不过三的正常概念给临时偷换了，这在通常的逻辑思维中是根本性的错误。康德所说的背理之所以失落，这是因为它违背了通常的道理，通常的道理是人类千百年来形成的心理定式，一切的思维都沿着这条轨道自动化地进行。一旦脱离了这条轨道，思维就自然有一种突然出轨的感觉，这就是康德所说的失落。但是光有这一点还不足以引起笑，还得有另一个机制把这种失落转化为落实，才能引起意味深长的笑，这个意味深长的机制就是由存款引申出了取款，由事不过三引出了林海峰再拿一次亚军，这次冠军由自己来拿。

客：上述一切，可以帮助我们理解笑与非笑的区别，但是它还不能很好地解释幽默的笑与非幽默的笑（如滑稽的笑）的区别。

主：聂卫平的妙语，不是一般的笑，也不是滑稽的笑，因为这其间包含着他的智慧修养和对于对手高雅的感情。日本人把幽默（humour）译成“有情滑稽”是有一点道理的。从聂卫平所说的这几句话中我们可以感到，他和林海峰之间是有一种针锋相对的冲突的，但是他用他的幽默感钝化了他们之间胜败互相排斥、不能共享的竞争性，强化了他们之间的友好情感的共享。如果没有这种情感的无声共享，便没有幽默可言了。

有时候，出于形势的需要，人们并不一定要钝化、弱化进攻的锋芒，也用类似这种特殊的逻辑表达自己强烈的情绪，这种情绪中包含的机智成分很大，这就是讽刺。这时也可能产生笑，但是由于其进攻性甚强，虽然也笑，可在很大程度上有一点冷峻的意味。这在鲁迅的杂文和钱锺书的散文中是屡见不鲜的。尤其在他们使用反语的时候，更是家常便饭了。鲁迅在《论辩的魂灵》中这样说："你说甲生疮。甲是中国人，你就是说中国人生疮了。……你既然也生疮，你就和甲一样。而你只说甲生疮，则竟无自知之明，你的话还有什么价值？倘你没有生疮，是说诳也。卖国贼是说诳的，所以你是卖国贼。我骂卖国贼，所以我是爱国者。爱国者的话是最有价值的，所以我的话是不错的，我的话既然不错，你就是卖国贼无疑了！"[①]鲁迅的这段话用的完全是荒谬逻辑，从字面上看，根本不通；但是从内容上看，则明显是反语，是对某些不讲逻辑的论敌的讽刺。这也可能引起读者会心的笑，但是在作者那里，他的笑更多的属于冷笑范畴，它和幽默的笑，带着温暖的情致、会心地沟通是很不相同的。有时这种笑不但冷，而且很毒。鲁迅的文章大家已经很熟悉了，在钱锺书的散文中时常有些更刻毒的讽刺，很值得提一提。他在《谈教训》中说，人有一种天性，"除非肯把情人出让的人，也决不甘以手巾和牙刷公诸朋友。"由此，他推出所谓"有道德的人"，其特点不过是宁愿自己不洗脸、不刷牙，不管自己多肮脏也要瞧不起别人龌龊。这种人的特点是"自己要做好人，先把世界上的人说得都是坏蛋"，"自己要充道学，先正颜厉色，说旁人如何不道学或假道学"。经过层层引申，他转到文学创作和文学批评上来："有一种人的理财学不过是借债不还，所以有一种人的道学，只是教训旁人，并非自己有什么道德……真正的善人，有施无受，只许他教训人，从不肯受人教训，这就是所谓的牺牲精神。"由此他进一步推出了这样的结论："老实说，假道学比真道学更为难能可贵。自己有了道德而来教训别人，那有什么稀奇；没有道德也能以道德教训人，这才见得真本领。有学问能教书，不过见得有学问，没有学问而偏能教书，好比无本钱的生意，那就是艺术了。并且真道学家来提倡道德，只像店家来替自己存货登广告，不免自我标榜；唯有绝无道德的人来讲道学，方见得大公无我，乐道人善，愈证明道德的伟大。"钱锺书的讽刺的特点是以雄辩的姿态做明明是诡辩的文章，表面上振振有词，左右逢源。全用类比推理，正推和反推并用，但是类比推理本身并不能成为充足理由，不能作为推理的主要手段，更何况，即使在钱锺书的类比推理中也常常是把不全面的大前提来作为推理的根据，愈推愈显得荒谬，愈是荒谬愈是显得刻毒，正是因为刻毒，因而这种笑就没有温情，有的只是冷峻。但是这又是一种智者的讽刺，妙在于荒谬中见深刻，在歪理中见真理。他所说的在表层逻辑上，看来是荒谬的，但在事实上又充满了真实性。正是这种歪中有正，谎言中的深刻，不但使人发笑，而且使人深思。而人一旦进入深思的层次，这就决定了讽刺不可能有多少温馨了，也就是说，它的幽默成分相对地说要减少了。总的说来，在滑稽、幽

① 鲁迅：《鲁迅全集》（第3卷），人民文学出版社2005年版，第31—32页。

默、讽刺的笑中，滑稽最缺少情感的共享。滑稽不但缺乏情感，而且缺乏智慧。比如，有一个妇女近来身材发胖，如果你见了她，说她近来胖了，这既不滑稽也不幽默，不会引人发笑，因为这里没有任何荒谬可言。如果你说她近来长“膘”了，可能有人就会笑了。因为你把形容动物的“膘”弄到人身上去了，这有一点荒谬背理。但是这样讲只能是滑稽，因为这位女士不可能和你共享友好情感，也没有任何深刻的智慧。如果你说“啊，你近来发福了”，这不过是比较有礼貌而已，同样没有她与你可以共享的友好的情感。如果你说，“一见你我就想起一个故事，一个古巴女士到加勒比海去游泳，弄得美国操纵间谍卫星的工作人员大为紧张，以为是古巴又造了一艘航空母舰”，这就可能有点幽默了。因为显而易见的夸张把你们带到不带任何伤害性的假定境界，在逻辑空白中遇合的惊奇性就增加了，从而导致情感共享因素增加。情感共享增加则滑稽感减少，而幽默感增强。如果情感性的共享减少，代之以智性的进攻性成分增加，则不仅仅导致滑稽的减少，而且导致讽刺成分的增加。有一个故事说有一次歌德在小道上碰到一个曾经批评过他的批评家，此人十分傲慢，他说：“我是从来不给蠢材让路的。”可歌德却往旁边一退，说：“我则恰恰相反。”这样的说法表面是退步，实质上是针锋相对，反过来把对方说成是蠢材。这样一来讽刺的成分递增了，进攻性增加了，同时很明显的，幽默的共享成分减少了。

可以这样说，滑稽、幽默、讽刺都是某种荒谬的歪理，因其智性、情感、进攻性、共享性的不同成分而分化。智性的成分与滑稽成反比，而与讽刺的成分成正比。在滑稽的歪理中，情感的递增可使幽默的成分递增；反之，情感成分的递减可使幽默的成分递减。在滑稽和幽默的关系中，情感的共享与幽默感成正比，但是情感的共享与讽刺的进攻性成反比。进攻性越强，锋芒越露，越是刻薄，幽默感越弱，但是讽刺性越强。正是出于这样的思考，我不能满足于康德关于笑的经典陈述。从方法论来说，他只限于心理哲学的阐述，缺乏逻辑的实证性。尤其不能使我满意的是，这种定性的阐释，在创作实践中缺乏可操作性。

客：康德的书，号称天书，以其思辨性见长，在可操作性方面，可能柏格森要比康德好一些。不知你意下如何？

主：当然。柏格森与康德有很大不同，不仅仅在文风上，主要在思想上。柏格森从个性心灵被歪曲出发，得出结论说：笑产生于“镶在活的东西上的机械的东西”[①]。也就是说，在活生生的社会，活生生的人身上，他看到了“造作的东西，刻板的东西”[②]，表现出某种“僵硬，它和内在生命不相调和”，就有潜在的滑稽的因素。这实际上也就是所谓不一致

① 柏格森著，徐继曾译：《笑——论滑稽的意义》，中国戏剧出版社1980年版，第30页。
② 柏格森著，徐继曾译：《笑——论滑稽的意义》，中国戏剧出版社1980年版，第27页。

（incongruity）的意思。在柏格森看来，这并不一定和任何一种期待有关，有时，恰恰相反，如果一个演说者的思想丰富，变幻多端，毫无重复，而他的动作“却周期性地重复着，而且毫无变化”，如果“我”“注意到这个动作”，“等待这个动作产生，而它果然在我预期的时刻出现，那我就要不由自主地笑起来”。[①] 在这里，非常有意思的是柏格森强调的和康德的恰恰相反，不是期待的落空而是期待的落实，才引起了笑。

两位大师在基本范畴上打架，至少在几十年中没有引起任何人的注意，这可能是因为他们的权威性把许多自命不凡的理论家吓住了。其实，他们两个人说的都没错，不过各人说对了一半，全面的说法应该是期待的落空和落实相结合。

客： 许多愚蠢的话，如果是普通人说出来的，不免要遭到嘲笑，可是如果是权威说出来的，哪怕是很明显的混话，也会被长期奉为经典。这也并不奇怪，因为世界上，哪怕是真理，也都是相对的，不可能没有一点漏洞，这已经被自然科学史和社会科学史的发展所证明，至于哲学史上例子则更是不胜枚举。因而一部科学史几乎就成了一个经典命题不断被更新的历史。所以有人说，科学每前进一步，都得向亚里士多德开上一刀。但是哲学美学和自然科学不同，由于它缺乏自然科学那种自然纠正错误的实证机制，因而其更正谬误的进度相对要缓慢得多，权威的消极作用要大得多。

主： 对了，就拿背理——预期失落和预期落实这两个命题来说，康德和叔本华在这里明显有点经验论的色彩。而且很显然，他们的经验有一个共同的特点，那就是不完全性。不完全的经验，在理论上只能算是感觉。以今天的理论眼光看来，他们都没有意识到一个很重要的范畴：语境。不能离开语境去研究笑，在不同语境里笑有不同的规律。同样一句话，不仅在游戏性语境中和非游戏的语境中其效果不同，就是同在非游戏语境中，也可能有不同的效果。例如同样一句双关语，在公众场合中讲出来，其中知情者会自然而然地笑起来，而不知情者，则莫名其妙。

这同“期待——失落”，可能有一点关系，也可能一点关系也没有。关键在于在这样的语境中，预期失落和落实都没有多大关系，要害在于只要在众人中有一个人和你的心灵无声地沟通，产生某种共享，就行了，哪怕其他人都是傻瓜都没有关系。

客： 在许多情况下，幽默并不是都能通行无阻的。在缺乏心照不宣的情境中，幽默不但不能沟通心灵，相反还可能伤害情感，这一点，西方不少幽默理论似乎都忽略了。

主： 这个问题很有趣，我们日常生活中这种尴尬经验很多，我想不用多说。我们还是集中在语境的理论问题上做些微观的解剖。

---

① 柏格森著，徐继曾译：《笑——论滑稽的意义》，中国戏剧出版社 1980 年版，第 19 页。

比如在《红楼梦》中，贾宝玉有一次和薛宝钗说话，薛宝钗提议招呼林黛玉一下，贾宝玉以为林黛玉是睡着了，就顺口说了一句“管她呢。”贾宝玉以为林黛玉不会听到。不想被林黛玉听到了，后来当贾宝玉在场，林黛玉和一个小丫头在裁剪衣服，有一块布角被折住了。丫头建议把它拉平，林黛玉就说：“管它呢。”在场的知情者都笑了，而不知情者则毫无感觉。这种知情人中间的典故，在朋友、夫妻之间非常普遍，几乎每一个人都有过这样的经验。这种笑所要求的不是什么期待——失落之类，而是另一个东西，我把它叫作“心照不宣的歧义错位”。概念的意义不一致了，或者说错位了，只有心照不宣的人才能感到，他们的心灵才能无声地沟通，产生共享的微笑。这个条件是属于语境的范畴的。从理论上来说，是由于不同个体经验造成的。前几天我看到一份材料，上面说李富春和蔡畅同志的女儿出生在法国。由于拼音的错误，被命名为李特特，在“文化大革命”期间就被说成是“双料特务”。这在当时一点也不好笑，可是在今天，听起来就觉得特别好笑。这是时间的变迁造成的语境变迁，使不好笑的变成了好笑的。如果我们设想当时有一个外国友人用置身事外的眼光看这件事，他可能也会觉得好笑的。时间、地点、经验都可能构成语境的变幻。辜鸿铭先生有一次在北大做报告，有人问到他对一夫多妻制有什么看法，他是主张一夫多妻制的，他打了一个比方，丈夫好比茶壶，妻子好比茶杯，哪有一个茶壶只配一个茶杯之理。这种话他讲的时候，自己并不感到幽默，而在场的人可能会笑，但并不是因为他幽默，而是因为他愚昧。如果今日有人在什么会场上讲这样的话，由于讲话的人和大家一样心照不宣地认为这是荒谬的，因而可以构成广泛的共享，不可能有人认为他讲这种话是一本正经的，不构成心灵的沟通，所以一齐大笑起来，其性质就都是幽默的。因此幽默的笑在这种情况下，主要取决于语境，幽默语境的特点是心照不宣地共享一个不言自明的前提，这和“期待——失落”并非绝对有关，甚至和柏格森的机械镶嵌也没有多大牵连。笑的层次不但因情感、智慧、进攻、共享的成分的不同而不同，而且也与语境中不言自明的前提有关，不言自明的前提被不同的个体共享有效范围，就是幽默感无声交流的有效范围。只要有一个以上的人，对于同一个概念有了双重的心照不宣的理解，那么笑就可能产生了，幽默就可能在此获得生命。不在此种心照不宣的共享范围之中的人不管多么聪明，都被排斥在幽默感的无声交流语境之外。当阿Q由于讳忌秃，进而讳忌光，讳忌亮，对言及这些字眼的人进行威胁而遭到讥笑时，他本该沿着他的思路贯穿到底，但是他却在强者面前突然转化了思路说：你还不配。在场的人都会笑起来，因为大家都有一个共享的心照不宣的不言而喻的前提，这是阿Q外强中干的表现。但是阿Q并不在这种共享的语境中间，因而他不会共享会心的微笑。

客：我发现你研究问题的方法，有一个特点。

主：或者客气一点，叫作一个习惯吧。

客：那就是总是从很具体的实际感性材料开始，对经典的命题进行无情的检验。

主：不仅如此。我所追求的是再从这些感性材料中抽象出新的命题，得出自己的结论。比如，我从这些感性材料中看到了两位大师的弱点，跟着就想到了一个语境的问题。由于这个问题不是我们今天所能谈得彻底的，所以我暂时不谈下去。今天我着重要谈的，是由此我想到了这两位大师虽然观点并不相同，但是在方法上却属于同一个模式，或者说是不约而同地遵循同一条思路。他们大体是在心理学的基础上来研究笑的，但是他们的思维逻辑却是殊途同归的。他们相当一致地把笑（包括幽默的笑和非幽默的笑）当成一条思路（或一元逻辑）遭到阻碍的结果。康德注意到了一元逻辑的中断和失落，柏格森强调了活生生的内容与机械刻板动作的不和谐。叔本华则说："笑的产生每次都是由于突然发现这客体与概念两者不相吻合。"[①] 这个"不一致"原则至今仍然是西方当代幽默和笑的研究的经典范畴，这个范畴相当深刻，至少在我看来不比康德那个"期待——失落"差，却被我国当代的幽默理论研究忽视了。这个被翻译成"不一致"的基本概念，在西方，不论在喜剧还是幽默研究中几乎是最普通的常识，然而我们许多长期研究幽默理论的学者甚至还没有把这个观念当作一个范畴来研究。尽管如此，这个基本范畴所提示的仍然是一元逻辑的思路。姑且暂时撇开语境的不同引起纷纭复杂的结果不谈，光凭这个一元化的思路阻塞论，也很难为笑提供充分而必要的理由。笑，特别是幽默的笑，不仅仅是由于单一逻辑的不一致（incongruity），期待的落空。落空只是按一条思路、一元逻辑的惯性，暂时讲不通了。这时既可能是谬误，也可能产生苦恼。使这种谬误或者苦恼变成笑的，是一种特别的机遇——那就是突然有另一条思路窜了进来，思路被篡夺的结果，不但没有造成混乱，反而突然发现这另一条思路，也就是另一条逻辑贯通了。原来落空了的期待忽然在新的思路、第二条逻辑上落实了。从心理上来说，就不是落空的茫然，而是一种突如其来的发现（顿悟）带来的欢乐。这时的笑不但是轻松的，而且是带着某种智慧或者比较深切的情感的。这就提高了笑的层次，往往能使笑从滑稽的层次上升到幽默的层次。这种笑在逻辑上的特点是第一重逻辑的失落，第二重逻辑篡位之时，中间有一个焦点。在理性逻辑中是不容许从一条逻辑线索转移到另一条逻辑线索上去的，一条逻辑线索只能一贯到底，如果有两条逻辑，那只能是平行的，否则就可能互相干扰。两条逻辑交错了，逻辑上就不通了。所以西方学者特别强调在一开始概念就要严密，在科学研究中，概念要有严密的定义，目的不过是为

---

① 上海青年幽默俱乐部编：《中外名家论喜剧、幽默与笑》，上海社会科学院出版社 1992 年版，第 53 页。

了防止概念被偷换。但是幽默的二重逻辑，不但没有互相干扰，反而形成了一种特殊的情理交融的效果。这是因为在这二重逻辑交错的时候，它有一个适合于两者的过渡概念，有点双关语的性质。正是这种双关语，使得概念被隐蔽地偷换了。之所以隐蔽，是因为概念的外部形式没有变化，而概念的内涵却被偷换了，原来在一元逻辑中失落的预期，是内涵失落了一贯性，但是在外部形态上还有某种一贯性，就是这外部形式上的一贯性保证了第二重逻辑的自然介入，静悄悄地介入，无声地篡位，这焦点上概念内涵与外延的二重性，成为幽默逻辑错位的核心，在其他任何一个逻辑环节上都不可能默默地进行这样的逻辑转移或者错位。正是由于内涵和外部形态的二重性，才保证了逻辑错位的二重性。幽默逻辑的二重错位违反了一元逻辑规范，这全人类理性思维的心理定式。正是由于定式的被打破，先造成了心理上的失落，几乎是在同时，在另一条逻辑上的是静悄悄的、默默的、突然的贯通。这说明了一个道理：喜剧逻辑，或者笑的逻辑，或者具体说来幽默逻辑与通常的逻辑不同，日常逻辑基本上是一种理性逻辑，是以一元逻辑为特点的逻辑。而笑的逻辑则基本上是一种非理性逻辑，其表现形式甚为纷纭，但是其基本特点则是非一元逻辑，它可以说是一种二重逻辑，或者说是一种复合逻辑，或者准确地说是一种二重错位逻辑，或者形象一点，二重篡位逻辑也可。

客：这非常有意思。姑且不去追究你的这个发现是不是完全经得住学术的考验，就先说为什么这么一个并不太复杂的现象这么多年来，居然被人们忽略了。

主：这也曾经困惑过我自己。我想这可能是因为所有这些西方的大师基本上都是在强大的西方文化传统的支配之下进行思考的。整个西方的学术思潮都是在古希腊的理性主义笼罩之下的。古希腊的学术思维模式被亚里士多德概括在他的逻辑学之中。亚里士多德在逻辑学中讲了许多规范，但归根到底只从属于一条，那就是同一律。所有其他的规范，如不能自相矛盾等，都是具体保证概念不被偷换的。如果偷换了概念，逻辑就必然转移，就肯定要发生混乱，思维就无法进行。所有西方学者从来就是这么思考的，他们不可能想象同时运用两条思路，在二元逻辑中还能思考。但是他们忽略了一点，那就是这种一元化的思维逻辑只是理性思维的逻辑，而人并不是只用一种思维生活的。人类的理性是被大自然逼迫出来的，作为个体的人，其理性思维则是后天教育和训练的结果。在自发的情感领域中，人们的天性是更倾向于非理性思维。对于理性思维的规律，西方人做了卓有成效的研究，有很强大的学术传统，对于非理性思维也有不少的研究成果，例如法国学者列维-布留尔的《原始思维》，并且提出了“前逻辑思维”的观念，还很有见地地归纳出了“互渗律”，这是与同一律相矛盾的规律。但是非常奇怪的是这种研究只局限于人类文化学的领域中。

在笑和幽默的研究中，西方学者仍然沿袭着理性主义的规范，不敢越一元逻辑的雷池一步。因而在方法上他们习惯于沿着心理学的方向前进，但是又没有充分地吸取实验心理学的方法。他们在幽默心理学上成就相当丰厚，但是在幽默逻辑学上成就则比较有限。

客：虽然我还不能说是已经完全领会了你的全部学术内涵，但是我不得不向你提出一点，千万不能轻视了理性逻辑规范，因为科学要发展，人要生活，最起码的就是要遵循同一律，不然的话，人们自由地转移论题，任意地偷换概念，就不讲理了，人们的商务和行政管理，特别是在法律和政策的制定中，尤其是在外交文件中就会发生不可挽回的损失。

主：你说得很是，但是也请不用担心，我们的学校教育几乎每一分每一秒都在对我们的孩子进行理性教育。谁也不会忽略社会科学和自然科学的基本规范，因为藐视这种规范，人类、我们的民族就要受到惩罚，人类的文明文化科学就有遭到毁灭的危险。但是把理性思维的规范不分青红皂白地硬塞给人的情感生活，也可能造成人类情感枯竭、文学艺术的退化，当然幽默的微笑也就很难有存生之处了。一条逻辑贯穿到底，一元化的思路，有科学的发明和理论创造的价值，但是没有情感交流价值，幽默的笑并不是科学，因而没有科学价值，但是它有情感交流的价值。这是两种不同的价值，不能以一种价值去否定另一种价值。对于这一点，弗洛伊德在《笑话及其与潜意识的关系》[①]中做过解释。他说，成年人都有一点厌倦社会所要求的严格思维逻辑的理性道德规范，他们想暂时地从这种紧张中逃脱一下。因而，人们就不是考察实用而是去享受小孩子式的好玩了。

客：不过，我知道，即使弗洛伊德的这些理论也都并不能使你感到满足，因为这还是在心理学的范围中做文章，你的战略目标是在幽默的逻辑特点上，开辟你自己的战场。是不是？

主：不过这种说法不太完善，弗洛伊德的功劳不可小看，因为传统的西方文化都多多少少有点把理性思维绝对化，也就是把理性思维当作人类思维唯一方式的倾向。其实，人类思维多种多样，理性思维只是其中之一，而且是要经过多年培养才能具备的。人们用得最广泛的还是带情绪的思维。也正因为如此，人们才这么重视学校教育。因而纯用心理学的方法来研究幽默问题，不确定的成分还是太多。弗洛伊德提出了超越理性的说法虽然功不可没，但我还是不能满足于他的说法，幽默的笑是一种情感的宣泄，而不是表达理性的，问题在于传达感情并不是幽默的特有功能，抒情诗也同样能传达情感，中外许多幽默理论到了这个骨节眼上都卡了壳。这就迫使我们不得不设法走另外一条路，亦即幽默逻辑学的路。在所有的西方经典中，据我看，叔本华的不一致论（incongruity）最接近幽默逻辑学。

① 弗洛伊德著，张增武、阎广林译：《机智及其与无意识的关系》，上海社会科学院出版社 1989 年版。

叔本华感到了不一致，但是，很可惜，他没有发展下去，没有进一步看到，不是一般的不一致，一般的不一致还只是一个现象，还很模糊，要进一步指出是概念的不一致，才能打中要害。本来逻辑要求一致，集中表现为同一律。为了保证逻辑不至于发生不一致，才不允许概念转移（或者偷换概念），为了不让概念转移（或者偷换）就要防止概念自相矛盾，自己和自己不统一，既是自己又不是自己，发生内涵和外延的漂移，确保二者在思维过程中的高度稳定。于是就有了矛盾律和排中律对同一律的补充。所有这一切都是理性思维的森严规范。叔本华的不一致论还有一个漏洞，就是不一致不一定就是幽默，诡辩和抒情也是概念的不一致，二者的不一致和幽默的不一致根本的不同，就在于诡辩和抒情的不一致并没有逻辑的错位。

诡辩的不一致的特点是在表面上是非常的一致。它的逻辑的一贯性比通常的表述方式要“严密”得多。举一个最著名的例子：庄子和惠施有一次到一座桥上去玩。庄子看到桥下的鱼，就发议论说，这些鱼游得很快活啊。惠子就和他抬杠：“你不是鱼，你怎么知道鱼游得快活不快活呢？”庄子是个很雄辩的人，就接着惠子的话头说：“我不是鱼，自然不知道鱼是否快活，但是你不是我，你怎么知道我不知道鱼是否快活呢？”庄子自以为得计，不料惠子却接着他的逻辑推演下去：“我不是你，自然不知你是否知道鱼是否快活，但是你不是鱼，那就可以肯定你不知道鱼是否快活。”这两个人的辩论最大的特点是互相利用对方的前提。首先是庄子利用惠子的：不是生物本身就不可能感知事情的内在状态，任何根据外部的状态进行的推理都是不可靠的。本来这个前提是不可靠的。但是庄子自以为聪明，不去反驳他的前提，而利用他的前提去推演出一个有利于自己的结论。殊不知接受了对方的前提就上了对方的圈套——承认了不是事物本身就不可能感知事物本身的内在状态。结果被惠子反驳过来，弄得无话可说。其实，惠子这个大前提就是与理性思维不一致的。因为这就否认了任何推理的可能性，而惠子自己就在用推理的手段和庄子辩论，这种推理正是诡辩的特点，其实是一种歪曲的推理。其特点是大前提中隐含着的荒谬和推理过程中表面的“严密”形成对比。这种不一致所表达的是一种智性，其目的是征服对方，压倒对方，而不是与对方共享自己预先在逻辑中空白中留下的感情，所以它不是幽默。

抒情的不一致有两种形式。第一种是概念的不一致，感情越是强烈，越是不确定，越是甜酸苦辣一齐涌上心头，无法用理性的条理加以分析。如果真正有谁把它有条有理地分析得清清楚楚，那么就什么感情也谈不上了。因而在诗歌中往往是概念与表述对象不一致的时候才有诗意，如：把风雨的性质说成是专为摧残年华的，让江河可以载动忧愁，把太阳当成帝王、民主，把月亮当成朋友，把心灵用来点燃火焰等等。如果有谁把风雨当作水蒸气的对流和下降，把月亮就当作地球的卫星，那就可能什么诗意也没有了。第二种是推理过程与逻辑规范的不一致。真正的爱情往往是不讲充足理由的，贾宝玉一见林黛玉就迷上了，硬说是见过的，从理性上说，可以说是活见鬼，可是从情感上说是一见钟情的表现。理性思维不能自相矛盾，《韩非子》上所说的自相矛盾的故事，从理性思维来说是绝对可笑的，但是抒情却可以因为自相矛盾而增加其情感色彩和强度。臧克家的《有的人》中说："有的人死了，他还活着；有的人活着，他已经死了。"正是因为违反了矛盾律，才有诗意。如果把其中省略的逻辑空白补充出来，有的人死了，因为他生前，为人民献身，因而他仍然活在人民心里；有的人虽然活着，但是他与人民为敌，因而他实际上已经死了。这样一来就一点诗意也没有了。抒情还可以以绝对化的形态出现，如白居易在《长恨歌》中所写的："在天愿作比翼鸟，在地愿为连理枝。天长地久有时尽，此恨绵绵无绝期。"转化为哲学的语言就是爱情是不受在天在地这样的空间条件限制的，也不受时间限制的，爱情的生命甚至比宇宙还要更无限。这不但违反辩证法，而且绝对是空想。但是这种对于逻辑思维规律的违反只是给它增加了诗意，并没有给这些诗句增加任何幽默感。这是因为这虽然自相矛盾，但是却一点也没有使一元逻辑断裂，它强烈地刺激着读者自动地用自己的经验把诗人的情感想象出来。这种抒情的逻辑不管是以自相矛盾的形式出现，还是以片面性（亦即非全面性，非对立统一原则）的形式出现，其内容都以强烈极端化为特点。但是不管它多么极端化，它仍然是一条逻辑线索一贯到底的，越是一贯，其情感越是强烈，在它层层推进的过程中，它的逻辑线索不但一直没有转移，而且没有断裂。不存在任何期待失落的问题，因而它总是和谐的、协调的，而不是不和谐的、不协调的，因而不是喜剧性的，不是幽默的。

"近乡情更怯，不敢问来人。"这是自相矛盾的，但只是抒情的，不是幽默的，因为它的逻辑是一贯的，而且情绪是和谐的，所以它是抒情的而不是幽默的。幽默的期待失落是因为原有的逻辑断裂了，这是第一重不和谐；一个概念转移到另一个概念上去，这是第二重不和谐。但是却造成了另一条逻辑的贯通，突然的落空变成意外地落实。这又使不和谐变成了和谐。意外的顿悟是突然的和谐与不和谐的巧合，逗起了惊喜，产生了微笑，即使在互相对峙的情境中，也能在无声中缩短心灵的距离，缓解对抗，使不和谐融入和谐，甚至使愤怒转化为会心的微笑。

客：还是请你从具体的感性开始讲起吧，能不能讲几个故事来阐明这个看来并不简单的道理？

主：这并不难。不论在日常生活中还是在政治生活中都不难看到这样的例子。有一则笑话说，有人问一个演员：“如果你的母亲和你的妻子同时掉进了水里，而你是会游泳的，你先去救谁呢？”答复是：“先去救妻子。”听者大为惊讶，演员解释说，这是因为母亲会游泳。不救母亲的不和谐、不合理一下子变成了很合理、很和谐的事情。这就不是抒情而是幽默了，因为逻辑错位了，潜在的另一条逻辑突然冒了出来。前几年，我在西方报纸上看到一则报道，美国第 40 任总统里根到加拿大访问，一下飞机，就遇到一批加拿大人高呼口号反对他。东道主多少有点难堪。为了减轻东道主的压力，里根很轻松地说：“举着旗帜呼口号反对我，挺平常，我在国内常常遇到。”这样一说，自然缓和了一点紧张的氛围，但是还没有从根本上解决问题。里根接着又说：“说不定这些喊口号的人就是从我国跟过来的，目的就是给我一种‘宾至如归’的感觉。”里根这么一说，双方都轻松地笑了。他在这里用的就是逻辑转移的办法。举旗帜，呼口号，本来的逻辑是表示政治上强烈的反对，这个行动的内涵是很确定的，其意味是人所共知的。这似乎是唯一的思路。但是里根却把这个政治行动的内涵做了二重转化。第一重是把加拿大人转化为美国人，这是第一次偷换概念（不一致），这已经使冲突缓和了不少，但是这还不足以引起微笑。里根所做的第二次偷换概念（不一致）是把喊口号反对他变成了对他亲切友好的表示。由于这样的双重偷换，把第一条似乎山穷水尽的思路变成了另一条柳暗花明的思路。

客：这很有意思。这使我想起了许多西方的幽默故事。比如说一个女演员写信给大作家萧伯纳说：“如果我们能结婚，生下孩子来，相貌像我，才智如你，不是非常理想吗？”萧伯纳回信说：“如果相反，相貌像我，才智如你怎么办呢？”这也是一种思路的突然转移吗？

主：是的。不过这还不是标准的偷换概念。因而还不能说是非常幽默的，这有点接近于讽刺。讽刺与幽默不同，首先在于其进攻性较强，很难引起对方的微笑。其次，其所以进攻性较强，就是因为它的思路不是通过概念的悄悄转移，逻辑非常委婉地从期待的落空过渡到顿悟的落实。因而被攻击者是不可能发出微笑的，攻击者倒可能有一点笑容。这种情况比康德、叔本华、柏格森所设想的要复杂得多。我们暂时把它搁在一边，在日后别的场合去细谈。我们还是集中力量来研究幽默的笑，特别是由于逻辑转移而引起的笑。

客：我看还是谈谈文学吧，文学中的幽默不是更值得我们关注吗？

主：文学比较丰富，情况当然更复杂一些，但是其基本原则是相同的。不过我们举例子时却不能不拣比较简单的，才便于说明问题。我手头正好有一篇契诃夫早年的文章，叫作《我的“她”》。原文大致如下：“我的父母和长官非常肯定地说，她出生比我早。我不知道他们说的是否正确，只知道我的一生中没有哪一天我不属于她，不受她的驾驭。她日夜都不离开我，我也没有打算立即离开她，因此，我们之间的关系是紧密的、牢固的……这种令人感动的关系给我带来的只是不幸。首先，我的‘她’日夜不离开我，不让我干活。她妨碍我读书、写字、散步、尽情地欣赏大自然的美……我写这几行时，她就不断地推我的胳膊，像古代的克莉奥佩屈拉对待安东尼一样，总在诱惑我上床。其次，她像法国的妓女一样毁坏了我。我为她、为她对我的依恋而牺牲了一切：前程、荣誉、舒适。多亏她的关心，我穿的是破旧衣服，住的是旅馆便宜房间，吃的是粗茶淡饭，用的是掺过水的墨水。她吞没了所有的一切，真是贪得无厌！我恨她、鄙视她……我早就该同她离婚了，但是直到现在还没有离掉，这并不是因为莫斯科的律师要收四千卢布的离婚手续费……我们暂时还没有孩子……你想知道她名字吗？请您听着……这个名字富有诗意，与莉利亚、廖利亚和奈利亚相似……她的名字叫作‘懒惰’。”这里顺便指出一点：懒惰，在俄语里和莉利亚、廖利亚和奈利亚是谐音，这就增加了概念转移的隐蔽性。本来契诃夫用尽一切模棱两可的描述把读者的思路往爱情的方向引导，特别是利用了“懒惰”的词性。“懒惰”在俄语中是一个阴性名词，所以其代词用的是阴性的“她”，这就更有利于把爱情的“她”向秉性的“它”悄悄地转移。在同一个概念“她”中，包含着两种内涵，在表层是异性，所以契诃夫用了许多属于女性的描述，如：拉“我”上床，把“她”比作妓女，以及离婚等等。但是在深层却是本身的秉性。本来这两种概念互不相容，但是由于阴性名词的暗示和逻辑推演，使得在逻辑的表层上充满了爱情的属性。但是这种属性虽然强可并不过分，因为所有这个焦点概念都在爱情和自身的懒惰均可包容的内涵之间，没有越出两者的边界，因而不管多么强烈，都没有构成逻辑转移、错位的障碍。占据文章篇幅百分之九十的是爱情的思路，直到最后一句才突然冒出来另一个内涵，贯通了另一条思路。两条思路代表两条逻辑，这两条逻辑如果各自独立的话，就与幽默毫无关系了。然而这两条逻辑线索并没有互相平行，主要原因是其中有一个模棱两可的概念成为它们互相交叉的联结点。这就使得思路从身外的无可奈何的爱人这一条逻辑线索上，过渡到身内的同样也是无可奈何的懒惰上去了。这两者之间的反差是这样强烈，因而在刹那之间，原本埋怨他人，突然变成了对自己的调侃。笑，产生于：第一，反差的强烈，造成不伦不类之感；第二，转化的突然性，思路在来不及发生混乱之际，就享受到一种新的发现的快感了。

客：你的说法很不错，但是弄到最后，你自己不是又回到幽默的心理机制上来了吗？

主：是的，我的方法主要是在逻辑学方面。但是我的主要努力还是在幽默的操作学问上。正是因为这样，我才特别强调了焦点概念这一范畴的重要性。应该提醒你注意的是幽默逻辑从一个方面来说是不合一元逻辑的，但是不等于它就没有逻辑，相反，它不但不是没有逻辑，而且是很有逻辑的，不但很有逻辑，而且其逻辑还是很严密的。它的严密性是错位模式上的严密性。从某种意义上来说，它的形式或者模式的严密性甚至超过了它的内容。有时不管内容多么荒谬，形式或者模式都十分契合，或者反过来说，只要模式上十分契合，不怕内容上有多背离，也能构成高尚的幽默趣味。有一个阿凡提的故事，说是一个脚夫在一家客店吃了一只鸡，后来主人要他百倍地偿还，理由是鸡能生蛋，蛋又能变鸡。如果要讲正理，用雄辩的办法那是很容易的。但如果要幽默，就得用焦点概念或者模式契合的办法。阿凡提就是这样做的，他自告奋勇替脚夫打官司。到了那天，阿凡提故意迟到。法官追问原因，他说，我明天就要种麦子了，我的麦子还没有炒呢。法官骂他疯了，他说，既然炒熟的麦子不能种，难道吞下肚子的鸡还能下蛋吗？这里阿凡提的胜利在于他运用了幽默的逻辑过渡模式。这种模式是从焦点概念中派生出来的。不过焦点概念是可以通向两个方向的十字交叉的一个点，而阿凡提用的模式也是一个过渡，但是不仅仅是一个点，而且是一个推理的模式。对这个模式和那个概念的严密程度的讲究是同样的，关键在于两者都是契合在一个概念上，那就是烧熟和炒熟，如果不落实在同一个“熟”字上，幽默的效果就可能大不一样。对于一个幽默作家或者幽默演员来说，问题不在于多么迫切希望自己成为幽默大师，而是在于如何巧妙地运用二重错位逻辑，尤其是在二重错位逻辑中如何使得焦点概念和模式，驾驭两条逻辑线索，静悄悄地将一条逻辑线索隐去，将另一条逻辑线索突然不动声色地显现出来。在这里，我请你特别注意一个现象，那就是，这二重错位逻辑并不是在同一个平面上的，实际上在一开始第一条逻辑线索是处在表层，或者说得文雅一点，在显性位置上。在渡过焦点或者模式以后，这处在显性位置上的逻辑线索突然失落了，变成了隐性的；而原来处于隐性的逻辑线索却变成了显性的。这在契诃夫的《我的“她”》中表现得再明显不过了。起初女性的恋爱对象是显性的，懒惰是隐性的；到了后来懒惰成了显性的，而女性却成了隐性的。对于幽默艺术家来说，他的雄心如果离开了焦点的过渡和显性与隐性的驾驭，那他就可能一事无成。

客：我在你的《你会幽默吗》中看到有一个定理，“幽默与荒谬成正比”，你如何解释这样的现象？

主：应该说当时的那个说法还不够完全，现在看来漏洞很大。正确的说法是幽默与逻辑的错位幅度和模式或者焦点的契合的严密度成正比，对于一般作家来说，在一条逻辑线上导致荒谬，让逻辑离开本来一元化的思路并不太难，严峻的考验是在错位之后，又让二重逻辑的模式在某一个点或者推理模式上严密地巧合起来。关键在于一个交叉点上自然而然地联系两条线，在不知不觉之中让两条线沉浮、显隐。

客：这种过渡是不是越隐蔽越好呢？

主：当然。因为逻辑的过渡不能是公开的，公开的就粗糙了，而幽默的根本要求是情感的精致。没有隐蔽的过渡，读者的失落自然仍然会产生，但是发现却不可能是突然的自我顿悟，因而也就不可能享受心照不宣的心灵沟通之乐，更不能产生会心的微笑。有一部意大利喜剧叫作《意大利草帽》，说的是有一顶草帽被马吃了，只有巴黎才能买到同样的草帽，人们就不惜代价去弄，每当快要到手时，草帽总是不翼而飞，主角、配角都失败了，后来却在客人的礼物中发现了一顶相同的草帽，总算解决了问题。这个结尾得力于草帽的巧合，这也可以说是一个模式的产物。不过这个模式不是语言而是一个道具，正是这个道具化的模式带动了情节的发展。但是在我看来，这个模式还可以吹毛求疵一下。如果这个草帽就是原来的那一顶，戏剧效果可能更好一点。因为这样模式的巧合性更强，严密度更大，失落和顿悟的反差更鲜明。说到这里，我想起了契诃夫的一则短篇小说，叫作《艺术品》（或译为《艺术精品》），和这相类似，其情节核心也是一个道具——青铜的裸女花瓶。一个卖古董的老太太为了感谢一个医生给自己的独生子治好了一种疑难的病症，就把一个当作传家宝的裸女花瓶送给了他，但是医生考虑到自己的母亲和妹妹看了不太方便，就把它送给了自己的朋友，一个律师。这个律师也感到放在客厅里有伤风化，又送给了一个演喜剧的朋友。这位演员也不敢放在大庭广众之间，就去卖给了古董店，而这个店的店主恰恰就是那个老太太。她就想这正好和已经送给医生的那个凑成一对，她让儿子把这个青铜裸女花瓶送给医生。当孩子欢天喜地地把花瓶放在医生桌子上的时候，医生却什么话都说不出来了。

客：这个构思似乎比之《意大利草帽》更精彩一些，这是为什么呢？

主：我想，这是因为这两条逻辑线索的焦点，或者说是模式互相吻合的精确度要稍微大一点。这不仅是巧合，而且是重合。可以说有这么一个规律，模式的重合胜于巧合。所以在幽默的各种表现形式中有这么一种，叫作歪打正着，起初是越打越歪，可是由于模式的巧合或者重合，最后变成越歪越正。

客：对于一个幽默作家来说，在你看来，最重要的事不是懂得幽默的二重错位原理，而是驾驭它，这有个如何操作的关键。你认为这个关键是什么呢？

主：我想，在于把两条本来并不相交的逻辑，弄到一起来，不但使它们相交，而且使它们在非常精确的模式或者焦点概念上相交。这就是说，最关键的是找到一个交错的模式。为了说得更清楚些，请容许我再举一个简明的例子。西方有一个幽默故事，说一个总统觉得他的演说特别重要，要求电视台把他的演说安排在精彩节目之间。讲完之后，他问有关人士，听众对他的演说有何反应。有关人士说：听众非常满意，人们说，如果没有总统的演说，大家就都没有机会上厕所了。这里的“非常满意”就是两条思路的交叉点，其妙处在于它是完全重合的。

二、论幽默逻辑[①]

（一）在逻辑空白中的落空和落实

康德在《判断力批判》中说过一句在西方美学史上相当经典的话：“在一切引起活泼的撼人的大笑里必须有某种荒谬悖理的东西存在着（对于这些东西自身，悟性是不会有任何愉快的）。笑是一种从紧张的期待突然转化为虚无的感情。”这一句话，在另外一些译本上被译成“笑产生于紧张的期待的落空而造成的感情爆发”。这下面还有一句：“正是这一对于悟性绝不愉快的转化却间接地在一瞬间极活跃地引起欢快之感。”[②]康德的这个定义影响甚大，许多西方幽默理论家都是在康德这个理论的基础上，进一步发展了笑的理论的。例如，一些理论家把笑定义为“荒谬的意义”（sense in nonsense）：“我们一时认为有理性的东西，顷刻之间就成了废话。”里普斯这一关于笑的理论实际上是在康德理论的悖理导致失落的基础上发展起来的。不过他补充了一点，失落以后还有某种意义，但是他最后还是没有脱出康德的窠臼，他非常强调最后的结果还是“毫无意义”的“乌有”。他说，在喜剧性的双关语中，“荒谬的单词先欺骗了我们，然后才告诉我们其真正的含义，正是这第二级启蒙，即最后一切都归结到一个在通常概念中毫无意义的词——这种到乌有的还原的过程，才产生了喜剧效果”。[③]康德对于笑的定义带着西方古典美学常有的心理哲学色彩，其核心是由于期待的落空（或者译为“虚无”）而突然造成的意外的惊奇。康德指出的期待的落空是由于荒谬，也就是由于不合乎惯常的理性（或智性），如果合乎智性或者常理，期待就不会落空了，也就不会使人笑了。例如，俗语说的“伍子胥过昭关，一夜愁白头”，并不能使我们发笑。

康德理论的核心，表面上可以概括为一个公式：悖理——落空。其实这还不完全。在这背后还有一个假定的原则，也就是西方人经常强调的游戏的原则。如果不是假定的游戏，

① 原载《文艺理论研究》1998年第5期，转载于《新华文摘》1999年第1期。

② 康德著，宗白华译：《判断力批判》，商务印书馆1987年版，第180页。

③ 弗洛伊德著，张增武、阎广林译：《机智及其与无意识的关系》，上海社会科学院出版社1989年版，第4—5页。为了不把问题弄得过分烦琐，我在这篇论文中不再过多地为西方学者非经典的文献加脚注。

那么不是错误就是欺骗。因此康德在括弧里说："被欺骗的期待怎能享乐？"而纯粹的错误只能造成"自己比这个无知的人更聪明些"的感觉。[①]康德这个定义的深刻之处，就在于他准确地抓住了心理期待的紧张变为突然的落空这一现象。这比之后来的柏格森的笑产生于"机械镶嵌"的理论涵盖要广泛得多。但是他留下的问题也不少。首先他实际上并没有分清几个基本范畴：第一，游戏性的笑与非游戏性的笑；第二，笑与非笑；第三，滑稽的笑与幽默的笑；第四，讽刺的笑与幽默的笑和滑稽的笑；第五，笑与语境。

这五者之间究竟有什么根本的区别或者联系，应该成为我们所关注的焦点。

在柏格森的笑论中，有这样的例子：一个人在演说，很起劲，可是忽然打了一个喷嚏；一个中学生走向黑板，突然停了下来，说是鞋子里有一个小石子，等。[②]这些都可能引起期待落空的笑。然而这里仅仅是可能，必须有一个条件，才能把可能转化为现实，那就是伤害不是很重。如果这个人身体受到严重的伤害，例如，演讲的人因有肺癌而咳血，中学生因为小石子而造成终生跛足，后果越是严重，越是难以笑得起来。因为幽默的笑必须是善意的，伤害太严重，就不可能是善意的了。一个最基本的区别就是游戏性与非游戏性。游戏性的，哪怕是再严重的，人头落地，天崩地裂，也不要紧，也笑得起来，因为游戏是假定的。如果不是游戏性的，同样是期待的落空，哪怕是稍稍严重的一点损害，都不但不可能引起人的紧张情绪的放松，相反，倒是可能引起人的情绪的更加紧张，不但笑不起来，在某些人那里，哭起来的可能倒是更大。

康德在行文上并不十分严格区分游戏性与非游戏性的笑，但在实际行文中，他论述的重点却是非游戏性的。例如，他举过一个例子：一个印度人在苏拉泰（印度地名）一个英国人的筵席上看见一个坛子打开时，啤酒化为泡沫喷出，等英国人问他有何可惊奇之时，他指着酒坛说："我并不是惊讶那些泡沫是怎样出来的，而是惊讶它们是怎样进去的。"如果这个例子还不够清楚，下面的一个就比较清楚了：一位接受了富亲戚遗产的人，想替富亲戚的出丧大大庄严一下，而抱怨来送丧的人未能做到。他说："我给送丧的人钱，要他们哭丧着脸，不料给钱越多，他们表现得越高兴。"[③]这可能是因为他研究的只是笑而已，因而没有特别注意到假定性的游戏和现实生活中的意外之间的重大区别。

---

① 康德著，宗白华译：《判断力批判》，商务印书馆 1987 年版，第 180 页。

② 参见柏格森著，徐继曾译：《笑——论滑稽的意义》，中国戏剧出版社 1980 年版，第 31 页。

③ 康德著，宗白华译：《判断力批判》，商务印书馆 1987 年版，第 180 页。在同一页上，康德还举了两个例子互相对比。一个是有人说自己在一夜之中因忧愁而白了头发，这只能引起人们的不快。而如果一个"恶作剧者"说一个商人从印度携带他的全都商品返回欧洲，在海洋里遇到大风暴，眼看他的全部商品不得不被一一投到海里去，他这样气愤忧急，以致当天晚上，他的假发变成灰色。这样，听者就会哄堂大笑。不过，康德并未由"恶作剧"引申到游戏语境中去，而是仍然拘泥于"期待的落空"。

今天，当我们拿它来研究幽默的笑时，就不能不更加感到其局限了。事实上，问题的关键不完全在于期待的落空，而在于为什么期待会落空，这是其一；其二，大量的笑，并不仅仅产生于期待的落空，而是产生于逻辑落空之瞬间想象的填充。在这方面，西方的笑和幽默理论家都感觉到了，他们往往能用感性语言加以表达。例如，费舍说："机智必须发掘某种藏而不露的东西。"里普斯说："（机智）用经不起严格的逻辑或普通的思想方式和表达方式检验自己。最好这样说，它并不说出自己要说的东西。"[①]其实，他们所说的都是某种现象和感觉，学术的界定并不严密，因为绝大多数不讲出来的意思别人是无法了解的，只有把逻辑推理的所有条件都准备好了，仅仅留下一个狭窄的逻辑断层，使之成为一个不言而喻的空白，让听者自己去推断出来，这就可能产生会心的笑了。这里的关键不在于不讲出来，而在于给足逻辑的提示，把听者逼到预先设定的、狭窄的逻辑小道上去，让对方和你在那逻辑的空白或者断层中无声地会合，即使是你对他的调侃、揶揄。因为是他自己在推演中领悟的，他的思绪也会在与你无声的会合之中感到愉快，笑就是这样自然而然地发出来的。

中央电视台有一个喜剧小品表现夫妻吵架，妻子说："嫁给你这样的人还不如嫁给鬼。"丈夫回答说："你放心，婚姻法上规定，近亲不得通婚。"观众立即哈哈大笑。因为，对正常的理性的回答的期待是落空了，而"近亲不得通婚"的因果逻辑中留下了一个空白：妻子是鬼的近亲，也就是妻子本身就有鬼的血统的意思。这种笑，与其说是产生于期待的失落，不如说是产生于在逻辑空白或者断层中的会合和顿悟，准确地说应该是失落与顿悟的统一、落空与落实的统一。

许多期待的落空还产生于歪曲的因果。歪曲的因果自然是不成其为因果，对于习惯于正常因果的人们来说，会造成失落之感；但是如果光是歪而无理，只是一种荒谬，并不能引起笑。无理是一种失落，歪得有理，又不完全有理，造成一种顿悟，把这二者结合起来，才能在心理上产生刹那的荒谬和机智的张力，在心理上构成必要的冲击，造成不平衡之后，又突然给以启示。启示，就是提供逻辑的暗示，但并不给出结论，结论只留在逻辑空白中。当对方的想象和你在这空白中会合时，会心的微笑才能由此而生。正是在这个意义上，人们说，笑是心灵最短的距离，当你和对方在逻辑空白中会合时，你们的心理对抗，也会因为在逻辑空白中的会合而缩短，甚至消失。

我国相声艺人总结的一条经验，叫作"理儿不歪，笑不来"。这只说对了一半，道理歪了，还不一定引起笑，歪理还得在逻辑空白中有"理"，才能逗人发笑，俗语叫作歪打正

① 见弗洛伊德著，张增武、阎广林译：《机智及其与无意识的关系》，上海社会科学院出版社1989年版，第6页。

着。这有点像我国古典诗话中说的“无理而妙”（吴乔《围炉诗话》），不过属于不同范畴。诗的无理是抒情性的，以极端化为一般特点，一般也不存在逻辑空白。[①]而幽默的歪理，用我的话来说，叫作歪理歪推。二者的共同点在于：有理与无理之间。

幽默逻辑可以从两方面来说：一是在表层概念上，也就是在字眼上，很有理的样子，可在内在的逻辑空白中，又明显地违反了理性逻辑的正常规律；二是在理性逻辑空白中，虽然不合“理”，但是在情感上又有心领神会的合情。1990 年世界围棋大赛，聂卫平和台湾的林海峰进入了决赛。双方满怀信心，都要拿到冠军。台湾记者问聂卫平：“前两次林海峰虽然战胜了你，但是决赛还是输给了一个韩国人，只拿到亚军。林海峰拿过两次亚军了，这次下决心要拿冠军，对这个问题，你有什么看法？”聂卫平说道：“前两次输给了林海峰先生是存款，这次则不同，要取款了。中国有句古话，叫作事不过三，林海峰先生如果这次再拿一次亚军，（也就是，一共三次亚军）以后就一定能拿到冠军。”在逻辑空白中的暗示就是，这次的冠军要由聂卫平来拿，台湾记者心领神会地笑了。

聂卫平所提出的自己必然会拿到冠军的理由，按正常的逻辑思维不合逻辑，以存款和取款、事不过三来类推林海峰此番只能得亚军，实际上没有道理。在通常的逻辑思维中，运用类比推理作为论证的主要根据，是一种错误（当然在诗歌中是另外一回事，在《诗经》中比兴思维是一种很重要的方法）。但是聂卫平所讲的理如果完全是胡说八道、彻头彻尾的歪理，台湾记者是不会笑的。它在表面文字上，在孤立的概念上，在逻辑表层上，又似乎合乎逻辑（例如事不过三，拿三次亚军以后，就不会只拿亚军了），但是却明显违背事不过三的原意（对消极的事情容忍的极限不能超过三次）。表面上的逻辑合理性和内在的逻辑不合理性相结合，就构成了一种牵强附会的因果逻辑的“错位”，形成了形式和内容、理性和情感之间的张力，在理性逻辑上，造成了不和谐感；可是从情感上来说却淡化了矛盾，构成了和谐之感。和谐与不和谐的交织，作用于双方的心理，形成一种既是意外、又能意会的双重复合之感，这才是笑产生的根本原因。正因为这样，才是幽默的。

康德所说的悖理之所以失落，就是因为它违背了通常的理性思维逻辑。理性逻辑是人类千百年来形成的心理定式，一切的思维都沿着这条轨道自动进行。一旦脱离了这条逻辑轨道，思维就有一种突然出轨的感觉——这就是康德所说的失落。但是光有这样的失落并不一定能笑，即使是在某种场合中笑了，最多不过是滑稽的笑，还不能构成幽默的笑。聂卫平越出了什么常规呢？主要是概念的同一性规律。他犯了偷换概念的错误。聂卫平把事

① 关于这一点，可参阅孙绍振：《审美价值结构与情感逻辑》，华中师范大学出版社 2000 年版，第 129 页。《论审美价值结构及其升值和贬值运动》：“情感有一种极端化的倾向，它以绝对化为能事，不讲一分为二，不讲全面性”的有关论述。（1999 年）

不过三容忍的有限性概念，临时偷换成达到三次决赛的失败意味着第四次冠军的稳稳获得；又把自由的存款和取款与不能自由决定的棋赛胜负类比起来，就把此番对于对方失败的推测，变成了自己胜利的预言。这不是必然的，做这样的推断是不合逻辑的，但是由于留在逻辑空白中，对方自然地被引诱到其间，与其意向会合，很有利于情感的沟通，从而无声的意会淡化了矛盾和对抗。这里的笑，就不是滑稽的笑，而是充满了智慧修养的笑，消解了对抗的排他性，使尊重对手高雅的感情占了上风。这样的笑就升华为幽默了。

康德有关笑的说法，不能把高层次的沟通情感的幽默的笑和低层次的滑稽的笑分别开来，是一个很大的局限。日本人把英语的幽默（humour）译成“有情滑稽”是有一点道理的。正因为有情，所以对抗的性质和程度都发生了变化，不和谐也转化为和谐。聂卫平和林海峰之间本可能有针锋相对的冲突，但是聂卫平用他的幽默感淡化了胜败互相排斥、不能共享的竞争性，强化了友好情感的心领神会。如果没有留在逻辑空白中的情感的无声共享，便没有幽默的、会心的微笑可言了。

（二）幽默、讽刺和滑稽互相消长的反比定律

有时候，出于形势的需要，人们并不一定要钝化、弱化进攻的锋芒，而是要坚持自己的立场，但是又不想让情绪形成直接对抗，这时就得在逻辑空白中留下比之幽默更带进攻性的意味，其特点是强烈的智性对抗多于情感的意会，在逻辑空白中把机智的暗示和进攻性结合起来，这就是讽刺。里普斯称之为“挑衅性幽默”或者“讽刺性幽默”。

从主观立场上看，这种幽默意味着主体和对象的对立。也正是从这个意义上，日本的鹤见佑辅说：“幽默和冷嘲（cynic）只隔一张纸。”冷嘲的笑，没有沟通的温暖，由于其进攻性甚强，在很大程度上有一点冷峻的意味。这在鲁迅的杂文和钱锺书的散文中屡见不鲜，尤其在他们使用反语的时候。鲁迅在《论辩的魂灵》中这样说：“你说甲生疮。甲是中国人，你就是说中国人生疮了。既然中国人生疮，你是中国人，就是你也生疮了。你既然也生疮，你就和甲一样。而你只说甲生疮，则竟无自知之明，你的话还有什么价值？倘你没有生疮，是说诳也。卖国贼是说诳的，所以你是卖国贼。我骂卖国贼，所以我是爱国者，爱国者的话是最有价值的，所以我的话是不错的，我的话既然不错，你就是卖国贼无疑了！”[①] 这段话用的完全是荒谬逻辑，可以说根本不通。从形式上看，只有很软弱的外部逻辑上的擦边性的粘连，根本不能构成推理。但是从内容上看，则明显是反语，是对某些不讲逻辑（充足理由律）的论敌的讽刺。这也可能引起读者会心的笑，但是在作者那里，这

① 鲁迅：《鲁迅全集》（第三卷），人民文学出版社 2005 年版，第 31—32 页。

种笑带着更多的进攻性。它和幽默的笑在逻辑空白中带着温暖的情致、会心的沟通是很不相同的。这种笑有时不但冷，而且可能很毒。

在钱锺书的散文中时常有些更刻毒的讽刺，很值得提一提。他在《谈教训》中说："有一种人的理财学不过是借债不还，所以有一种人的道学，只是教训旁人，并非自己有什么道德……真正的善人，有施无受，只许他教训人，从不肯受人教训，这就是所谓'自我牺牲精神'。"由此他进一步推出了这样的结论："假道学比真道学更为难能可贵。自己有了道德而来教训他人，那有什么稀奇；没有道德也能以道德教训人，这才见得真本领。有学问能教书，不过见得有学问；没有学问而偏能教书，好比无本钱的生意，那就是艺术了。并且真道学家来提倡道德，只像店家来替自己存货登广告，不免自我标榜；绝无道德的人来讲道学，方见得大公无我，乐道人善，愈证明道德的伟大。"①

钱锺书先生讽刺的特点是智性锋芒淹没了幽默情感的交流。日本作家鹤见佑辅认为："幽默既然是诉于我们的理念的可笑味，则在可笑味所由来之处，必有理由在。那是大抵从'理性的倒错感'而生的。"②鹤见佑辅可能没有注意到过多的理性会将幽默转化为讽刺。钱锺书的讽刺性幽默的特点正是鹤见佑辅所说的"理性的倒错"，以雄辩的姿态做明明是诡辩的文章，表面上振振有词、左右逢源，实际上，全用类比推理，正推和反推并用。但是，由于类比本身只能涉及事物的一个点，最多一个侧面，不可能全面，很容易带上主观随意性，所以这种推理本身并不能成为充足的理由，不能作为推理的主要手段；更何况，钱锺书上述的类比推理更带牵强附会的特点（把理财和教学，把宣传道德和做商业广告混为一谈，在逻辑上属于无类比附），把个别的、孤立的事实作为全面的推理的充分而必要的论据，以虚弱的大前提来得出毫无保留的结论，越推，根据和结论之间的反差越大，越显得荒谬，越是荒谬，越显得刻毒。正是因为刻毒，这种笑就没有温情，有的只是冷峻。但是这又有一种智者的深刻，妙在荒谬中见深邃，歪理中见真理；在表层逻辑上荒谬，而留在逻辑空白中的是深刻的洞察。正是因为歪中有正，荒谬中有真理，才不但使人发笑，而且使人深思。这就决定了讽刺性越强，温馨的情感沟通越弱，幽默成分随之减弱。

在幽默中，共享的情感减弱，有两种可能的结果：一是讽刺的成分增加（如果智性递增）；二是滑稽的成分增加（如果智性递减）。

在滑稽、幽默、讽刺的笑中，滑稽最缺少情感的共享。滑稽不但缺乏情感，而且缺乏智性的深邃。比如，有一个妇女近来身材发胖，如果你见了她，说她近来胖了，这既不滑

---

① 钱锺书：《写在人生边上·谈教训》，生活·读书·新知三联书店2011年版，第32—33页。

② 鹤见佑辅：《思想·山水·人物》，见《鲁迅译文全集》（第3卷），福建教育出版社2008年版，第226页。

稽也不幽默，不会引人发笑，因为这里不但没有逻辑空白，而且没有任何荒谬可言。如果你说她近来长“膘”了，可能有人就会笑了。因为你把形容动物的“膘”弄到人身上去了，这在逻辑上有一点荒谬悖理。但是这样讲只能是滑稽，不可能是讽刺或者幽默，因为有一点侮辱人的意味；不但没有智慧，而且也没有任何友好的情感可言，在你所留下的逻辑空白中，这位女士既不能和你共享友好的情感，又不能欣赏你的机智，这只能停留在滑稽的层次上。如果你说：“啊，你近来发福了。”这不过是比较有礼貌而已，这在正常逻辑之中，她不可能有什么意外的失落和顿悟。如果你说：“一见你我就想起一个故事，一个古巴女士到加勒比海去游泳，弄得美国操纵间谍卫星的工作人员大为紧张，以为是古巴又造了一艘航空母舰。”这就可能有点幽默了。因为显而易见的夸张不但并不带任何侮辱性，而且把这位女士带到了一个不带任何伤害性假定的游戏的境界，这就便于她和你在逻辑空白中遇合，在惊异中产生沟通感、共享感了。情感交流因素增加，则意味着滑稽感减少，而幽默感增强。

如果情感性的共享减少，代之以智性的进攻性成分增加，则不仅仅导致滑稽的减少，而且导致讽刺成分的增加。有一个故事说，有一次歌德在小道上碰到一个曾经批评过他的批评家。此人十分傲慢，他说：“我是从来不给蠢材让路的。”可歌德却往旁边一退，说：“我则恰恰相反。”这样的说法，表面是退步，实质上在逻辑空白中是针锋相对，反过来把对方说成是蠢材。这样一来，智性强化了，进攻性增加了，讽刺的成分递增了，但是幽默的共享成分减少了。正是因为这样，梅瑞狄斯说：“如果你觉察到可笑的，而你的心却因此冷了下去，你就是落入了讽刺的手掌。”“讽刺家是一个道德的代理人，往往是一个社会清道夫，在发泄胸中的不平之气。”[①]梅瑞狄斯说的是一般理论，可是看起来却像是给钱锺书先生做风格的描述，尤其是当我们看到他说“讽刺的笑是一种冷箭或者当头棒”的时候。鹤见佑辅说：“使幽默不堕于冷嘲，那最大的因子，是在纯真的同情罢。”[②]在钱锺书先生的散文中，是绝对看不到他对被讽刺对象的同情的。他的讽刺为我们的理论研究提供了典型的样本。

可以这样说，滑稽、幽默、讽刺的表层逻辑都是某种荒谬的歪理，而在深层空白中，因其智性（歪中有理）、情感、进攻性、共享性的互相消长而分化。智性的成分与滑稽成反比，而与讽刺的程度成正比。在滑稽的歪理中，情感的递增可使幽默的成分递增；反之，

---

① 梅瑞狄斯：《喜剧的观念及喜剧精神的效用》。转引自伍蠡甫主编：《西方文论选》（下卷），上海译文出版社 1979 年版，第 84—85 页。

② 鹤见佑辅：《思想·山水·人物》，见《鲁迅译文全集》（第 3 卷），福建教育出版社 2008 年版，第 227 页。

情感成分的递减可使幽默的成分递减。在讽刺和幽默的关系中，情感的共享与幽默感成正比，但是情感的共享与讽刺的进攻性成反比。进攻性越强，锋芒越露，越是刻薄，情感共享越是淡薄，幽默感越弱，但是讽刺性越强。

当然，智性最为深刻的可能算是荒诞了，到了荒诞中，已经容不得情感的成分，当然没有心灵沟通的愉悦，最突出的只能是从智性上看到的残酷。这时如果有笑，也只能是无可奈何的笑，甚至是毛骨悚然的笑。桑塔耶纳在《美感》中说："如果我们打算理解荒谬之事的意义，我们就应当不再发笑，而应当开始感到苦恼了。我们对人们的同情愈少，我们对他们的愚行的欣赏就愈细致：讽刺的乐趣非常近似残酷无情。"[①]但是，在这样的残酷无情的所谓"讽刺"中，其荒谬性中却包含着幽默所不能容纳的深刻的理性。这就是为什么在20世纪中后期会产生黑色幽默和荒谬戏剧以及怪诞（畸形）雕塑的原因。

（三）概念的心照不宣的歧义和"错位"

康德的《判断力批判》以其演绎的自洽性见长，但是纯粹的演绎法，给他的理论带来了一些致命的弱点。弗洛伊德提出，笑不仅产生于失落，而且产生于"混乱之后的明了"[②]。但是这个"明了"来自何方？在西方幽默理论界至今还没有得到很好的回答。在行文的可读性方面，可能柏格森要比康德好一些。柏格森与康德的不同，不仅仅在文风上而且在思想上。柏格森从个性心灵被歪曲出发，得出结论说，笑是产生于"镶在活的东西上的机械的东西"[③]。也就是说，在活生生的社会生活中、活生生的人身上，他看到了"造作的东西，刻板的东西"。表现出某种"僵硬，它和内在生命不相调和"[④]，就有潜在的滑稽的因素。这实际上也就是西方幽默学中最基本的范畴：不一致（incongruity，又译作：乖讹）。

在柏格森看来，这并不一定和任何一种期待失落有关，有时恰恰相反，如果一个演说者的思想丰富，变幻多端，内容毫无重复，而他的动作"却周期性地重复着，而且毫无变化"，如果"我""注意到这个动作"，"等待这个动作产生，而它果然在我预期的时刻出现，那我就要不由自主地笑起来"。[⑤]非常有意思的是，柏格森强调的和康德恰恰相反，不是期待的落空，而是期待的落实才引起了笑。两位大师在基本范畴上打架，至少在几十年中没有引起任何人的注意。这可能是因为他们的权威性把许多自命不凡的理论家吓住了。其实，

① 乔治·桑塔耶纳著，缪灵珠译：《美感》，中国社会科学出版社1982年版，第173页。

② 弗洛伊德著，张增武、阎广林译：《机智及其与无意识的关系》，上海社会科学院出版社1989年版，第6页。

③ 柏格森著，徐继曾译：《笑——论滑稽的意义》，中国戏剧出版社1980年版，第30页。

④ 柏格森著，徐继曾译：《笑——论滑稽的意义》，中国戏剧出版社1980年版，第27页。

⑤ 柏格森著，徐继曾译：《笑——论滑稽的意义》，中国戏剧出版社1980年版，第19页。

他们两个人说的都没错，不过各说对了一半。

全面的说法应该是笑产生于期待的落空和意外的落实的猝然遇合。对于康德的“预期——失落”和柏格森的“预期——落实”这两个命题来说，康德和柏格森在这里多多少少有一点经验论的色彩。很显然，他们的经验有一个共同的特点，那就是不完全性。以今天的理论眼光看来，他们都没有意识到一个很重要的范畴：语境。[①] 其实也就是心照不宣的逻辑空白，只有心照不宣地进入逻辑空白的人才能进入幽默的语境，进入幽默语境的人才能会心而笑。在不同语境里，笑有不同的规律。同样一句话，不仅在游戏性语境中和非游戏性语境中其效果不同，就是同在一种语境中，也能导致二者的转化，从而产生不同的效果。

在任何语言交流中，都少不了不言而喻的共识。人的语言符号并不是客观和主观对象的对应物，而是唤醒经验的一种信号。二者之间首先是不等量的；其次在性质上也并不是完全对等的。任何语言都不可能把全部信息在现场做完全的传达。人类社会积累了一系列现成的文化的和心理的复杂共识，一定的语境就由这些不言而喻的、前提性的、无声的成分构成，这就可以使信息交流简化。这种前提性的空白是一种文化心理的空白，在某种意义上是一个民族、一个阶层、一个社区、一个方言区乃至一种职业所共享的。不同民族、不同文化背景、不同社会阶层、不同职业、不同性别甚至不同经验的人有不同的前提，这种文化心理前提不但是集体的，而且是持久的，是为社会所认同的。这就是构成语境的最基础的成分。但是在这个基础上，具体的对话者，又可以因特殊的条件协同构成暂时的、个别的逻辑空白。这就是共同语境在不同条件下分化为不同的个别语境。同样一句双关语，在公众场合中讲出来，其中知情者（也就是处于语境——逻辑空白中的）会自然而然地笑起来，而不知情者则莫名其妙。这说明期待——失落，要受到语境的决定性影响，只有在同一语境中的人，才能共享心照不宣的无声的逻辑空白，构成预期和失落的心理前提。人们只有在共享的逻辑空白中，才能无声地构成某种沟通，在逻辑空白的语境以外，对于隽永的幽默，只能像傻瓜一样瞪眼睛。

所谓语境不是一个交谈空间的概念，也不仅仅是一个现成的、心理的、历史的、文化环境的概念，而且是对话者现场即兴地创造着的逻辑空白的共享关系。在同一个交谈环境中可以有一个或者几个幽默语境，也可能一个幽默语境也没有。在语境之中的人和语境之外的人所理解的同一个词，肯定会不同，或者叫作语境所造成的“错位”的语义。

鲁迅曾经引用过克尔凯郭尔的一则寓言：剧场失火，丑角惊恐地跑到前台告诉观众，

---

① 虽然柏格森在理论上还强调过“笑总是一群人的笑”，但在具体分析“机械镶嵌”的事例时，他又忽略了。

观众以为是演戏，报之以掌声。小丑说是真的着火了，观众以为小丑演得非常逼真，笑声更大了，掌声更响了。这种误解的产生，就是因为观众和小丑虽在同一空间，却不在同一语境。此时如果有一个知情的局外人，看着这一切而笑起来，就说明他处在另外一个幽默的语境中。

期待——失落是语境的语义“错位”效应。逻辑空白是在有声语言以外的。明确的有声语言与我国楚辞《九章》中“孔静幽默”中的“幽”和“默”（无声）不相容，逻辑的空白被顿悟却是无声的，它是一种默契。但是，幽默语境，如果不是针对或者有意排除异族人的，就不完全是集体的，而是即兴的、创造的，是在集体的心照不宣的文化、心理、历史、语境的基础上，让表层语义和潜在语义发生分化，产生巧合的、临时的“错位”的意义。

在《红楼梦》中，贾宝玉有一次和薛宝钗说话，薛宝钗提议招呼林黛玉一下，贾宝玉以为林黛玉睡着了，就顺口说了一句“管她呢”。贾宝玉以为林黛玉不会听到，不想被林黛玉听到了。后来当贾宝玉在场，林黛玉和一个小丫头在裁剪衣服，有一块布角被折住了，丫头建议把它拉平，林黛玉就说“管它呢”，在场的知情者都笑了，而不知情者则毫无感觉。这种幽默语境常常构成一种“典故”，在朋友、夫妻之间非常普遍，实际上就是同一话语，在同一场合把知情者与不知情者分化为不同语境的结果。

这种逻辑空白首先所要求的不是什么“期待——失落”之类，而是另一个东西，我把它叫作“心照不宣的语义错位”。概念的表层意义和潜在意义（语境以外的意义和语境以内的意义）不一致了，或者说错位了，只有语境以内的人才能心照不宣，他们的心灵才能无声地在潜在意义中顿悟，产生共享的微笑。

从理论上来说，这不仅是由于不同个体的不同经验，而且是由于不同的时间、地点、条件所造成的。时间、地点、经验都可能构成语境的分化。

辜鸿铭先生是主张一夫多妻制的。有一次他在北大做报告，有人问他对一夫多妻制有什么看法，他打了一个比方，丈夫好比茶壶，妻子好比茶杯，哪有一个茶壶只配一个茶杯之理。他讲这种话的时候，自己并不感到幽默，而在场的人可能会笑，但并不是因为他幽默，而是因为他愚昧。这里没有什么语义的错位，大家所理解的词语的意义是相同的，因而这样笑不是幽默的笑，而是对于愚昧的不屑。如果今日有人在什么会场上讲这样的话，由于讲话的人和大家一样都处在心照不宣的共识中，大家都认为这是荒谬的，因而可以构成广泛的共享，无疑会一齐大笑起来。这种笑的产生，是由于当时的语境和今天的语境、当时的语义和今天的语义有非常巨大的“错位”，而这一切都是在无声的逻辑空白中的，其性质就都是幽默的。因此幽默的笑（有时也包括“期待——失落”、柏格森的“机械镶嵌”）的首要条件，取决于特殊语境中的双重语义“错位”。

笑的层次不但因情感、智慧、进攻、共享的成分的不同而不同，而且也因逻辑空白分化为不同的语境而不同。语境的要害是心照不宣，也就是逻辑空白，这不但牵涉在场人物的心理准备状态，而且关系民族文化心理，但是不管在什么性质的语境中，只要有一个以上的人，对于同一个概念有了双重的心照不宣的理解，笑就可能产生了，幽默就可能在此获得生命。

（四）一元逻辑的阻塞与二元逻辑的错位和贯通

康德和柏格森两位大师虽然观点并不相同，但是在方法上却属于同一个模式，或者说是不约而同地遵循同一条思路。他们大体是在心理学的基础上来研究笑的，但是他们的思维逻辑却是殊途同归。他们相当一致地把笑（包括幽默的笑和非幽默的笑）当成一条思路（或一元逻辑）遭到阻碍的结果。康德注意到了一元逻辑的中断和失落，柏格森强调了活生生的内容与机械刻板动作的不和谐。叔本华则说：“笑的产生每次都是由于突然发现这客体与概念两者不相吻合。”[①]这个康德和里普斯都支持过的“不一致”（incongruity）原则至今仍然是西方当代幽默和笑的研究的经典理论。这个范畴相当深刻，不知为什么长期以来被我国当代的幽默理论研究忽视了。这个被翻译成“不一致”的基本概念最早被蔡元培翻译为“不与事实相应”[②]，虽然和康德的理论不同，但是所提示的仍然是一条思路或者一元逻辑的阻塞或者不统一。

姑且撇开语境的不同引起纷纭复杂的结果不谈，光凭这个一元化的思路，也很难为笑提供充分而必要的理由。笑，特别是幽默的笑，不仅仅是由于单一逻辑的不一致（incongruity），期待的落空。落空只是按一条思路、一元逻辑的惯性，暂时讲不通了。这时既可能是谬误，也可能产生苦恼（包括哲学意义上的人生的苦恼）。使这种谬误或者苦恼变成笑的，是一种特别的机遇——突然有另一条思路窜了进来。思路被篡夺，是理性思维之大忌，但在幽默逻辑中，这不但没有造成混乱，人们反而发现有另一条思路，也就是另一条逻辑突然贯通了。原来落空了的期待忽然在新的思路、第二条逻辑上落实了。从心理上来说，就不是落空的茫然，而是一种突如其来的发现（在被对方预设的逻辑空白中和对方会合了，也就是顿悟了）带来的欢乐。这时的笑不但是轻松的，而且是带着某种智慧或者

① 叔本华著，石冲白译：《作为意志和表象的世界·世界作为表象初论》，商务印书馆 1982 年版，第 100 页。

② 蔡元培：《蔡元培美学文选》，河北人民出版社 1993 年版，第 155—156 页。

比较深切的情感的。这就提高了笑的层次，从滑稽的层次上升到了幽默的层次。

事实上，弗洛伊德在他的《机智及其与无意识的关系》中已经接触到这个问题。他在该书开头所举的许多例子，本来是可以引申到二重“错位”逻辑上来的。其中的一个例子是这样的：海涅在《卢卡浴场》中写了一个虚荣心很重的彩票掮客，他以和一个百万富翁罗思柴尔德有过交往而自吹说：“我和圣人罗思柴尔德并肩坐着，他把我当成他的同僚，相当地 famillinaire。”弗洛伊德结合着里普斯的观念解释说，他的意思本来是说百万富翁罗思柴尔德对他非常亲切（familiar），但是最后他用的词 famillinaire，却是百万富翁（millionaire）和亲切（familiar）的合成词。这是一个生造的词，把亲切和百万富翁凑合在一起。弗洛伊德非常雄辩地阐释了这个合成词如何表现了这个人的庸俗和虚荣。[①]在我看来还不如用二重错位逻辑的解释比较清晰、比较简明：在第一条思路“亲切”（familiar）上讲不通的时候，famillionaire 作为交叉点却自然地过渡到第二条思路“百万富翁”（millionaire）上去了。

幽默在逻辑上的特点是第一重逻辑的失落、第二重逻辑篡位之时，中间有一个交叉的概念，这个概念的特点是其语词形式是单一的，但是其内涵却是双重的，正是这双重的概念，使得逻辑从一条线索转移到另一条线索上去了。在理性逻辑中，这是不容许的。概念的内涵必须稳定、准确，不得转移，所以西方学术传统特别强调概念严密。科学研究中，概念要有严密的定义，目的是为了防止概念被偷换，以保证一条逻辑线索一贯到底。概念转移，必然要造成逻辑的混乱、情致思路的不连贯或者交叉。

理性思维很强调在逻辑上的一贯，如果有两条逻辑，那么不是平行的就是连贯的，绝不允许互相交织，否则就可能互相干扰。但是幽默逻辑是二重“错位”逻辑，概念的偷换虽然导致逻辑的转移，但是两条逻辑线索不但没有互相干扰，反而形成了一种交融的效果。这是因为在这二重逻辑交错的时候，它有一个适合于两者的过渡概念，有双关语的性质。

正因为这样，在西方幽默文论中，不少理论家都接触过类似双重语义（如叔本华认为，俏皮话是硬把两个不相同的实在客体压入一个概念）的问题。可惜的是，他们往往满足于在概念上分析这种双重性，而没有深入到演绎的过程中去。双重语义，在幽默语境中不像一般概念有统一的内涵和外延，它分化为显性和隐性的双重内涵。当显性的内涵被偷换时，隐性的内涵迅速地接替了上去。正是因为这种双重内涵，使得概念在推演过程中，显性概念被偷换以后置换为隐性的，而隐性的则置换为显性的，这就导致逻辑线索被隐蔽地“错位”了。之所以隐蔽，是因为概念的外在形式没有变化，而概念的内涵却转移了。这就使

① 弗洛伊德著，张增武、阎广林译：《机智及其与无意识的关系》，上海社会科学院出版社 1989 年版，第 15 页。

在一元逻辑中失落了预期（显性概念内涵失落了一贯性）的时候，隐性内涵却接通了另一种一贯性，还保持了概念外存形式的一贯性，这就使第二重逻辑自然地、静悄悄地切入，无声地篡位，从隐性化为显性。显性和隐性双重内涵构成了两条逻辑交叉“错位”的焦点。概念内涵的二重性，成为幽默二重逻辑“错位”的核心，在其他任何一个逻辑环节上都不可能默默地进行这样的逻辑转移（或者“错位”）。正是由于不变的、统一的概念形式掩护了内容的二重性，才保证了逻辑的“错位”的隐蔽性。

幽默逻辑的二重错位违反了一元逻辑规范，即全人类理性思维的心理定式。正是定式的被打破，先造成了心理上预期的失落，几乎是在同时，在另一条逻辑上的顿悟又是静悄悄地、默默地、突然地在预设的逻辑空白中与对方会合，会心的幽默的微笑就这样产生了。

这说明了一个道理：喜剧逻辑或者笑的逻辑、幽默逻辑与通常的逻辑不同。通常的逻辑基本上是理性逻辑，是以一元概念和一元演绎为特点的逻辑；而笑的逻辑则基本上是一种非理性逻辑，其表现形式甚为纷纭，但是其基本特点则非一元概念和非一元逻辑，它可以说是一种双重概念和二重逻辑，是一种复合的概念和逻辑，或者准确地说是一种二重“错位”的概念和逻辑，更形象一点，说是二重“篡位”概念和逻辑也无不可。

这样一个并不复杂的逻辑现象之所以长期没有得到充分阐释，我想，可能是因为西方的大师基本上都是在强大的西方文化传统的支配之下进行思考的，整个西方的学术思潮都是在古希腊理性主义君临之下的。古希腊的学术思维模式被亚里士多德概括在他的逻辑学之中。亚里士多德在逻辑学中讲了许多规范，但归根到底只从属于一条，那就是同一律。所有西方学者从来就是这么思考的。他们不可能想象同时运用两条思路，在二元逻辑中还能思考。但是他们忽略了一点，那就是这种一元化的思维逻辑只能是理性思维的逻辑，而人并不是只用一种思维就能生活的。人类的理性是被大自然逼迫出来的，也是后天教育和训练的结果。在自发的情感领域中，人们的天性是更倾向于非理性思维的。对于理性思维的规律，西方人做了卓有成效的研究，对于非理性思维也有不少研究成果。例如法国学者列维-布留尔的《原始思维》，提出了“前逻辑思维”的观念，还很有见地地归纳出了主客体的“互渗律”，这种主客体不可决然分割的逻辑是与同一律相矛盾的。但是非常可惜的是这种研究只局限于人类文化学领域的原始思维中。在笑和幽默的研究中，西方学者仍然沿袭着理性主义一元逻辑的规范。他们的学术传统沿着心理学向着语言方向前进，取得了巨大的成就，但是在幽默逻辑学上的成就则比较有限。

比较有见地的弗洛伊德沿着西方心理学的传统对幽默做了独创的研究。他说，成年人都有一点厌倦社会所要求的严格思维逻辑的理性道德规范，他们想暂时地从这种紧张中逃脱一下，因而人们就不是考察实用而是去享受小孩子式的好玩了。

按照弗洛伊德的说法，幽默的笑是一种情感的宣泄，问题在于传达情感并不是幽默的特有功能，抒情诗也同样能传达情感。抒情的逻辑也有非理性的特征，其特点是其极端化，极端的片面性是其生命。但是不管多么极端，它总是沿着一条思路贯彻到底。“记得绿罗裙，处处怜芳草”，因为我爱人的裙子是绿的，所以我爱天下的绿草，这是很绝对的了。“在天愿作比翼鸟，在地愿为连理枝。天长地久有时尽，此恨绵绵无绝期”，把爱情看得不受时间、空间的限制，够绝对的了，够不合理性逻辑的了，但是它还是遵循着一元化逻辑的思路。它的概念没有转移，逻辑也没有错位，在逻辑形式上和理性思维没有什么不同，只是在内容上和理性逻辑思维相比大大背离罢了。

在一元逻辑和二重逻辑的两种不同的范畴上，中外许多幽默理论家都卡了壳。这就迫使我们不得不设法走另外一条路，亦即幽默逻辑学的路。据我看，在所有的西方经典中，不一致论（incongruity）最接近幽默逻辑学。叔本华感到了不一致，甚至可以说，他走到了逻辑错位的边缘。他对“不一致”做了这样的解释：“不相吻合经常是在这样一些场合中出现的：一种情况是两个或两个以上的实在客体用一个概念来思维，而把这概念的同一性套在这些客体上，可是，这样做以后，各个客体在差异中又突出地使人注意到这概念不过仅仅是在某一方面同客体相应而已。另一种情况是单一的实在客体，从一方面说是正确地包含在这一概念之内，却突然（在另一方面）又感到它和概念不相称。还有一种情形也同样是常有的：一方面是这样总括实物于一概念愈是正确，另一方面实物不符合于概念的广泛程度愈是突出，那么从这一对照产生的发笑效果也就愈强烈。”他还说道：“先有两个或几个很不相同的实在客体或直接表象，人们却故意用一个包含着双方或多方的概念同这概念的统一性（笼统地）作为这些客体的标志，这种笑料叫作滑稽。”①这个说法相当深刻，它至少可以解释比较广泛的现象。比如，卓别林的喜剧。卓别林说：“假如我确信观众猜想我在影片中是要步行，那我就突然跳上一辆汽车。如果我想惹人注意，我就不用手拍他的肩膀，或者叫他的名字，而是用我的手杖勾住他的胳膊把他拉到我这边来。先按照观众所意料的那样来演，后来却又演得出乎观众的意料之外。”②卓别林所说的意外，就是柏格森所说的不一致、不相吻合。通常的习惯、思维定式只有一致的预期，而不一致则提供了一种在预期以外的、反常的东西。但是，很可惜，柏格森和西方其他文论大师一样，仅仅停留在概

① 叔本华著，石冲白译：《作为意志和表象的世界·世界作为表象初论》，商务印书馆 1982 年版，第 102 页。

② 卓别林：《我的秘诀》。见陈孝英等编：《喜剧电影理论在当代世界》，新疆人民出版社 1988 年版，第 173 页。

念的不一致上（这是因为他研究的仅仅是意志和表象的关系），没有发展下去，未能深入到逻辑的推演过程中去，因而就只能解释卓别林的滑稽性喜剧，而难以解释他的幽默感。从理论上无法弄清滑稽的不一致和幽默的不一致的区别：滑稽，只要有概念的不一致，只要在小丑的眼睛里冒出自来水，或者用拐杖勾住人家的脖子就可以了；幽默的不一致，主要特点不仅仅是概念与对象的不一致，而且是概念被偷偷地转移之后，从不一致又转化为一致。在一元化逻辑的不一致的同时，构成了错位的逻辑，在错位逻辑的一致中导入了深长的意味。

本来逻辑要求一致，集中表现为同一律。为了保证逻辑不至于发生不一致，才不允许概念转移（或者偷换概念）。为了不让概念转移（或者偷换），就要防止概念自相矛盾，严禁既是自己又不是自己，发生内涵和外延的漂移，这都是为了确保思维过程中逻辑的高度稳定和统一，于是就有了矛盾律和排中律对同一律的补充。所有这一切都是理性思维的森严规范。而幽默之所以能在期待失落以后，又能在逻辑空白中意外地落实、顿悟，就是因为它在逻辑上从一个概念转移到另一个概念上去了，如果不转移就只能落空，由于转移到另一个概念上去了，它就开辟了另一条思路，在另一条逻辑线索上，也就是在逻辑空白中又贯通了。这种新的贯通，就为某种意味的切入提供了条件，为共享情感准备了通道，把对方逼入自己预设的调侃或者讽喻的空白中去，让对方构成意外的顿悟。这就从滑稽上升到幽默或者讽刺了。正因为这种顿悟是隐蔽的、突然的，才引起了惊喜，产生了微笑，即使是在互相对峙的情境中，也能在无声中缩短心灵的距离，缓解对抗。

西方报纸上有一则报道说，20 世纪 80 年代，美国总统里根到加拿大访问，一下飞机，就遇到一批加拿大人高呼口号反对他，东道主多少有些尴尬。为了减轻东道主的压力，里根很轻松地说："举着旗帜呼口号反对我，挺平常，我在国内常常遇到。"这样一说，虽然缓和了一点紧张的氛围，但是还没有从根本上解决问题。里根接着又说："说不定这些喊口号的人就是从我国跟过来的，目的就是给我一种'宾至如归'的感觉。"里根这么一说，双方都轻松地笑了。他在这里用的就是概念转移和逻辑错位的办法。举旗帜，呼口号，本来的意思（或者准确的内涵）是表示政治上强烈地反对，这个内涵是很确定的，其意味是心照不宣的，这似乎是唯一的思路。但是里根总统却把这个政治行动的内涵做了二重转化。第一重是把加拿大人转化为美国人，这是第一次偷换概念，这已经使冲突缓和了不少。但是这还不足以引起微笑。里根总统所做的第二次偷换概念是把喊口号反对他变成了对他亲切友好的表示。由于这样的概念偷换，把第一条似乎山穷水尽的思路变成了另一条柳暗花明的思路。在文学作品中，可能比较复杂，但是其根本道理却是相同的。为了便于说明问题，只好拣比较简单的文学作品为例，契诃夫早年有一篇文章，叫作《我的“她”》。原文如下：

> 按照我父母和上司的权威说法，她出世比我早。他们的话对不对，另当别论，我只知道我有生以来没有哪一天不属于她，不感到处处在她的威力之下。她日日夜夜不离开我，我也没有表示过要同她分开的意思，因此这种结合是坚实牢固的。……然而您不要嫉妒，年轻的女读者！……这种打动人心的结合给我带来的，除了不幸之外，一无所有。第一，我的“她”日日夜夜不放松我一步，不容许我专心工作。她妨碍我读书、写作、游玩、欣赏自然景物。……我正在写这几行，她却老是捅我的胳膊肘，每时每刻引诱我到床上去，不下于古代的克莉奥佩屈拉引诱古代的安东尼。第二，她像法国妓女一样害得我倾家荡产。我由于爱她而牺牲了一切：事业、名誉、舒适的生活。……多承她的厚爱，我才穿得破破烂烂，住在租价便宜的公寓房间里，吃些乱七八糟的东西，用淡墨水写字。她吞噬了一切，一切，这个永不餍足的东西！我憎恨她，藐视她。……早就应该跟她分手了，然而我却至今没有同她分手，这并不是因为莫斯科的律师们办理离婚案要收费四千。……我们目前没有孩子。……您想知道她的名字吗？行啊。……她的名字富于诗意，使人联想到莉利亚、廖利亚、奈利亚。……她叫“懒惰”。①

这里顺便指出一点：“懒惰”在俄语里和莉利亚、廖利亚、奈利亚是谐音，这就增加了概念转移的隐蔽性。本来契诃夫用尽一切模棱两可的描述把读者的思路往爱情的方向引导，特别是利用了“懒惰”在俄语中作为阴性名词，其代词是阴性的“她”，这就更有利于把爱情的“她”向秉性的“它”悄悄地转移。在同一个概念“她”中包含着双重内涵，在表层是异性，所以契诃夫用了许多属于女性的描述。例如，拉“我”上床，把“她”比作妓女，引申出离婚等等，但是在深层却是作家本身的秉性。本来这两种概念互不相容，但是由于阴性名词的暗示和逻辑推演，使得在逻辑的表层上充满了婚恋的属性。但是这种属性虽然强烈，可并不过分，因为所有这一切都在爱情和懒惰均可包容的内涵之间，没有越出二者的边界，因而不管多么强烈，都没有构成逻辑转移、错位的障碍。占据文章篇幅百分之九十的文字讲述的是爱情的无奈，直到最后一句才突然冒出来另一个内涵，贯通了另一条思路，突然变成了对懒惰秉性的自嘲。两条思路代表两条逻辑，这两条逻辑如果是各自独立的话，它们就毫无关系了。然而两条逻辑线索并没有互相平行，主要原因是其中有一个模棱两可的概念成为互相交叉的联结点。这就使得思路从身外的对之无可奈何的爱人这

① 契诃夫著，汝龙译：《契诃夫文集》（第3卷），上海译文出版社1983年版，第345页。

一条逻辑线索上，过渡到身内的同样也是无可奈何的懒惰上去了。二者之间的反差是这样强烈，因而在刹那之间形成怪异，原本是埋怨他人的，却突然变成了对自己的调侃。

总体来说，幽默的笑产生于：第一，特定的语境，也就是逻辑空白中；第二，它不是单纯一贯的逻辑，而是二重复合逻辑，两条逻辑反差的强烈，造成不伦不类之感；第三,二重逻辑不是互相冲突的，也不是互相平行的，而是一条逻辑向另一条逻辑转化的，它以突然性和隐蔽性见长，这是由于它借助了概念“错位”；第四,二重逻辑反差的强烈造成失落、不和谐感，而逻辑“错位”（或者篡位）的隐蔽又使不和谐转化为和谐；第五，在一条思路向另一条思路转移，发生混乱、感到迷惑之际，立刻在另一条思路上贯通，享受到一种顿悟的快感。失落与落实、困惑与顿悟在心理上交织，就产生了会心的具有某种思维深度的幽默的微笑。

附录

幽默的可操作性①

这本书，最早写成于1993年。此前3年，我在中央电视台制作了一个20集的《幽默漫谈》节目。书稿是应某出版商的要求，在“漫谈”脚本的基础上整理而成。稿子都排印成清样了，出版商却失约了，稿子就冷冻在家里了，直到4年后才获得出版机会。最初的印数少得可怜，只有1500本。10多年过去了，我的幽默学的研究，虽然核心观念没有多大变化，但在范畴的系统和具体论述方面有了不小的进展，可这本书却绝版了。不少读者对本书情有独钟，时时来信询问。两年前，首都经济贸易大学出版社的王玉荣女士，慧眼识珠，主动提出出修订版。这自然可以说是天赐良机，但我却不想匆促付印。尽管和首都经济贸易大学出版社合同期限早已超过，向来以快手著称的我，对本书的修改、补充时间前后却长达两年。这两年的工作，主要是补充和删节。补充了一些资料，重点是一些学术上的理论根据；删去了一些资料，主要是一些陈旧的漫画和一些不够精练的语言。本来我的雄心很大，曾经设想将学术材料做更加严密的疏理，但后来发现在这样一本要兼顾通俗和学术两个方面的书中，学术性内容过多并不明智。好在在幽默的学术性建构方面，我已经做了一些工作，如在《文学评论》上发表的《论幽默逻辑的二重错位律》和在《文艺理论研究》上发表的《论幽默逻辑》。这两篇论文，大致能代表我的学术追求，后者还曾经被《新华文摘》转载。在本书中，还收入了《关于幽默理论的建构的对话》一文，这是我最初立意建构幽默理论的思考，有了这样的思考，我才有了前述两篇学术论文。现在把这三篇文章组合在一起，名之为《幽默理论的学科建构》，大致可以说是我的幽默理论的一个思考和总结。

此外，我还出版过《幽默基本原理》一书，书后将古今中外大师们关于幽默的论述，在书后加以引用，不再使很复杂甚至免不了繁复的注解占据可贵的篇幅，从而保持了本书

① 本文原为《幽默心理和幽默逻辑》（首都经济贸易大学2009年版）的自序。题目为编者所加。

灵动亲切的论述风格。当然，立意的反复，使我在时间上付出了代价，首都经济贸易大学出版社的耐心是惊人的，不能不令人感慨系之。

回想起来，我闯入幽默领域，实在有些偶然，是我做梦也想不到的。那是1990年初，我的两个学生拿来了一个出版社的选题，叫作“幽默五十法”，请我写一本书。他们说，有好几个人都在争取，但编辑部认为，其他人谈吐不够幽默，只有我适合这项工作。一方面，我很高兴自己被公认为是富于幽默感的人，能在幽默这样一个重要领域里施展一下，毕竟是三生有幸；另一方面，我又恼火幽默哪有什么“五十法”，把幽默的方法人为排列成几十条，这本身就无异于是对幽默的讽刺。但我还是接受了这个任务，并把书名改为《幽默谈吐的自我训练》。当时我正在等待去德国的签证，起码要两个月。反正也是闲着，就抓了一些书来看，把我平时的一些心得和实际体验系统整理了一下，临行之前居然完成了。

令人遗憾的是，书名在出版时竟然变成了《幽默答辩五十法》。真是煞风景，根本就文不对题，在我那本书里，压根儿就没有什么“答辩”的影子。因为以我看来，答辩，无论是诡辩还是雄辩，与幽默都不属于同一范畴，是两路功夫。答辩讲究的是逻辑，传达的是理性；而幽默却是通过超越逻辑来传达情感。雄辩与诡辩追求的是说服、逼服，甚至是压服，而幽默是要把我的进攻变成你的享受。但是书已印成，只能徒叹奈何。

聊以自慰的是进入市场后，也许由于本书的理论性和实践性有相当的结合，颇受欢迎，居然在两三年内印了30多万册（还不包括书商的盗印）。香港和台湾的出版商是很敏感的，他们得到了我的授权，以惊人的速度出版了繁体字版。中央电视台社教部一位负责人出差到香港时看到了我的书，很感兴趣，回来就找到我，并邀请我到他们那里去制作了一套《幽默漫谈》的节目。

写那本“五十法”的时候，有些在我看来颇有学术价值的观点，并没有写进去。两年后，我才把这些观点概括为“逻辑错位”，并写成学术论文发表在《文艺理论研究》上。但在当时，我觉得把这么重要的学术创见写到“五十法”这类的小册子中去是很可惜的。中央电视台有关部门的领导动员我把它编进脚本中去，我自然同意。这样，一来我可以乘机把荒谬的“五十法”那个愚蠢的平行罗列结构，改成具有严谨层次和系统的结构；二来也可以把我在幽默研究中最重要的心得、最核心的理论较为严整地借中央电视台展示一下。

我的核心观点是：幽默不同于通常的理性思维的一元逻辑，它是一种二重复合逻辑；有时以错位（或篡位）的形式出现，有时以平行反衬的形式出现。

最初，中央电视台是让我一个人讲。但是，我没有信心单独讲到底，就找了一个主持人做我的搭档。我非常认真地把我的二重逻辑错位理论渗透在原本就很受欢迎的操作性之中，以对话的形式分成语义、价值、逻辑三个层次的错位加以阐述。在我看来，这应是我第一阶段幽默研究的总结。节目在央视还没播完，我就到美国一所大学的英语系讲授中国现代新诗去了。美国也许是世界上幽默的超级大国，不但在日常生活中，幽默有如布帛菽粟须臾不可或缺，而且在被他们视为极其严肃的政治生活中，包括总统竞选、议员辩论都常以幽默争取人心。至于美国大学图书馆有关幽默的理论著作以及系统资料之丰富，使我瞠目。不论到哪个大学图书馆，把电脑一按，幽默理论著作目录都能占据好几个页面。这时我才发现，我国图书市场流行的那些分类合编的幽默故事，原来都是从美国一些末流小册子中转手倒卖来的。倒卖的方式很原始，常常是一些人匆匆忙忙地译了一些，另一些人译了其他一些，于是就像打扑克洗牌似的，把这些故事洗来洗去，居然在三四年中洗出了不下100本的幽默故事。其中最可笑的是某大学出版社的一本《幽默术》，居然把大量与幽默毫无瓜葛的议论都包括了进去。即使在一本非常严肃的叫作《世界幽默艺术博览》的书中，居然也有一些根本与幽默无关的故事。

就在中国书商猛炒美国幽默故事的冷饭之时，美国和欧洲那么丰富的幽默理论却完全被忽略了，几乎没有人去翻译和研究。中国在美国有那么多留学的文科研究生，研究比较文学和语言学的很多，而研究幽默学的绝无仅有。这就使我国本来就很贫乏的幽默理论被封闭在了很狭小的思想材料范围之中。近来虽然也出了二三十种幽默理论著作，但其经典材料总是限于百科全书中摘引的只言片语。连西方研究幽默的一个最起码、最通用的范畴“不一致”（incongruity）都没有做系统的、深入的、结合中国实际的研究。而另一方面，对于我国相声艺人的经验也没有加以系统化归纳总结，从而构成中国式的基本概念和范畴。这就使中国的幽默理论处在双重的贫困之中，一方面是理论的缺失，一方面是经验材料的贫乏，而这就必然导致幽默研究在低水平上徘徊。

要改变这种状况不是一个人的努力就能够奏效的，也许它需要不止一代人的辛劳。而正在这个时候，我收到了许多读者的来信，询问中央电视台《幽默漫谈》演播稿的出版信息。考虑到对话体出版不便和通俗漫谈对理论阐述的限制，又承一位远在千里之外素不相识的读者的催促，我终于下决心对演播稿本的理论框架和素材做了较大的调整，并在理论上做了更细致的提炼。

经过两个月的挥汗奋战完成初稿以后，我才明确了完整的幽默理论至少应该包括两个部分，这就是幽默心理学和幽默逻辑学。西方幽默心理学的经典著作可以说是以弗洛伊德的《诙谐及其与潜意识的关系》以及柏格森的《笑——论滑稽的意义》为代表。这两本书都已有了中译本。至于幽默逻辑学，除了一本可以说在理论体系上相当粗疏的《幽默逻辑说》外，在中国就是一片荒芜了。世界各国尤其是欧美各国的幽默逻辑专著没有被介绍到国内，本国学者也大都没有意识到它的重要性，以致今天那些苦心孤诣致力于幽默研究的学者还没有意识到幽默逻辑的特异性是幽默研究的核心，不研究幽默的特殊矛盾，幽默研究就会失去对象。非常可惜的是一些研究有素的学者至今同样也没有意识到幽默逻辑与日常的实用逻辑、科学的理性逻辑的根本不同，他们仍然拘泥于叔本华、柏格森的思维方式，用理性的一元逻辑去看待幽默，因而也就不能看出幽默二重复合逻辑的规律。事实上我的整个理论体系就是建立在幽默的二重复合逻辑和理性思维的一元逻辑（以同一律为核心）对比的基础上的，因而我在本书中特别强调了幽默的逻辑特点。

但是，我仍然把这么重要的理论放在了幽默心理的章节之后，这样有利于对逻辑体系讲述的逐步展开；同时又因为我所追求的不是纯粹理论的思辨，而是要把理论的系统性与实践的可操作性结合在一起，因此先阐述有关幽默心理比较容易为读者接受。特别是我并不打算把这本书写成一本以引经据典为纲、有着严密概念和缜密论述的纯理论专著，我追求的目标是可读性、可操作性与理论性的结合。只与那些脸上没有笑容的幽默理论家交流，并非我最大的幸福，相反，与广大读者、幽默爱好者对话，得到他们的钟爱，才是我的高峰体验。

正是因为这样，我采取了一种亲切的文风，把理论的衍生和感性故事的分析相结合，其中还穿插一些经典名著的片段。为了扩大读者的视野，我还选取了一系列漫画，分别附在各章之后（除个别章节外），并结合每一章的理论做了具体分析。

我想，这样的编排不但能够吸引那些有耐心的、有钻研精神和时间的读者，而且有利于争取那些成天忙碌，既没有时间也不是很有耐心的读者。

事实上，我深切地感到，人们不仅对幽默理论有所需求，而且对生活中的幽默更加渴求。

在日常的生活、工作中，在朋友、同事的聚会上，最可爱的不是那种一来就弄得大家鸦雀无声，连发言都要选择字眼，走路都要踮脚尖的威风凛凛的大权威，而是那种他一出现，就使得满座表情活跃、神经轻松，他一讲话，就欢声四起，他一举手一抬足都能把人从紧张的竞争和世俗的劳累中解放出来的人。我们应该把这种富于幽默感的人称之为“和平欢乐的天使”。

当今社会市场竞争日益激烈，人与人之间的竞争也日渐加剧。市场竞争是你死我活的较量，它需要人们调动全部的智慧和才能；与此同时，也不可避免地激发了人们邪恶的本能。智慧和才能自然是越多越好，而邪恶的本能却不能任其自由泛滥，除了法律的强制和道德的约束外，就得靠人们之间相互情感的熏陶和沟通，而幽默感则是特别有利于人们情感的沟通和升华的。幽默感，在人类精神的免疫方面所起的作用不可低估。幽默在日益严峻的社会竞争中，是人与人之间的润滑剂！

自然，幽默也不仅仅存在于人们的谈吐之中。言语，不过是幽默最普通的载体，最高级的幽默存在于文学作品中。幽默与契诃夫、马克·吐温、萧伯纳、鲁迅等伟大作家的名字连在一起，又与红极一时的笑星如影随形。但是，本书说的不是文学作品的幽默，也不是舞台表演的幽默。艺术作品的幽默，是供人欣赏的，任何看了喜剧小品而发出笑声的人，都有欣赏幽默的才华。然而这不能使我们满足，我所讲的不是如何去欣赏别人的幽默，而是如何让别人欣赏自己的幽默。但是我们并非是上舞台表演，而是要在日常谈吐中自然地流露。

也许你只是一个平凡的人，既没有契诃夫、鲁迅那样的才能，也没有侯宝林、赵本山那样的机敏，但你也一样可以发挥自己的才智，在生活中变成一个可爱的人；也许你是一个内向的人，平时十分木讷，不善言谈，但你也可以领会幽默之真谛，在高谈阔论的朋友当中，突然妙语惊人，引得一席皆欢，也为你自己留下愉快的回忆。

在西方，幽默被看成人生之要义，甚至有“不会真笑的人，不是好人”（英国嘉勒尔）之说。弗兰克·英尔·科尔比 1976 年 7 月 4 日在《纽约每日新闻》上发表妙语：“（美国）男人情愿承认犯了叛国罪、谋杀罪、纵火罪，装了假牙，戴了假发，也不愿意承认自己缺乏幽默感。”而查尔斯·林纳德则说：“对于一个有幽默感和两条腿的人来说，如果不能两全，最好的选择是失去一条腿。”幽默感在美国人眼里比在中国人眼里重要得多。我们许多人自卑过甚，总以为中国人缺乏幽默感。非也，中国人在非正式场合，开玩笑、耍贫嘴的才气，绝不亚于任何一个美国人；只是在正式场合，才显得拘谨过甚，不能发挥自如。但是，一些伟人如毛泽东、鲁迅在正式场合却有足够自由的心态，常常是妙语惊人，创造出欢乐的气氛。连刘少奇那么一个严肃的人也曾说过“剥削有功”“资本家先生，你剥削我一下吧，你剥削我一下，我就舒服了，你不剥削，我就不舒服了”这样的话。敢于用俏皮话（用我的理论术语来说就是“语义错位”）来解释政策，正是20世纪50年代初期刘少奇“自由”心态的表现。

中国人不是没有幽默感，而是他们在正式场合受到传统文化和现代教条的无形束缚，缺乏足够自由的心态，这就造成了一种不可否认的现实：相对来说，在中国，幽默不那么普及，幽默盲较之文盲不知要多出多少倍。要让幽默感从没有道理的拘谨中充分解放出来，除了政治、经济、文化上开放这一基本条件以外，还必须要让幽默理论得以普及。我们所需要的不仅是那种思辨色彩甚浓的论著，也不仅是专门研究契诃夫、鲁迅以及喜剧笑星的文艺美学专著，我们更需要把幽默的研究从美学的殿堂带回到朋友的聚会、欢乐的婚礼上，带到教师的讲授、政治讲演、学术报告中，带到商务谈判乃至外交活动之中。让幽默脱下神秘的外衣，回到普通人中间。这样，它才能在生动的谈吐中获得新生。问题不在于我们多么迫切地期待幽默，而在于我们如何掌握它，在于用什么方法、通过什么途径、用什么样的逻辑来运用它。这些，正是本书所关注的问题，那就是实用性与理论性的结合。

夸张一点说，对幽默可操作性的论述，中国可能还未曾有过，就连美国也没有这样系统的论述，这就使我在写作时充满了使命感。

2008 年 1 月改定

演讲在口才中的地位

一、人才竞争和口才竞争

由于改革开放形势的迅猛发展，口才变得重要了。在商务谈判中，在行政管理上，在各个生产部门及各个社会阶层进行业务交流的过程中，光凭书面语言的严密和精练已经远远不足以应对社会生活的挑战。大量的公关人员、行政秘书，乃至经理、厂长，甚至政府部门的领导都不得不像文学家、演员、教师那样有意无意地以自我训练的方式来提高自己语言的魅力。一切公关人员、厂长、教师、书记等，都处在市场经济的无情竞争之中，生活每一天都在向他们提示，实力、策略和工作质量等方面的竞争，实质上是人才的竞争。而在关键时刻，在势均力敌、千钧一发的紧要关头，所谓人才之争，在某种意义上说，往往就是口才之争。也许非常辉煌的前景，因一言之失而前功尽弃；也许在山穷水尽之时，因一句惊人的妙语而柳暗花明。善于辞令者，委婉得体的话语化解了上下级之间可能产生的对抗；拙于口舌者，因措辞不当，可能导致眼看有望的投资化为泡影。老师在课堂上用嘲弄的语调批评不争气的学生，也许只是表现了自己的愚蠢；公共汽车上互相谩骂的乘客怪就怪在乐于展示自己的野蛮。这一切自然可以从文明道德的角度加以研究，但其深刻的规律只能在口才学中揭示。

在公共关系空前发达的今天，每一个人都更加重视自己的公共形象，正因为如此，除了衣着化妆之外，还有什么比口才更重要呢？衣着、化妆重在人的肢体和面部的外在形态，是可以用物质条件来改善的；而语言、口才却有如心灵肖像，它更清楚地传达出人的文化、教养和内在素质。尤其是在人际关系紧张、个人或团体利益受威胁的时候，衣冠楚楚却没有修养的暴发户或缺乏文化的官僚，一张口，其灵魂上的污斑就暴露无遗；有时，面目姣好、体态婀娜的公关小姐，虽笑容满面却掩不住语言的贫乏。所有这一切，不能不使人感到遗憾。

只要到高档时装店、化妆品公司去浏览一下牌价，就会惊叹，人们为了美化自己的外部形象是多么不惜成本，可是在美化自己的心灵肖像方面却又是多么的吝啬。也许，用吝啬来界定这样的现象并不确切。因为时装和化妆品有它们立竿见影的效果，而口才、语言的美化却非一朝一夕之功。多少有志于美化自己口语的朋友孜孜不倦，虽积年累月，仍然收效甚微，究其根本原因，却是我国口才理论的贫乏和训练体系的缺乏。

我国自20世纪80年代以来，演讲、口才、交际、公关的杂志和教材虽然如雨后春笋，但总的说来还比较幼稚，基本上还处在初级的、零碎的、感性材料的收集整理阶段，观点零碎，不完全归纳的幼稚痕迹比比皆是，不但没有自己系统的理论，而且缺乏有序的范畴。在宏观上，一些作者缺乏学科开拓者所必须具备的对中国口才历史和世界口才历史材料的系统占有；一些口才学的著作建立在相当零碎且相当狭隘的、人所共知的、有限的、流行的经验上。在微观上，一些学者通常满足于一个观点加几个例子的简单、片面论证，而完全不知反证、反例的巨大作用。

长期的积习，使他们失去了从细微的具体材料中分析出多层次的内在矛盾的能力。占有材料的不全面，本来也不注定就无所作为，如果有了直接从材料抽象出观点的能力，将之概括、巩固在内涵更加稳定的范畴之中，用归纳和演绎统一的方法，引申出具有内在的不可分割的观点范畴的体系，像自然科学那样达到高度的自洽性，从这些观点体系中演绎出来的派生观点，恰恰与经验的归纳相符。这是建立一个学科的理论体系起码的逻辑方法，拿这个标准衡量，就不能不承认，我国的口才学（包括其分支——演讲学）还处在摇篮之中。

我们不但没有理论体系，甚至连衡量科学理论体系的根本准则也没有普及，因而就产生了一种误解，那就是把一些教材式的讲义当成了学科理论建设的专著。其实教材并非理论创造的形式，而是学科理论的高级普及形式，从严格的意义上说，连百科全书也只是高级通俗读物。

缺乏体系性的理论，又缺乏全面的经验性材料，我国的理论界对于渴望提高口头语言魅力的群众就不能提供可靠的回答。

二、公共交流的现场性和演讲

从进入世界知识经济的时代开始，口语交流就日益受到重视了，但是这种重视，至少是迟到的。如果和高度商业化的美国相比，则更是如此。在美国中学有说话课，也就是演讲课，或者叫作公共演讲（Public Speaking）；在大学里有两门课是必修的，不管你是学文学的，学物理的，学农学的，学工商管理的，学医学的，还是学军事的。第一门，是写作。这个没有问题，大学毕业出来总得要有书面交流的能力吧。第二门课程，就是说话，或者叫作演讲，有时，就叫作交流，叫做 Communication，有时还加上一个形容词，叫作 Understandable Communication，即易于理解的交流。这门课程很神气，在许多大学里，有演讲系，有演讲博士，有演讲教授。从中学到大学都要修这门课程。这是为什么呢？就是因为，人的素质不但表现在书面语言上，而且表现在口头交往的能力上。从职业市场的竞争来看，口头交往十分关键。因为，光看书面的求职材料不能解决问题，那些可能有虚假，有自我包装、自我推销的片面性。所以美国人在录用人才时，看了你的履历，还要和你对话一下，这在英语中叫作 interview。面谈，在我们中国，最近几年人们也学会了，我们把这叫作“面试”。从你的口头表达，从你瞬间的应对，看你的智慧，衡量你的素质，看你的学历是不是货真价实；看你会不会在困难的情势下，缓和矛盾和心理对抗，把话说得委婉中听而又不失原则，就是带着进攻性的话，能否让人家觉得好听、好玩，发出会心的一笑。口头语言，现场即兴的对话，在人际交流中是最大量的。而在计划经济时代，忽视对于口头交流的训练，却过分依赖于书面的文件、档案。在市场经济的条件下，口头交流是人才竞争力的一个重要组成部分。我们在这方面的重大缺失，还因为我们的教育体制。中学语文从理论上说，是阅读、写作和口语交流的三位一体，但是目前的高考制度，阅读和写作都有考试，就是口头表达不考试，无法量化，因而被严重忽略。

当然，我们的中学语文课本上也有口头交流，也有演讲的内容。但是，大多是把它弄成了普通话练习，有的则更糊涂，把口头交流弄成了朗诵。其实朗诵可能不是口语，而是书面语。有些很拗口的诗歌，甚至是古典诗歌都是可以朗诵、朗读、吟诵的。更重要的是，朗诵不是交流，而是表演，基本上是单向传达。口语交流的特点，却是现场互动的，演讲和朗诵的最大区别就在此。

三、演讲与作文之不同

国人在口语教育方面的落伍，造成了很大损失。许多政府官员、企业经理、作家、教授，在出国交流时，也许在许多方面并不亚于他们的西方对手，但是在口头即兴的表达方面却大多相形见绌。在许多场合，本来只要简单即兴的三言两语，而我们却要拿着讲稿照本宣科。这些在政坛、在商界叱咤风云的大腕，一拿出讲稿来，就好像变成另一个人，变得很幼稚，好像离开了讲稿就不会说话了。他们把眼睛藏在讲稿后面，暴露出他们对于演讲完全是外行。

他们不会演讲，最根本的原因就是不明白演讲和书面作文不同，它是一种现场的、全身心的交流，而写文章则是单向的传达。所以，演讲之大忌就是念讲稿。因为交流不仅限于有声的语言，而且包含着无声的眼神和表情姿态。念讲稿就把眼睛挡住了，就阻断了相当重要的一种交流渠道。卡耐基的演讲术认为，演讲者要让在场的每一个听众都觉得你的眼睛在和他交流。严格地说，演讲是一种现场的、集体的、多向的交流，而写文章则是非现场的、单向的传达，读者是单独一人。一个人阅读，可断断续续，不受他人影响；而听演讲，则是多人共聚一室，情绪受周围气氛的制约。他人的笑声或嘘声、会场的活跃或沉闷都会同化听讲者甚至是演讲者的情绪。而阅读者的情绪、反应是不会影响作者的情绪的。演讲与作文的不同，归根到底是现场与听众相互交流，共同营造现场的氛围。当然，演讲者和听众的交流，不仅仅凭借有声的话语，而且要借助无声的体态、表情、手势等，这叫作身体语言。总之，演讲是有声语言和身体语言全方位的交流。

严格地说，演讲是演讲者与听众、听众与听众之间的三角信息的相互全方位的交流。

每一个方面的信息，都在时时刻刻对演讲者发生正面和负面的影响。或者打击其信心，使其神志沮丧，把会场搞得冷冷清清；或者鼓舞其激情，使其妙语连珠，创造一种心领神会的现场交流。

读者阅读文章的时候，只是阅读你思想的结晶，而听众在会场中，却是在和你一起领受你的思想、情结形成发展、寻求表达的过程，也就是你的思想感情结晶的过程。这个过程不是线性单向的，而是多元复合的，其中包括着理念和感觉，有声和无声。有你驾轻就熟的，也有你临时即兴的灵感；有你准备有素的，也有一时语塞而豁然开朗的。你和听众交流的是你灵魂的冒险，智慧和情感升华的曲折经历。这就叫作全方位的交流。演讲者与听众、听众与听众之间最理想的状态，就是互相沟通，自由、自然、自发地共享，从而构成一种浓郁的、心领神会的现场情绪氛围。有了这种氛围，哪怕是无声的体态语言，都能引发满场欢笑和掌声。即便是平常的一举手、一扬眉，都能引起听众的热烈反应。如果演讲者与听众、听众与听众之间不能顺畅沟通，则任何美妙的语言都难以得到起码的感应。听众无动于衷，对于演讲者的情绪无疑是一种消极的刺激。最坏的情况是，造成演讲者与听众之间的对立，不管多好的演讲词都难以形成交流的氛围。

正因为要达到演讲者与听众、听众与听众之间心领神会的交流，演讲者就要尽一切可能抓住会场上每一个听众，不让任何一个人走神。要尽可能防止任何一个人做小动作，发出细微的声音，因为，任何这类的动作声息，都可能影响自己或者其他人的情绪，构成对会场情绪贯通的威胁。

四、演讲的个性化和情绪化

为了创造最佳效果，就不能以传达一般的思想和情绪为满足。演讲词的第一要义就是必须是自己特别的、有个性的思想和情绪，是你多年来人生体验的结晶，是听众没有体会、体会不深或者迷迷糊糊的，是你感到最值得在大庭广众之间讲一讲的。你在演讲中，肯定要碰到一些老生常谈、人所共知的大话、套话、空话，你一定要将之横扫出去。演讲词的第二要义，就是你必须记住，在台上讲话是代表你自己和听众交流，听众感兴趣的是你个人的感觉，你的现场感觉。你不是代表校长、不是代表官员、不是代表《人民日报》，没有你个人感觉的话语要越少越好，你必须努力把你在生活中最为精彩、最能代表你自己个性和心灵特点的话讲出来。要做到这一点很不容易，因为在你的脑海里，现成的话语具有天然的优势，不用动脑筋就会冒出来。这样的话最大的缺点就是，不管什么人讲出来都是一样的，没有一点儿新鲜感。没有新鲜感就没有吸引力。把没有吸引力的话语在大庭广众之间滔滔不绝，叫人昏昏欲睡，就是对听众的不尊重，浪费人家的时间。时间就是生命，鲁迅讲无端地浪费别人的时间，无异于谋财害命。人家都开始讨厌你了，还谈得上什么交流呢？

有效交流的关键，就是个性化的姿态。

在这方面，古希腊的亚里士多德早就明确了，演讲要感动人，不光凭语言，而且要凭人格。在亚里士多德的修辞学中，三大修辞体裁其实都是演说：

其一为：审议/政治演说（deliberative speech）；其二为：庭辩/法律演说（forensic speech）；其三为：表现/仪典演说（epideictic speech）。

三类修辞资源为：诉诸人格的说服手段（ethos）；诉诸情感的说服手段（pathos）；诉诸道理的说服手段（logos）。

在希腊经典的理论中，演说要交流，要达到感染对方的效果，不仅光凭诉诸道理（logos），还要诉诸人格（ethos）和诉诸情感（pathos）。我们在进行演讲性质的交流时，念演讲稿，就是忘记了使演讲感人的因素，除了道理以外，还有人格。什么是人格呢？至少包括人的个性、情绪。现场演说时，人的躯体、仪表、姿态、表情也是交流的信息。拿着稿子念，首先就把眼睛挡住了。而眼睛，恰恰是灵魂的窗子，是最主要的交流渠道。美国的卡耐基演讲术，甚至要求演说要让在场的每一个人都觉得，你看到了他，你的眼睛在和他做无声的交流。这当然是不可能的，但是其间隐含的道理很值得深思。

古希腊的交流主要诉诸口头，这是由于印刷术不发达，没有太多书面化的可能，公共演说便成了主要手段。而我国先秦游说之士，在这方面似乎更注重言辞的雄辩。当然，我们的记录往往只限于文字，故游说之士的无声的表情等等，绝大多数是失落了。

其实，每一个人都是一个不可重复的存在，每一个人的心里都充满了与众不同的思绪，只要把其中百分之一的东西拿出来，就能出彩。但是，多数人却很难做到这一点。这是因为，人们常常有两种不由自主的冲动：第一，就是从最为省力的地方说起；第二，不由自主地跟别人讲一样的话。但是，演讲要有个性，就是要和别人不一样。试想，一次演讲比赛下来，近 20 个选手，大部分参赛者讲的东西是一样的，只有个别的选手别出心裁。如果你做评委，你会把高分评给什么样的人呢？

从这个意义上说，演讲要成功，最重要的就是充分表现个性，用最大的努力把你特有的观感提炼出来；最忌把流行的观念、话语拿出来重新炒一次冷饭。

韩愈说："惟陈言之务去。"说的是写文章，对于演讲，更是这样。

因为听众比之读者更少有耐性。

但是，演讲的个性与一般写文章相比，还有一个特别的要求，那就是要有现场感。所谓现场感，就是你要有一种强烈的意识，每一句话都是讲给那些带着不同的思想情绪，怀着不同的关切度的听众听的。他们都很可爱，除了一点，那就是：随时随地可能走神、开小差。要知道，那些听众，表面上以同样的姿势在洗耳恭听，实际上他们还沉浸在来会场之前影响着他们命运的不同心情中，各不相同的焦虑，各不相同的得意或愤怒和悲伤，还主宰着或者骚扰着他们的心绪。而要和他们交流，就得把他们从各自的情绪中吸引出来，集中到你的话题上，你不但要用话语，而且要用一切无声的体态把他们集中到现场的焦点上来，这就要求你语言和动作的吸引力要胜过那些对于他们的命运有影响的思绪。

要把他们从来会场的路上还在困扰着他们的事务中争取过来，一般的官样文章、大话、套话，不能排除现场的干扰，激起他们的兴奋。所以演讲稿的语言一定要明快，明快到有一种面对面的感觉。像闻一多的《最后一次演讲》那样："争到光明！我们的光明，就是反动派的末日"，虽然所用的词汇很平常，但是却很有力量。成功的关键在于：不管说什么，都以引起交流效果为目的。这就要求演讲者善于运用现场现象引起共同感受。福建省在2001年举行大学生演讲比赛，福建师大中文系的卢佳音获得了第一名，她的演讲题目是《假如没有改革开放》，本来准备的开头是：

> 今天我做了一个小小的统计，刚才上台的18位演讲选手当中，穿着14种款式的衣服，10种颜色，9种发型，除了性别，一如既往的只有两种之外，我们的色彩变得丰富了，选择变得多元了。这就是改革带给我们的真真切切的变化。可是假如没有改革呢，这些丰富的色彩就将退出今天的画面，而大家呢，则不分男女统一着装，先背毛主席语录，再喊政治口号，想想吧，这样的日子多么枯燥。

但是，到了临场，她觉得这样引起共鸣的力度还不够，就临时把稿子改动了：

> 谢谢大家的掌声。我分析了一下，掌声这么热烈，有三个原因：一是我是师大的学生，鼓掌的都是我的啦啦队；二是，大家都听累了，累坏了，精疲力竭，终于是最后一名选手上台了，可以松一口气了；三是，我今天穿的还算漂亮。我之所以这样穿着打扮站在这里，实际上是改革的功劳。

她一说听众就笑了。这是交流的成功。

凭什么成功呢？凭的是现场感，幽默的现场感。因为，从不同方位来的听众，带进会场的是自己的忧虑和欢欣，这是各不相同的。而现场所听到的却是共同的内容。前者会构成一种分心的、三心二意的趋向，而后者却要求一心一意地全神贯注于演讲者的言辞和姿态。如果不加控制，就可能会对演讲者与听众、听众与听众的共鸣和交流产生消极影响。演讲者必须在最短时间内把这种三心二意的非现场感消灭掉，创造一种共同的感觉焦点。利用共同的感觉焦点，发挥出有趣的道理来。卢佳音最突出的趣味，就是把听众给予演讲者的掌声做了负面的解释，也就是全面的自我调侃。这是很高尚的幽默手法，轻而易举地使听众和她的心理距离缩短，全场会心而笑。

笑是心灵之间最短的距离，最容易创造共享氛围。

幽默并不一定要有充分的道理，有时则相反，来一点非理性的语言更能产生一点自我调侃的幽默感。福建师大的孙彦君抽到一号，第一个上台，这是很不利的。于是她离开了早已准备好了的讲稿，即兴发挥了一下。她说：

> 很不幸，今天，我抽到了第一号，第一个上台，碰巧上次参加系里的比赛，抽签的结果也是我第一个上台。看来上帝执意要让我做先行者、牺牲者。如果我能把教训

留给后来的同学们，让他们发挥得更好的话，我的牺牲无怨无悔，下面的同学发挥得越是超过我，我就越感到欣慰。

她这么一说，台下马上就报之以热烈的掌声。

自发的掌声更是心理距离消失、情绪汇合的表现。

即兴发挥的幽默，能促成一种现场沟通，其力量远远要比脱离现场的美丽的文字大得多。

为了充分调动听众的注意力，你的话不能空泛，你发出的信息要有一点想象的刺激力。

五、雄辩事例和情绪化高潮

在演讲中，论点尤其要集中，这不仅因为时间的限制，而且因为听众的注意即使高度集中了，也不可能太持久。因而事例和语言要有比书面语言更强的力度。

比如，在福州市的一次演讲比赛中，许多参赛者都讲到了一些英雄事迹。但是，作为评委的我，很快就忘得一干二净了。只有一位参赛者所讲的一位优秀民警的事迹使我久久不能忘怀。这个民警值岗很认真，一般的驾车者经过他那里，都不敢掉以轻心；但也有一个小痞子不买账，违反了交通规则。这位民警向他敬了一个礼，就开罚单。那小痞子二话不说，挥手就是一拳，把民警的帽子打在了地上。这位民警不慌不忙把警帽从地上拾起，从容地把罚单递给了小痞子。这一下把小痞子镇住了。他不得不佩服地说，“我算服了你了。再经过这里，再也不敢放肆了”。这个演讲的事例很少，但是画龙点睛，有一种震撼人心的力量。

这就说明，演讲事例不一定很多，但要有足够的强度。

在一般文章中，你反对一种观念，只要说这是不对的就成了，但在演讲中，就要带一点情绪。带情绪的法门，就是让你的论断极端一点。你可以说：“这是荒谬的！是应该粉碎的！”如果你说：“没有爱心，就不可能有人资助希望工程。”这样说对于写一般文章可能就足够了，但是对于演讲就有点不够味道，你最好说：“如果大家没有爱心，那么希望工程，就可能变成‘失望工程’。”这样说可能好一点儿了。但是对于调动现场听众的情绪可能还是不够到位。这时，你就可以在情绪上再加一点码：“希望工程可能变成‘失望工程’；‘失望工程’，可能变成绝望工程！”这样的效果就更好。如果你在论述环保问题，说到地球臭氧层上的空洞已经和美国的国土面积差不多了。这也许比之简单地引述一下抽象的统计数字要好一点。但是，你要考虑一下，你的听众都是中国人，与其拿美国国土面积来比，不如拿中国面积来比更好。如果你说，每年因水污染而死的人有多少多少，还不如说：就在我讲话的时候，就在3分钟之内，已经死去了多少人。

一般的演讲者最易受到一些抒情的、华丽的语言吸引。但是实践证明，这种语言只能有限度地使用，虽然这种书面语言有不可否认的好处，但是也有其局限，那就是不利于现场交流。一来，书面语言由于日常使用率低，大脑皮层的反应不如口语那么快，很难在现场产生瞬时沟通的效应；二来，它不如口语响亮干脆，稍不留神，就会造成听众与演讲者之间交流的阻隔。最好是在大量使用了书面语言以后，在论点的要害处，加上一些具有鼓动色彩的语言，这时口语就有用武之地了。在一次公安部门的演讲会上，一位公安干部讲到他在一次执行公务的过程中，被歹徒打瞎了一只眼睛，歹徒弹冠相庆说："这下子他成了'独眼龙'。"他伤愈之后又重返第一线工作了。讲到这里，他拍了一下桌子，大声说："我'独眼龙'又回来了！"

会场里立即响起雷鸣般的掌声。响亮的口语即使在开始只鼓舞了并非全部听众而只是部分敏感者，但他们一鼓掌，就意味着心灵的交流渠道在最敏感的人士那里已经沟通了，相对不够敏感的听众就自然地被他们唤醒，跟着鼓起掌来，使局部的沟通变成全面的沟通，变成听众和演说者的沟通。演说家要珍惜这种最敏感者的带动与次敏感者响应的契机。这时，最好停顿一下，让次敏感听众觉悟过来，加入鼓掌者的阵营。这说明，演讲者要善于驾驭二者，使之达到自己和他们之间互相创造沟通氛围的默契。

口语有它的直接共鸣性，其效果和书面语言是大不相同的，这一点往往被许多演讲者忽略了。有一次，我替漳州"110报警服务台"的创建者郭韶翔修改演讲稿，他颇有英雄气概，在讲到自己对歹徒有一股情不自禁的拼命精神时，我想到，他那种拼命精神最初不被人们理解，有些人叫他"郭疯子"，我就替他加上了几句：

干我们这一行，就得有一股拼命精神，有人叫我"郭疯子"，我想，和害人精斗争，没有股疯劲哪行！案情一发，就横下一条心，老子今天就跟你疯上了！

对我的修改，这位英雄十分赞成，他说："你这么改，我才觉得来劲，要不然，总是讲不出心里的那种辣乎乎的情绪来。"

我对他说："其实，这种话，你平时经常讲，只是你一想到上台演讲，就有一种看不见的力量，指挥着你不往平时口语这边想，而是往书本上那些看似美丽的词句那边想，总以为书本上的话比口头上讲得漂亮，这么一来，不但把本来很生动的话丢掉了，而且把你本来很生动的个性歪曲了。一旦你歪曲了自己，听众和你之间的情绪就挡上了一堵透明的玻璃墙，你和听众、听众和听众之间交流的渠道就不可能畅通了。"

在交流的基本观念上不清楚，就造成了我国人才素质上的重大缺陷，最明显的，就是我们不太会说话。不是说在一般场合，主要是在开会的时候，越是规模比较大的、比较正规的会议，就越是不会讲话。连开个晚会，发个言都要拿个稿子。当然，如果是国家或者地方行政长官的总结报告或政策方针、法律的文件，拿着稿子念是必要的。因为，那基本上不是交流，而是单方面的宣告，那上面每一个字都有严格的含义，不能随便改动。一般的做报告、讲课、演说，应该是交流。讲得不到位，还可以当场改正、补充。主要是，交流是全方位的，不但有语言，而且有躯体姿态。

但是，演讲语言的强度往往被误解。普遍存在的现象是把高级形容词，尤其是诗化的、书面的形容词当成交流的强度。许多演讲者至今不明白书面语言在演讲中的局限。这是因为，他们忽略了演讲最起码的现场交流的性质。在我们的中学语文课本上，往往出现一些幼稚的错误。例如，有一本语文课本上讲到口头即兴，将《在毕业生离别晚会上的即兴讲话》作为范例，其中的一段是这样的：

> 三年的时光，匆匆地流逝了，相聚不知珍惜，别离才显情重。此刻离别的晚会为我们而开。再回首，张张熟悉的面孔像朵朵彩云一一掠过，多姿多彩的生活如童话般的梦境，在你、在我心头重播。可这一切，都将如轻烟一缕，缓缓地飘向白云深处。

这么多书面化甚至拗口的形容词，还有对称的句法，绝对不是即兴的，口语词汇少得可怜。几乎可以肯定是事前书面准备、推敲的结果。如果这一段还不够清楚的话，请看下面这一段：

> 时光老人依然脚步匆匆，历史长河仍旧波涛汹涌，那，就让美丽的回忆与幸福的感觉伴我们翩翩起舞，让激动的心弦和着自然的风韵随我们歌唱。歌唱青春，歌唱友谊，歌唱每一段难忘的时光。请珍惜这稍纵即逝的时光，让天真的心灵踏上生命的历程，祝福你也祝福自己，祝福每一个人，以及我们生存的这块小天地。愿这深情，能宽慰曾经有过的苦难与忧伤；愿这告别，昭示着幸福和欢乐。

这么丰富的、华彩的形容词，这么强烈的诗化的语言，这么明显的刻意求工的痕迹，一点即兴的智慧都没有，有意做文章的追求溢于言表。稍微有一点语感的人，一眼就可以看出，其中毫无瞬时心灵的活跃，更谈不上激起和听者的互动和沟通，居然把它拿来当作“即兴演讲”的范文，这只能说明，编写者自己对于即兴、口语，连起码的直觉都没有。说得不客气一点，某些中学语文课本的编写者，对于口语交流，真是像刁德一到了沙家浜，两眼一抹黑。为什么？连口语词汇和书面语词汇的起码差别都不懂，就不要讲口语的句法特点如何了。就是懂得了口语句法的特殊性，也还不一定会现场对话。这里还有许多学问，是我们还没有清醒地意识到的。

正是因为这样，我们从中学、大学毕业出来的人，到西方国家跟人交流的时候，也许什么都不比人家差，就是不大会讲话，讲出话来不大有趣，干巴巴的，有的甚至只会念讲稿。为什么要讲稿？就是拿来把脸遮住。要不然，就结结巴巴，语无伦次。如今政府各部门逐渐有了新闻发言人，这样的人，不能念讲稿，最起码的功夫就是脱稿，即兴讲话，因而可以把话说得有趣、机智、幽默，哪怕是不同意你的人听了也不反感。也就是说，虽然我理性上不能认同但情感上却可以接受。

我们国家之所以出现口语交流匮乏，原因是多方面的。一来，从先秦游说之士之后，由于纸的发明代替了比较笨重的竹简，比起古希腊、埃及运用和传播的文字载体便利多了，纸质媒体的普及，形成了重书面文字而轻口语的传统。“巧言令色”，不但是语言上的贬义，而且是道德上的低级。见人说人话，见鬼说鬼话，在汉语里是人格卑下的表现。但是，难道交流可以不看对象吗？交流，作为一种学问，从其有效性来说，对象是很重要的。所以美国的演说术里，有很大部分是研究听众的。你必须根据听众的种族、性别、社会身份以及现场的情绪来决定自己演说的内容和风格。

就是最个人化的爱情，也不能光凭情书，还要多次的面谈，所以汉语里才有一个非常精彩的词语，叫作谈恋爱。恋爱，在古代那种男女授受不亲的限制下，是不能谈的，父母之命，媒妁之言，由家长去谈，而当事人最多只能看一下，叫作相亲。相亲这个词，也很意味深长。就是只用眼睛，不用嘴巴。现代社会婚姻自主了，光是用眼睛看就不够了，还得谈。谈，就是口语交流，用什么样的语言，是很有讲究的。如果一味用情书的语言，把书面语言的抒情拿到口语中来，就显得太夸张，不真实、不诚恳，甚至虚假、滑稽了。而谈就是口头的交流。交流得好，叫作谈得拢，最高境界叫作谈得“入港”。但是，口头的交流也有风险，因为它不像书面语言那样是事先有准备、可以修改的，口头交流，是一言既出，驷马难追，往往是比之书面语言更具有风险性，弄不好就后果严重，叫作“谈不拢”，或者“谈崩了”。其实不光是谈恋爱有风险，就是商业和外交上的谈判何尝不是如此？即兴应对，不能念讲稿，不能拖延时间，只能是随机应变，对人的口才的挑战是很严峻的。

孙氏幽默理论的学术价值

楼肇明

孙绍振本来是研究新诗的，在20世纪80年代初，他的《新的美学原则在崛起》横空出世，在遭受长期围剿之后，成为中国当代文学史上著名的经典文献“三崛起”之一。但是，他好像并不像他的战友谢冕那样对于新诗艺术从一而终，不久他转向了美学和文学创作理论的研究，又参与了20世纪80年代中期主体论的论战，成为批判陈涌的一员悍将。后来他去德国进修，接着又去美国讲学，在理论上沉寂了几年。熟悉他的读者发现，他的兴趣转向了幽默，很快以一个幽默散文家的面貌出现，出版了好几本幽默散文，其中《美女危险论》还成了他的代表作。在写作幽默散文的同时，他收集了大量幽默的学术资料。早些时候，他也做些通俗的、以操作性强为特点的关于幽默的研究。这很快引起了中央电视台的注意，1992年，他在中央电视台做了20集的《幽默漫谈》节目。此时，他的幽默研究，有他一贯的乘兴而为、随机而行的风格，然而，他很快就走向了自觉。中央电视台讲座的思路，成为这本书的理论基础。他告诉我，本书的理论核心，也就是幽默逻辑的“错位”规律，就是在讲座的过程中，即兴冒出来的。他觉得这一点很宝贵。后来他写了两篇论幽默逻辑的论文，一篇还被《新华文摘》转载。在这以前，他早就写成了这本书，但为出版商所误，几乎不了了之。最后在1998年，才由福建人民出版社出版，印了可怜巴巴的1500册。

这次经过作者大幅度的修改，本书增加了近10万字的篇幅，令人耳目一新。

喜剧大师、相声大师未必都是幽默理论家，并非所有从事喜剧研究、撰写幽默学术著作的学者都能在幽默理论的发展史上占有一个席位。幽默是文艺美学的一个分支，幽默理论同样也是一种艺术，而不单单是理论。发现它的奥秘的人必须具备多个层次的先天素质和后天素养。

按照孙氏的幽默理论，幽默是对常规逻辑的解构和超越，主要是一种非理性的情感逻辑。很显然，这个理论适于缓解生活中紧张的人际关系，释放某种焦虑、紧张的情绪，是一种用来排解紧张关系的缓冲剂或精神消毒剂。这就要求某种对于世俗功利和认知的超越。心灵的自由和智慧的充分发挥，是互为肌理的。因此，如果如他所说，幽默是对理性逻辑思维心照不宣的超越，具体说来就是逻辑的“错位”（或“篡位”），那么，它恰恰又是在更高层次的理论思维的驱使之下对常规思维、常规逻辑的“复位”，而不是由于神志不清、精神紊乱而造成的疯狂。所谓幽默的情感逻辑，不是在笑话背后不要逻辑，不要理性，而只是情感对常规逻辑的扭曲变异；不仅仅是一种非理性的思维活动，而且是理性对于非理性的一种错位，是理性逻辑对情感逻辑的反衬。也正是因为这个缘故，对于从事幽默研究的人来说，将幽默作为文艺学（特别是喜剧美学）的一个分支来著书立说的人，没有超强的逻辑思维能力是不可想象的。在孙绍振的写作生涯中，自《文学创作论》之后，从他关于真善美三维“错位”和小说人物对话中的心理“错位”的研究，到后来的《论变异》，以及这一本以逻辑“错位”为理论核心的幽默专著，我们可以看到有一条内在的发展线索一以贯之。这条线索就是有关生活与作品、情感与逻辑、心理活动与言语，以及心理活动中清醒的意识和潜意识之间的差异、“错位”的精湛研究。我们完全可以说，孙绍振是我国第一位研究文学领域内各类“错位”精神现象的专家，“错位”是他的全部文学理论辐射的核心，迄今为止他的全部著述就是一个有关“错位”范畴的规模相当完备的理论体系。而这在20世纪末，包括西方各家各派的文艺理论在内的万紫千红的园地里，也是独树一帜的。

听过孙绍振课的学生，或听过他演讲的人，从不曾感到过疲倦。他的演讲是幽默的，同时又是雄辩的，深入浅出，悬念跌宕，赞赏者赏心悦目，连持异议者也往往忍俊不禁。他曾多次向朋友们透露过一个心愿，他本来的职业应该是去学法律、当律师。此言并非“装傻充愣”“故作大言”的幽默法则的运用。他同时还常常在朋友中间不无自得地谈起他于“文化大革命”后期刻苦阅读革命导师马克思的《资本论》的情景。他说，他得益于两本研究《资本论》辩证逻辑的学术著作。他对《资本论》的辩证逻辑进行了一番刻苦钻研之后，终生受用不尽。孙氏学养的这一内情，是鲜为外人所知的。孙绍振老是不客气地以一种居高临下的藐视态度，鄙薄那些矛盾百出、连形式逻辑也半通不通的论敌。舒婷曾说：辩证法在他手里成了“玩熟的鸟”，他以幽默的谈吐和辩证的具体分析，陷论敌于狼狈不堪的境地。在这里，我也许还应指出，孙绍振在遇到根本不是对手的对手时，有时不免恃才傲物，鄙视过甚，就是在学术论文中，也以幽默和诡辩结合形成一种亦庄亦谐的风格。刘再复在20世纪80年代曾称颂孙绍振是我国与他同辈的学者中“运用辩证逻辑最为娴熟”的一位。这是有史为据的，其中最为主要的，就是20世纪80年代他支持刘再复反击陈涌辩论的那一篇大作。说他文风雄辩且幽默，并非全然是溢美之词。在我看来，孙绍振娴于逻辑，对逻辑破绽特别敏感，用之于论争使他高谈雄辩，语惊四座，而今用之研究幽默，又使他似乎轻易地发现了幽默的错位逻辑。

孙绍振本来献身于诗歌创作，出过诗集，但不久便致力于文艺美学，后又偶然地介入幽默领域，是颇堪玩味的。仅就孙氏自身的素质而言，他天生就是一个幽默家，高谈阔论，欢声四起。正因如此，他似乎比职业的喜剧家，比以幽默学为终身事业的人更能在理论上对幽默挑幽剔微。

当然，他之所以富有幽默感，还有一个重要的原因，那就是心胸豁达。如果没有这一条，其雄健的理性思维和错位幽默逻辑将如同无本之木、无源之水。霍布斯曾说，幽默是"突然爆发的优越感"。他所指的应是对于世俗功利的优越感，因此我想这里所说的优越感好像翻译成超然感、距离感更好。而优越感和距离感若没有豁达的精神，没有对人对事的雅量和胸怀就不可能产生。距离感不等于优越感，但优越感必以距离感为先决条件。小而言之，对一般存在的人际关系，大而言之，对人和人性的弱点，对历史的盲区和误区，没有距离感，就根本不可能把它们转入幽默的逻辑。绍振兄有时不免因一时情感冲动，卖弄聪明而得罪人，但就我所知，虽然他青少年时期备受压抑和挫折，然而他并不是一个"以牙还牙、以眼还眼"的复仇主义者，这也不是说孙绍振是一个善于忘怀的昏昏然者。在与人交往的过程中，他每每珍视对方的好处；亲情交流、友情交流中，他总是铭记住那些美好的东西，而把不愉快的背离，以至我们常人难以忍受的出卖、背叛、欺压一笑置之；他也总是尽其可能地寻找那些能为他人洗刷清白的历史原因和客观情境。君子坦荡荡，小人长戚戚。他的坦荡胸怀，一方面常使他心不设防，但另一方面，又为他的心灵自由，为他在逻辑解构、价值错位、心理落差等的研究赢得广阔而深邃的思维空间。

关于本书的学术价值，我想干脆挑明的是，幽默学科尽管从古希腊的苏格拉底时代已经开始，中经亚里士多德、康德、叔本华、柏格森，到了当代已成为整个文艺学科的前沿阵地，但孙绍振在本书中所揭示的逻辑错位论，可算是一大发现。正如孙先生在本书第十二章中所指出的，所有西方经典的幽默理论，其根本局限在于用西方传统的一元逻辑去解释幽默的特殊逻辑结构，因而总是到了一定的深度就难以深入了。孙先生从他在研究文学创作所得出的真善美价值"错位"理论和情感逻辑与理性逻辑"错位"的理论出发，进一步阐明了幽默逻辑结构的"错位"特点。与审美的情感逻辑一样，幽默逻辑超越了理性的一元逻辑，用这个理论已经可以诠释康德的期待—落空理论、柏格森的机械镶嵌理论、叔本华的观念与对象"不一致"（incongruity）理论；但是他还颇有野心地进一步提出，这些大师们没有解决的问题，不但在于观念上的某些漏洞，而且在于方法上局限于一元逻辑。强大的西方传统一元逻辑惯性使得他们只看到幽默现象中一元逻辑的中断，因而导致期待的失落，但是幽默逻辑并不终止于中断和失落，在失落之后，还有一个落实或者顿悟。这是由于幽默逻辑从一元逻辑失落之后又在另一重逻辑上回归了。也就是说，从一元逻辑悄悄地滑行到第二重逻辑上去了。正是因为悄悄地滑行到第二重逻辑上去，才使得失落变成了顿悟。孙先生把这个现象归纳到他自己的理论体系中去，称之为“二重错位逻辑”。在理性思维过程中，二元逻辑本来是可能导致混乱的，但是由于在二重逻辑的交叉点上有一个概念，不但适合于第一重的显性逻辑，而且适合于后来产生的（亦即第二重的）隐性逻辑，这样，就使得二元逻辑没有互相冲突，也没有互不相干，而是变成一种奇特的从显性的失落到隐性的落实，其隐性逻辑又在顿悟过程中转化为显性逻辑的二重错位的结构。解开这个错位结构之谜的关键，自然是其逻辑结构的从显性的中断到隐性逻辑的重新连续。但是，构成这种连续的，或者使得这种从中断到连续的过程得以自然地进行的，却在于孙氏的另一发现，那就是这个中介概念被隐秘地偷换。由此孙氏得出另一结论：隐秘地偷换概念成了幽默逻辑操作中的另一个关键。

孙氏在本书中还揭示了幽默、滑稽、讽刺之间的反比定律，诡辩、雄辩、幽默之间的互相消长的关系。在这样一本并不算太厚的书中，竟然集中了这么高密度的学术见解，实在是很难得的。由此我完全可以说，孙先生在西方经典“笑的期待—落空理论”和“机械镶嵌理论”“不一致理论”之后，以他的逻辑“错位”论开辟了诠释幽默逻辑法则的新天地。这样一本学术性很强的著作本该以学术论著的形式出现，但是考虑到过分学术化会影响读者接受范围，孙先生乃决定用比较通俗的文体来展示他这几年的学术成就。这从学术上来说，不免多少有一些损失，但是从另一方面来说，又何尝没有一定的积极作用呢？有时，对一个问题最简明的、通俗的阐述往往要比从概念到概念的演绎需要更加深邃的才智，更加融会贯通、更加灵活的思维。不过，孙先生好像总是不能满足于通俗地叙述他的研究成果，所以，本书某些章节的文风就比较学术化。我指的是曾经发表在《文学评论》上的本书的第十二章第四节和发表在《文艺理论研究》上的其他章节，我相信，敏感的读者是可以感觉得到的。

1997 年初稿

2007 年修改